La cría de aves de corral y guardianes del ganado

Una guía esencial para tener aves felices y un rebaño protegido

Índice

Primera Parte: Criar aves de corral

El mejor compañero de patio: gallinas, pavos, gansos, patos, guineas, aves de caza y una gran variedad de aves de corral

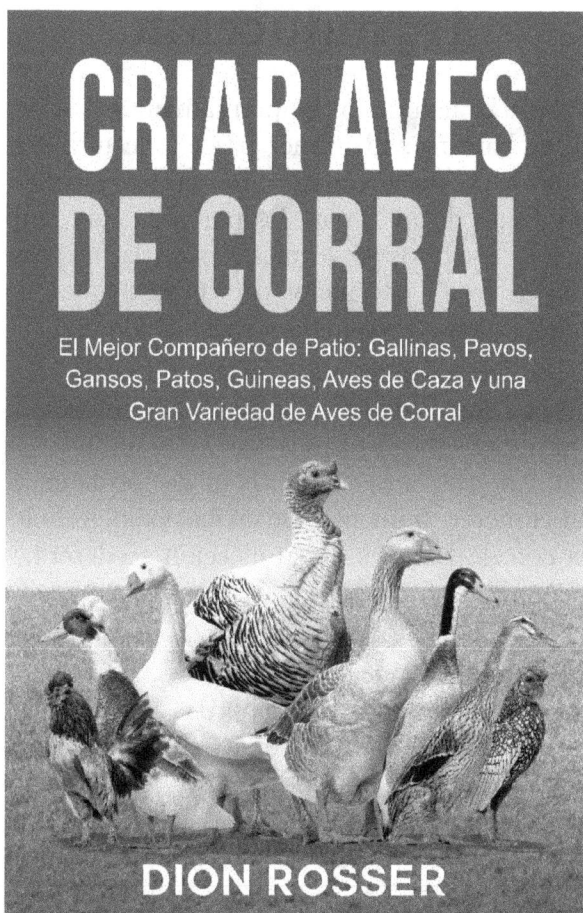

CRIAR AVES DE CORRAL

El Mejor Compañero de Patio: Gallinas, Pavos, Gansos, Patos, Guineas, Aves de Caza y una Gran Variedad de Aves de Corral

DION ROSSER

Introducción

Criar aves de corral es una de los emprendimientos más gratificantes en los que puede embarcarse. El primer paso, la lectura de este libro, le abrirá las puertas a un nuevo mundo de comprensión de la compleja vida de las aves que decida criar. Proporciona una amplia gama de valiosos consejos, métodos y técnicas para la avicultura que son prácticos, fáciles de leer y adecuados para principiantes. Todo ello con un toque entretenido que le mantendrá enganchado hasta el final.

Aprenderá los detalles de la crianza de aves de corral y el mantenimiento de su salud y bienestar. También conocerá las herramientas necesarias para criar sus aves y comprender su psicología y dinámica social. Además, aprenderá a criar de forma ética, sostenible y respetuosa con el medio ambiente. De arriba abajo, todo lo que necesita saber sobre la cría de las aves de su elección se describe con detalles nutricionales y requisitos de hábitat.

Dado que criar animales, especialmente aves, sin los conocimientos adecuados puede tener resultados desastrosos, ha tomado la decisión correcta al elegir este libro. En él se aborda la avicultura en detalle; la lectura detenida de cada sección le coloca en posición de sobresalir. A medida que avance por los capítulos, se revelarán los factores y consideraciones que más a menudo se pasan por alto. Al poner la luz sobre las complejidades de la cría de aves de corral, estará en una posición increíble para tener éxito como principiante. Muchas personas desean dedicarse a la cría, pero nunca empiezan, porque no tienen ni idea de cómo empezar. El resumen de principio a fin de las complejidades de la avicultura que se ofrece en estas páginas hará que la construcción de su gallinero sea más fácil de lo que nunca creyó posible.

A medida que se adentre en ella, adquirirá las habilidades que solo pueden aprenderse con la experiencia. La cría de aves de corral proporciona carne, huevos o compañeros si desea algunos amigos emplumados. Un poco de esfuerzo y dedicación pueden ayudarle a poner en marcha una explotación que funcione sin problemas durante años. No tenga miedo. Arriésguese y láncese de cabeza. ¡No se arrepentirá de ser avicultor!

Capítulo 1: Aves de corral 101

¿Sabe que las aves son descendientes de los dinosaurios? Sí, esas simpáticas y pequeñas criaturas evolucionaron a partir de enormes y temibles reptiles. ¿Cómo es posible que todos los dinosaurios se hayan extinguido hace millones de años? No puede ser otro caso de Parque Jurásico, ¿verdad? Pues no exactamente. Un linaje sobrevivió a ese cometa catastrófico. Fueron las aves. Aunque todas las aves proceden del árbol genealógico de los dinosaurios, los pollos son más primitivos que todos los demás. También son los que más se parecen a los dinosaurios. Básicamente, cuando se crían pollos, se tienen pequeños dinosaurios correteando por el patio.

Criar aves de corral tiene muchas ventajas, no se trata solo de tener un suministro constante de productos frescos. Este capítulo trata de estas ventajas, de las ideas erróneas más comunes sobre las aves de corral y de algunas de las aves que se pueden criar.

¿Por qué aves de corral?

Si no está seguro de tener aves en casa, esta sección le hará cambiar de opinión. Hay una razón por la que estas graciosas y plumosas criaturas son muy populares entre granjeros y no granjeros. ¿No le gustaría tener acceso a huevos frescos todo el tiempo? Además de los beneficios obvios, criar aves de corral es también una experiencia muy gratificante.

Hay una razón por la que estas graciosas y plumosas criaturas son muy populares entre los agricultores y los no agricultores[1]

Tanto si quiere montar un pequeño negocio, tener estas aves como mascotas o simplemente llevar un estilo de vida autosuficiente y más ecológico, las aves de corral de traspatio le reportarán muchas ventajas.

Productos frescos

La ventaja más evidente de criar aves de corral es la obtención de huevos frescos. Son mucho más sanos y ecológicos que los que se compran en el supermercado. No pasan por el transporte ni el procesamiento, que pueden ponerlos en peligro. Además, participará en cada paso, desde la elección de las aves hasta la recogida y el almacenamiento de los huevos. Usted controla qué dar de comer a sus aves y qué condiciones ambientales son las mejores para garantizar unos productos seguros que le darán tranquilidad. No tendrá que preocuparse por pesticidas, esteroides, productos químicos, hormonas o prácticas agrícolas poco éticas.

Los huevos frescos también saben mejor y tienen un color más intenso. A diferencia de los comprados en la tienda, no contienen tanto colesterol malo ni grasas saturadas.

¿Se ha fijado últimamente en los precios de los huevos ecológicos en el supermercado? Criar aves de granja le ahorrará mucho dinero a largo plazo. Si piensa venderlas, también obtendrá un buen beneficio.

Puede criar aves por su carne en lugar de comprarla en granjas poco éticas. Tendrá acceso a un recurso cárnico natural sin hormonas.

Esto crea una sinergia entre usted y sus aves, ya que ellas dependen de usted para sobrevivir y usted depende de ellas para su sustento.

Respetuoso con el medio ambiente

Al no depender de la producción comercial de huevos, puede influir positivamente en el medio ambiente criando sus propias aves de corral. Las grandes granjas suelen depender del agua, la iluminación y la electricidad, que perjudican al planeta. Criar aves de granja, en cambio, requiere menos recursos. Reduce su huella de carbono y le permite poner de su parte para proteger el medio ambiente.

Las aves de corral también son una opción más sostenible, que le permite participar directamente en la cadena de suministro de alimentos. Será más autosuficiente y menos dependiente de los productos comerciales. Este estilo de vida le hará apreciar más todos los recursos naturales que contribuyen a sus comidas.

Poco mantenimiento

Cuando la gente decide ser autosuficiente y criar animales de granja, suele preferir criar aves a vacas u ovejas. A diferencia de la mayoría de los animales, las aves se adaptan fácilmente y son autosuficientes. Requieren muy poco mantenimiento y poca responsabilidad. Lo único que hay que hacer es prepararles un espacio vital. Después, todo es mucho más fácil, ya que pueden cuidar de sí mismas.

Criar pollos, patos, entre otros, será un gran primer paso si planea ampliar su negocio y aventurarse en la ganadería o la agricultura.

Gran compañía

Las aves pueden alegrarle la vida. Estas simpáticas y divertidas criaturitas pueden animar su patio durante horas y horas. Son aves muy interesantes. Les encanta explorar el mundo que les rodea y juegan como si fueran niños. Puede desayunar todas las mañanas en su jardín y observar cómo picotean en busca de semillas o establecen su orden de picoteo. Esto puede ser muy terapéutico y ayudarle a conectar con la naturaleza y relajarse. Los niños también disfrutarán jugando y correteando con ellas.

Las aves son criaturas divertidas con sonidos suaves que pueden reducir la ansiedad y calmarle. Después de un largo día de trabajo, pasar tiempo con sus aves le dará tranquilidad y le hará olvidar todo el estrés vivido durante la jornada.

Producir fertilizantes

Las gallinas y otras aves producen estiércol rico en nutrientes, que actúa como fertilizante natural. Contiene potasio, fósforo y nitrógeno que favorecen el crecimiento de las plantas. El estiércol puede mejorar la fertilidad del suelo y su contenido en nutrientes para que las plantas prosperen. El resultado es un jardín ecológico. Utilizar estiércol para fertilizar el suelo es una forma sostenible de alimentar las plantas y reducir la dependencia de alternativas no naturales.

Jardinería

Tener aves de corral en el huerto puede mejorar la salud, el rendimiento e incluso la fertilidad. Las gallinas reducen las plagas, ya que se alimentan de diversos organismos, como caracoles y saltamontes, que pueden dañar el jardín. También se comen las garrapatas y los mosquitos, por lo que usted y su familia pueden pasar tiempo al aire libre durante la primavera y el verano sin preocuparse por las picaduras de insectos.

Las gallinas también pueden reducir el crecimiento de las malas hierbas rascando y picoteando para desenterrar las semillas. Pueden aflojar la tierra, lo que favorece el crecimiento de las plantas.

Crear una pequeña empresa

Si quiere ganar un dinero extra, puede vender la carne o los huevos a amigos, familiares, restaurantes locales o mercados agrícolas.

A los niños les encantarán

Puede criar aves de corral por sus huevos y su carne, pero tal vez su hijo quiera tener una como mascota. Esto les enseñará a ser responsables y a querer y cuidar de algo que no sea ellos mismos. También querrán pasar más tiempo al aire libre para jugar con su mascota ave y respirar aire fresco en lugar de quedarse en casa jugando a los videojuegos.

Comer los restos de la cocina

Las gallinas de corral comen restos de cocina, lo que reduce la producción de basura. Pueden comer de todo, incluso carne. Sí, es cierto. Los pollos son carnívoros, y mucha gente los alimenta con carne o incluso con huesos de otras aves. Recoge diariamente todos los restos en un gran cuenco junto con los restos de comida y déjalo en el gallinero. Lo disfrutarán.

Más humano

¿Ha visto alguna vez cómo tratan las granjas industriales a las aves y los animales? Se les mantiene en espacios reducidos solo para la cría. No pueden salir de sus cuartos para pasear, jugar, estirar las alas o socializar con otras aves. Si cría sus propias aves, no estará apoyando a estas granjas.

Según un estudio de 2010 de la Universidad de Cambridge, las aves que pueden moverse libremente y picotear en busca de comida producen huevos más nutritivos, con mayores niveles de ácidos grasos omega-3 y vitamina E, que los huevos procedentes de granjas industriales.

Animales terapéuticos

A menudo vemos a personas que adoptan un gato o un perro para que les ayude a sobrellevar la ansiedad, el TDAH u otros problemas de salud mental. ¿Sabía que las aves también pueden ser terapéuticos? Muchos países las utilizan como animales de terapia en residencias de ancianos donde los residentes las cuidan y venden sus huevos.

Mejora la salud mental

Tener aves como mascotas puede reducir el estrés, aumentar la resiliencia, satisfacer sus necesidades sociales, aumentar la autoestima y enseñar responsabilidad, sobre todo a los niños. También puede mejorar las relaciones sociales, reducir la soledad y la depresión y mejorar el bienestar general.

Mejora la salud física

Notará una mejora en su salud física desde que consume carne ecológica y alimentos con más nutrientes. Los huevos ecológicos contienen menos colesterol, más betacaroteno y ácidos grasos que los huevos comprados en tiendas.

Control de plagas

¿Sabía que una gallina puede limpiar bichos de 120 pies cuadrados de tierra cada semana? Las gallinas no son muy exigentes y pueden alimentarse de larvas, escarabajos y todo tipo de insectos. Básicamente, se comen cualquier insecto que se cruce en su camino.

Observación de aves

La observación de aves es muy terapéutica. Salir al aire libre le hará sentirse rejuvenecido. También permite pasar tiempo a solas en la naturaleza, sin distracciones, para relajarse y calmar los nervios. Además, mantiene la mente activa y mejora la memoria, sobre todo en pacientes con demencia.

Sensación de logro

Criar sus propias aves de corral le dará una sensación de logro y le impulsará a perseguir sus sueños y metas. Usted pensará: "Si puedo cuidar de estas hermosas criaturas, puedo hacer cualquier cosa".

Mitos comunes refutados

Probablemente haya oído algunas cosas sobre la avicultura que le hayan desanimado a criar pollos u otras aves en casa. Hay mucha información errónea sobre el tema que se aclarará en esta sección.

Mito nº 1: Criar aves de corral para carne es caro

Esto no es cierto. Aunque los costes de alimentación están aumentando, sigue siendo más barato criar aves de corral en casa. De hecho, medio kilo de aves de corral ecológicas cuesta menos que medio kilo de carne comprada en la tienda.

Mito nº 2: La carne de ave es nociva

Si elige las aves adecuadas, las alimenta correctamente y cuida de su bienestar, no tendrá ningún problema y la carne de sus aves será sana y deliciosa.

Mito nº 3: La cría de aves para carne requiere mucho tiempo

Tanto si cría aves de corral para carne como para huevos, las aves requieren poco mantenimiento y son autosuficientes. Cuidarlas es fácil y solo le llevará de 10 a 20 minutos diarios.

Mito nº 4: Las aves criadas para carne son violentas

A las aves criadas para carne, como a cualquier otra ave, les encanta jugar, sentarse a la sombra y no se resistirán si su hijo las coge en brazos o juega con ellas.

Mito nº 5: Las gallinas son ruidosas

¿Recuerda el episodio de Friends en el que la gallina de Chandler y Joey despertó a Rachel y Mónica? Aunque resultó ser un gallo, la mayoría de la gente piensa que todas las gallinas son ruidosas y que les molestarán a ellos, a sus familias y a sus vecinos. Los gallos pueden ser ruidosos, pero las gallinas suelen ser silenciosas, excepto cuando se asustan o ponen huevos.

Mito n° 6: Las aves tienen mal olor

Este es otro error común que no podría estar más lejos de la verdad. De hecho, las aves son muy limpias y suelen acicalarse las plumas o darse baños de polvo. Por lo tanto, si percibe un mal olor, probablemente se deba a que el gallinero necesita una limpieza.

Mito n° 7: Las gallinas ponen huevos todos los días

¿Cree que las gallinas sobrevivirían si pusieran huevos todos los días? Este mito proviene de los libros de cuentos infantiles y de las ilustraciones que muestran a las gallinas sin hacer nada más que sentarse en sus nidos. La mayoría de las razas producen tres huevos a la semana.

Mito n° 8: Las aves de corral atraen a los animales salvajes

Algunos creen que las aves de corral atraen a ratas, coyotes, mapaches y otros animales salvajes. Sin embargo, esos animales se sienten atraídos por los comederos de las mascotas, los comederos de aves silvestres, la basura, las parrillas de barbacoa o el compost del patio trasero, pero nunca por sus aves.

Mito n° 9: Necesitará gallos

Es comprensible que mucha gente tenga esta idea equivocada. Creen que se necesita un macho (gallo) y una hembra (gallina) para crear bebés o huevos. Aunque esto es cierto, no se aplica a los huevos con cáscara. Se trata de un proceso natural por el que pasan todas las gallinas sin la ayuda de un gallo.

Mito n° 10: Los huevos azules y marrones son malos

Mucha gente cree que los huevos están sucios o podridos si no son blancos. Esto es falso. El color de la cáscara del huevo cambia según la raza del ave. Hay cáscaras de huevo de distintos colores, como rosa, azul y marrón, y todas son seguras para el consumo.

Mito n° 11: La cría de aves de corral reduce el valor de la propiedad

Puede que su vecino le diga que elimine sus aves, porque están bajando el valor del vecindario. No hay pruebas de que criar aves de corral en el patio trasero repercuta en el valor de la propiedad.

Mito n° 12: Los huevos de ave son difíciles de recolectar

Esto solo puede ser cierto si utiliza cajas nido equivocadas. Si pone una caja por cada cinco gallinas, pondrán los huevos fácilmente y no tendrá ninguna dificultad para recogerlos.

Mito nº 13: Las gallinas transmiten enfermedades

Se trata de un viejo mito que mucha gente sigue creyendo hoy en día. Las gallinas son animales limpias y muy seguras de consumir y manipular. De hecho, pueden protegerle de enfermedades al eliminar las plagas de su jardín. Eso sí, nunca está de más lavarse las manos después de manipular las aves.

Mito nº 14: No se pueden criar aves de corral en la ciudad

Siempre que disponga de un pequeño patio, puede criar aves de corral tanto si vive en el campo como en la ciudad.

Mito nº 15: Los gallos solo cantan por la mañana

Aunque los gallos cantan todos los días al amanecer para saludar a la mañana, también lo hacen durante el día.

Mito nº 16: Las gallinas son tontas

Siempre se ha asociado a las gallinas con la cobardía y la falta de inteligencia. Sin embargo, son animales valientes e inteligentes a los que puede enseñar a reconocer colores, hacer trucos y contar.

Mito nº 17: No se pueden tener aves si se vive cerca de depredadores

Los depredadores están en todas partes, y esto no debe impedirle criar aves de corral. Puede hacer cosas para proteger a sus aves, como añadir redes o instalar un delantal antidepredadores.

Mito nº 18: Solo se deben criar juntas aves del mismo tipo

Puede criar juntos distintos tipos de aves y gallinas.

Mito nº 19: Los gallineros deben tener calefacción

Algunos tipos de aves, como las gallinas, prosperan en climas fríos, y deben evitarse los calefactores, ya que suponen un peligro de incendio.

Mito nº 20: Los gallineros son feos

Hay gallineros de distintos colores y estilos, y muchos pueden ser una bonita decoración para el jardín.

Diferentes tipos de aves de corral

Esta sección se centra en los distintos tipos de aves de corral para que pueda decidir cuál le conviene criar.

Hay distintos tipos de aves de corral, por lo que debe decidir cuál le conviene criar"

Gallinas

Las gallinas son las aves de corral más populares del mundo. Se pueden criar para carne, huevos o como mascotas. Suelen empezar a poner huevos entre las 16 y las 18 semanas de edad.

Las razas más comunes:

- Sussex
- Orpington
- Leghorn
- New Hampshire
- Rhode Island

Características distintivas:

- Tamaño mediano
- Cabezas pequeñas
- Alas cortas
- Pico corto
- Patas sin plumas
- Cuerpo redondo
- Cuatro uñas en cada pata

Necesidades:

- Un nido para poner huevos
- Otras gallinas
- Ejercicios
- Gallineros
- Limpiar del gallinero
- Recoger huevos
- Protección contra los depredadores y el clima

Dato curioso: Las gallinas tienen una gran memoria. Pueden reconocer a unas 100 personas y aves distintas. Si alguna vez se separa de su gallina, lo más probable es que se acuerde de usted cuando la vea.

Patos

Los patos viven en el agua y en tierra, y también pueden volar. Se crían en Estados Unidos, Reino Unido y Holanda. Al igual que las gallinas, se crían por su carne y sus huevos. También se venden sus plumas. Las hembras se llaman "patas" y los machos "patos". Ponen unos 300 huevos al año.

Las razas más comunes:

- Pato doméstico
- Pato silbador
- Cerceta
- Pato marino
- Pato perchado

Características distintivas:

- Pico largo y plano
- Patas palmeadas
- Cuellos cortos
- Tamaño pequeño

Necesidades:

- Una dieta sana
- Protección contra la intemperie

- La luz solar

- Agua para bañarse

- Protección contra los depredores

Dato curioso: Los patos tienen plumas impermeables, por lo que pueden moverse y volar con facilidad cuando están fuera del agua.

Palomas

La gente cría palomas por deporte, como mensajeras o por su carne. Empiezan a anidar cuando tienen unos 30 días y ponen huevos a diario.

Las razas más comunes:

- Raza utilitaria

- Raza de lujo

- Aviadoras

Características distintivas:

- Pequeña

- Suave

- Gorda

- Cabeza que se menea

- Alas largas

Necesidades:

- Aviario de palomas

- Otras palomas

- Protección contra las condiciones climáticas adversas y los depredadores

- Ejercicios

- Virutas de madera

- El agua limpia

Dato curioso: Si una paloma ve una foto suya y de otras aves, puede reconocerse a sí misma. También pueden diferenciar entre fotos de distintas personas.

Pavo

El pavo es uno de los mayores tipos de aves de corral del mundo. Se crían principalmente para la producción de carne. Aunque ponen huevos, consumirlos no es tan habitual. En África se crían como animales de compañía o por seguridad. Producen 45 huevos al año, cada uno de los cuales tarda 28 días en eclosionar. En Estados Unidos, la gente suele comer su carne en el Día de Acción de Gracias y Navidad.

Etapas de la vida:

- **Asadores:** Pavos de menos de cuatro meses
- **Hembras:** Pavas de unos cinco meses
- **Machos:** Pavos machos a los 12 meses
- **Maduro:** Pavos de más de 15 meses

Las razas más comunes:

- Borbón rojo
- Blue slate
- Pavo negro
- Blanco de Beltsville

Características distintivas:

- Ornamento rojo largo
- Una barba carnosa en la garganta
- Plumas negras
- Oscuro con irisaciones verde-bronce

Necesidades:

- Comida
- Agua
- Lecho
- Calor
- Nidos
- Un lugar seguro para correr

Dato curioso: La cabeza de los pavos cambia de color para reflejar su estado de ánimo y sus emociones. Por ejemplo, si están aterrorizados, sus cabezas pueden volverse rojas.

Gansos

Parecidas a los patos, los gansos viven en el agua y en tierra. Los antiguos egipcios los criaban hace miles de años y fueron las primeras aves de corral domesticadas. Se crían para producir carne y huevos, y hay quienes venden sus plumas. Producen unos 65 huevos al año.

Las razas más comunes:

- Toulouse
- Lands
- Kuban
- Ganso de Huoyan
- Blanco checoslovaco
- Embden

Características distintivas:

- Cuellos cortos
- Pico jorobado en la base
- Patas más adelante que los patos

Necesidades

- Agua limpia
- Protección contra los depredadores
- Césped
- Piscina para nadar

Dato curioso: Los gansos se emparejan de por vida, son extremadamente leales a sus parejas y protegen a sus crías.

Codorniz

Las codornices se crían para producir huevos y carne. Sus huevos se utilizan con fines medicinales y para tratar múltiples afecciones, como las alergias. Se alimentan de bayas, hojas, semillas e insectos. Ponen 200 huevos al año, cada uno de los cuales tarda 23 días en eclosionar.

Las razas más comunes:

- Codorniz de Gambel
- Codorniz del Reino Unido

- Codorniz blanca inglesa
- Codorniz italiana
- Codorniz japonesa

Características distintivas:

- Cuerpo pequeño
- Alas largas y puntiagudas
- Picos curvos y cortos
- Patas largas y marrones

Necesidades

- Comida
- Agua
- Refugio limpio
- Protección contra las condiciones climáticas adversas

Dato curioso: *Las codornices pueden camuflarse y mimetizarse con su entorno para esconderse de los depredadores.*

Criar aves de corral es un pasatiempo divertido y relajante. Sentirá una sensación de logro al cuidar de estas aves y verlas crecer. Además de consumir productos seguros y limpios, su salud mental y su bienestar prosperarán.

Capítulo 2: Elegir las aves adecuadas

La clave de la cría de aves de corral es tomar decisiones bien fundadas desde el principio. Debe tener en cuenta la selección de las aves adecuadas, las características únicas de su patio trasero, sus objetivos personales y el nivel de cuidados que puede proporcionarles. Este capítulo pretende dar una idea de las consideraciones que determinan sus elecciones.

Consideraciones para la selección de aves de corral

Limitaciones de espacio

El espacio disponible en el patio influye en el tipo y número de aves que puede tener. Tenga en cuenta el tamaño del gallinero y la zona al aire libre. Algunas razas se adaptan bien a espacios reducidos, mientras que otras crecen en entornos más amplios. Conocer las limitaciones de espacio es crucial para la salud y el bienestar de las aves. La gallina brahma, por ejemplo, se desarrolla bien en espacios pequeños, mientras que la gallina delaware prefiere vivir en gallineros grandes.

Compatibilidad climática

Las diferentes razas de aves de corral presentan distintos niveles de adaptabilidad a las condiciones climáticas. Algunas razas están hechas para soportar temperaturas frías, mientras que otras solo pueden sobrevivir en climas bastante más cálidos. Conocer el clima de la región y los cambios de temperatura durante las estaciones facilita la selección y garantiza que las aves se mantengan cómodas y productivas en cualquier época del año.

Propósito

Pregúntese por qué quiere criar aves de corral. ¿Busca un suministro fresco de huevos? ¿Necesita criar aves de corral para obtener carne? ¿Será un hobby? ¿O quiere experimentar antes de expandirse? Sea lo que sea, tener el motivo en mente reduce sus opciones. Por ejemplo, algunas especies de aves son famosas por la calidad de su carne, mientras que otras tienen un aspecto llamativo. Tener una idea clara de por qué quiere criar aves le ahorrará tiempo y le permitirá elegir una raza que se ajuste a sus objetivos.

Cantidad de cuidados necesarios

Sea sincero sobre el tiempo y el esfuerzo que puede dedicar a su cuidado. Algunas razas son más independientes y requieren un mantenimiento mínimo, por lo que son adecuadas para principiantes o personas con agendas muy apretadas. Otras razas pueden exigir más atención, sobre todo en lo que respecta al aseo, el control de la salud y los cuidados especializados.

Tipos comunes de aves de corral y consideraciones

Razas ponedoras

Si su objetivo principal es un suministro constante de huevos frescos, considere razas famosas por su capacidad de puesta'

Si su principal objetivo es un suministro constante de huevos frescos, considere las razas famosas por su capacidad de puesta. Las más populares son la Rhode Island colorada, la Leghorn y la Sussex. Estas razas son conocidas por su fiabilidad en la producción de huevos y son muy adecuadas para los aficionados de corral que buscan una producción diaria.

Razas productoras de carne

Para los interesados en la carne casera, razas como la Cornish Cross o la Broiler son opciones habituales. Estas razas se crían para un crecimiento rápido y eficaz y proporcionan una fuente de carne de alta calidad para su mesa. Pueden requerir más cuidados y atención para garantizar un crecimiento y un bienestar óptimos.

Razas de doble propósito

Las razas de doble propósito, como la Plymouth Rock o la Australorp, son opciones versátiles que equilibran la producción de huevos y la calidad de la carne. Estas razas son idóneas para criaderos de corral en los que se buscan huevos y carne, ya que ofrecen una solución avícola sostenible y completa.

Razas ornamentales

Para quienes buscan el encanto estético de las aves de corral, las razas ornamentales como la Silkie o la gallina polaca son opciones populares. A menudo presentan un plumaje único, patrones de color distintivos o personalidades cautivadoras, que añaden un toque encantador al entorno de su patio trasero. Tenga en cuenta que las razas ornamentales pueden requerir cuidados específicos.

Consideraciones para la selección de aves de corral

He aquí algunas consideraciones a tener en cuenta a la hora de seleccionar razas avícolas y escenarios reales que revelan cómo influye cada factor en la selección.

Limitaciones de espacio

- Evalúe los metros cuadrados de su patio trasero y el espacio disponible para el gallinero y los paseos al aire libre. Considere razas adecuadas para espacios reducidos si su patio trasero es limitado.

- Proporcione un espacio amplio para evitar el estrés y las disputas territoriales entre su rebaño.

- Tenga en cuenta que las razas más grandes y activas pueden necesitar más espacio.

- Considere la disposición de su patio trasero, incluidos árboles, arbustos y otras estructuras, para garantizar un entorno bien organizado y seguro.

Los Johnson, que viven en las afueras y tienen un patio pequeño, eligieron las gallinas bantam. Su pequeño tamaño y su carácter apacible se adaptaron al espacio limitado y aportaron un encanto encantador a la familia, convirtiendo el patio trasero en un refugio en miniatura para sus amigos emplumados.

Compatibilidad climática

- Investigue el clima de su región, teniendo en cuenta las temperaturas extremas, la humedad y otros factores meteorológicos.

- Elija razas conocidas por su adaptabilidad a su clima específico, lo que garantiza que se mantengan cómodos y sanos durante todas las estaciones.

- Aplique medidas de refugio y ventilación adecuadas en función de su clima para salvaguardar sus aves de corral.

- Planifique los cambios estacionales y los fenómenos meteorológicos extremos, proporcionando protecciones adicionales cuando sea necesario.

En el norte, los Thompson se enfrentaban a inviernos muy duros. Optar por razas resistentes como la Plymouth Rock y la Wyandotte no solo fue una elección, sino una necesidad. Estas aves resistentes al frío soportaban las bajas temperaturas y añadían resistencia a la granja de los Thompson.

Propósito

- Busque razas que se ajusten a sus objetivos: algunas destacan en la producción de huevos, otras en la calidad de la carne y algunas razas son apreciadas por sus características ornamentales.

- Alinear su propósito con los rasgos propios de las razas elegidas para maximizar la productividad.

- Considere la demanda del mercado de productos avícolas específicos en su zona si su propósito incluye ventas potenciales.

Impulsada por su pasión por la sostenibilidad, María encontró su propósito en las razas tradicionales. La Sussex y la Dorking, con su significado histórico, se convirtieron no solo en ponedoras de huevos o fuentes de carne, sino en embajadoras de la conservación, preservando la diversidad genética y conectando a María con una comunidad más amplia de entusiastas de ideas afines.

Cantidad de cuidados necesarios

- Evalúe su agenda diaria y sea realista sobre el tiempo y el esfuerzo que puede dedicar al cuidado de las aves de corral.

- Las razas tienen diferentes necesidades de cuidados, algunas son más independientes y requieren menos mantenimiento, mientras que otras pueden necesitar un aseo meticuloso, un control sanitario y cuidados especializados.

- Tenga en cuenta su experiencia y elija razas que se ajusten a su nivel de comodidad y a sus recursos.

- Investigue las consideraciones sanitarias específicas de cada raza, incluida la susceptibilidad a enfermedades comunes y las vacunas necesarias.

Los Miller, inmersos en el caos de la vida familiar, se decantaron por razas de bajo mantenimiento. La Rhode Island colorada y la Australorp les proporcionaron huevos frescos sin apenas complicaciones y se convirtieron en compañeras resistentes que encajaban perfectamente en su ajetreada vida diaria.

El objetivo puede ir más allá de los huevos, la carne y los fines ornamentales. He aquí un ejemplo. Los Peterson, que se enfrentaban a una persistente invasión de babosas, acogieron a los patos khaki Campbell. Más allá de su papel como controladores de plagas, estos aliados graznadores añadieron un elemento lúdico al patio trasero de los Peterson, convirtiendo una tarea cotidiana en un espectáculo de la peculiar gestión de plagas de la naturaleza.

Características conductuales

- Conozca el temperamento y el comportamiento de las distintas razas de aves de corral. Algunas razas son dóciles y fáciles de manejar, mientras que otras pueden ser más asustadizas o territoriales.

- Tenga en cuenta la dinámica social de cada raza, sobre todo si piensa criar varios tipos de aves. Algunas razas crecen en bandadas, mientras que otras muestran un comportamiento agresivo.

- Evalúe los niveles de ruido, sobre todo si tiene vecinos cercanos. Algunas razas son más silenciosas que otras.

Elegir las razas avícolas adecuadas exige una atención meticulosa a los detalles y consideraciones como el espacio, el clima, la finalidad, los cuidados necesarios, los rasgos de comportamiento, las características de los huevos y la carne, y las cualidades únicas de cada raza. Después de reflexionar sobre estos factores, optimice las condiciones para sus aves de corral y prepare el terreno para una experiencia avícola satisfactoria y sostenible.

Selección basada en objetivos

La selección de las razas de aves de corral adecuadas suele estar motivada por una serie de objetivos específicos que condicionan la elección de los aficionados y los granjeros. Ya se trate de una producción abundante de huevos, de carne de alta calidad, de una exhibición ornamental o de contribuir a los esfuerzos de conservación, cada objetivo influye en la selección de las aves de formas distintas.

Producción de huevos

Para quienes dan prioridad a un suministro constante de huevos frescos, las razas famosas por su prolífica capacidad de puesta se convierten en la mejor opción. Hay que tener en cuenta el número de huevos por semana, el tamaño de los huevos y la capacidad de mantener la producción de huevos durante todo el año.

- Evalúe el equilibrio entre la cantidad y el tamaño de los huevos en función de sus preferencias y necesidades.

- Tenga en cuenta otros factores además de la cantidad de huevos, como el color y el sabor.

- Explore las razas conocidas por producir tipos específicos de huevos, como los de cáscara marrón, blanca o coloreada.

- Investigue el contenido nutricional de los huevos producidos por distintas razas.

- Evalúe si prefiere razas que pongan huevos de forma constante o que presenten variaciones estacionales en la producción de huevos.

- Investigue la capacidad de puesta de huevos, teniendo en cuenta el número de huevos puestos semanalmente, el tamaño de los huevos y la persistencia a lo largo del año.

- Explore el potencial de cría, ya que algunas razas pueden ser más propensas a incubar huevos.

Las mejores opciones: Las Leghorns, Rhode Island Reds y Sussex son favoritas por su impresionante capacidad de puesta de huevos, lo que las convierte en selecciones ideales para objetivos centrados en los huevos.

Producción de carne

Cuando el objetivo principal es criar aves de corral para obtener carne de alta calidad, las razas con tasas de crecimiento eficientes, buena conversión alimenticia y carne tierna son las más adecuadas. La atención se centra en las razas que ofrecen un rendimiento óptimo de carne sin comprometer el sabor y la textura.

- Comprenda la tasa de crecimiento y la eficiencia alimentaria de las razas productoras de carne.

- Reconozca la necesidad de un cuidado atento y un crecimiento controlado para garantizar una salud y una calidad de la carne óptimas.

- Investigue los requisitos de transformación de las distintas razas productoras de carne, incluida su idoneidad para la transformación casera.

- Investigue el sabor, la textura y la ternura de la carne producida por diferentes razas.

- Considere el ritmo de crecimiento de las razas productoras de carne y cómo se ajusta a su calendario.

- Explore las razas tradicionales conocidas por su carne de calidad y sabor superiores.

- Comprenda los requisitos de transformación para la producción de carne, incluidos los retos potenciales asociados a razas específicas.

- Explore las razas que ofrecen un equilibrio entre la producción de huevos y la calidad de la carne, proporcionando una solución completa para una avicultura sostenible.

- Considere las razas de doble propósito, como la Plymouth Rock o la Australorp, para la producción tanto de huevos como de carne.

- Reconozca que estas razas pueden destacar menos que las razas especializadas en cualquiera de las dos categorías, pero ofrecen una opción completa.

- Investigue la vida media de las razas de doble propósito para planificar la sostenibilidad a largo plazo.

Las mejores opciones: Las gallinas de engorde, las Cornish Cross y las razas tradicionales como la Dorking son populares entre quienes buscan una producción de carne superior.

Exposición ornamental

Las personas que buscan mejorar el atractivo estético de su rebaño suelen dar prioridad a las razas conocidas por su plumaje llamativo, sus patrones de color únicos o su personalidad cautivadora. El énfasis se pone en las razas que sirven como obras de arte vivientes, añadiendo encanto visual al entorno.

- Reconozca las características únicas de las razas ornamentales, como el plumaje distintivo, los patrones de color o las personalidades cautivadoras.

- Comprenda que las razas ornamentales, como el Silkie o la gallina polaca, pueden tener requisitos específicos de cuidado, incluido el aseo y la protección contra los depredadores.

- Tenga en cuenta el atractivo estético y el temperamento de las razas ornamentales para realzar el encanto visual de su jardín.

- Explore razas con rasgos de comportamiento únicos, como las razas conocidas por ser especialmente amistosas o las que tienen comportamientos divertidos.

Las mejores opciones: Los pollos Silkie, los pollos polacos y los bantam ornamentales son muy apreciados por sus características distintivas y visualmente atractivas, que contribuyen a una exhibición ornamental.

Razas tradicionales

Las personas implicadas en la conservación se preocupan sobre todo por la *conservación de las razas*. Sin embargo, antes de iniciar los esfuerzos de conservación, es necesario tener en cuenta los siguientes factores y comprender los requisitos específicos de la raza para garantizar que prosperan en las condiciones previstas.

- Explore las razas patrimoniales conocidas por su importancia histórica, resistencia y adaptabilidad.

- Considere los aspectos de conservación de la cría de razas patrimoniales para contribuir a preservar la diversidad genética.

- Reconozca que las razas tradicionales pueden tener tasas de crecimiento más lentas y pautas de puesta de huevos diferentes a las de las razas comerciales modernas.

- Investigue las características únicas y la importancia cultural de determinadas razas patrimoniales.

Conservación

Las personas con mentalidad conservacionista contribuyen a preservar la diversidad genética y las razas avícolas raras en peligro. Se centran en criar razas en peligro, ayudar a mantener una reserva genética viva y evitar la pérdida de rasgos genéticos valiosos.

Las mejores opciones: Razas como la Delaware, la Dominique o la Cream Legbar, clasificadas como amenazadas o críticas, se convierten en embajadoras de la conservación genética, fomentando el sentido de responsabilidad hacia la biodiversidad avícola.

Comprender el propósito que hay detrás de la selección de aves de corral dicta los rasgos y características prioritarios en las razas elegidas. Ya se trate de ponedoras de huevos prolíficas, de una carne de calidad superior, de un conjunto ornamental o de una participación activa en la conservación, la elección de las aves en función de objetivos específicos garantiza una experiencia avícola satisfactoria y orientada a un fin.

Temperamento de las aves

Cuando se trata de la avicultura, comprender los entresijos del temperamento de las aves es un aspecto fundamental que puede influir significativamente en el bienestar general de la bandada. Esto implica conocer los aspectos del comportamiento de la raza, su compatibilidad con otras aves y la idoneidad de determinadas razas para familias con niños u otros animales domésticos.

Aspectos conductuales

Cada raza avícola tiene rasgos de comportamiento únicos que influyen en la forma en que interactúan con su entorno y sus cuidadores. Por ejemplo, razas como la Rhode Island Red, conocida por su temperamento dócil, suelen ser más dóciles a la manipulación y la interacción humana. Por el contrario, razas como la Leghorn, de temperamento enérgico, pueden prosperar en entornos más activos y libres. Reconocer y comprender estos matices de comportamiento permite a los avicultores crear un entorno que se ajuste a su nivel preferido de interacción y a la experiencia general que buscan en la avicultura.

Compatibilidad con otras aves

Las aves de corral son sociables por naturaleza. Algunas razas muestran comportamientos comunitarios y tolerantes, creando un entorno cooperativo y armonioso cuando se alojan juntas. Otras razas pueden mostrar tendencias territoriales o agresividad, lo que influye en la dinámica social de la bandada. Las razas célebres por su naturaleza amistosa y sociable, como la Sussex o la Australorp, son excelentes opciones para los rebaños mixtos. Este entendimiento mantiene la estructura social de la bandada cohesionada y sin estrés.

Idoneidad para las familias

La introducción de las aves de corral en un entorno familiar exige tener en cuenta cómo se adapta una raza determinada a las interacciones con niños u otros animales domésticos. Algunas razas poseen por naturaleza un temperamento apacible y paciente, lo que las convierte en compañeras ideales en entornos familiares. Los gallinas Silkie, por ejemplo, son famosas por su carácter apacible y suelen adaptarse bien a las familias con niños. Tener en cuenta los niveles de tolerancia de una raza garantiza una experiencia positiva y enriquecedora para todos los miembros de la familia, fomentando interacciones seguras y agradables.

Asimismo, contar con la colaboración de los miembros de la familia es crucial para criar aves de corral en el patio. Es beneficioso para las razas que desea criar, ya que aumenta el nivel de cuidados que recibirán las aves y garantiza que se desarrollen sin problemas. Si tiene hijos pequeños, edúquelos sobre estas aves y demuéstreles con el tiempo los cuidados avícolas adecuados, cómo pueden acercarse a estas monadas emplumadas y crear un vínculo de confianza. Enseñarles estas habilidades mejora la comprensión de la naturaleza por parte del niño y aumenta sus atributos positivos de personalidad, como la empatía, la

Algunas razas poseen por naturaleza un temperamento apacible y paciente, lo que las convierte en compañeros ideales en entornos familiares'

prestación de cuidados y la toma de decisiones.

Cuestiones como el hacinamiento, la cría de razas diferentes en un espacio reducido, la mala alimentación, la falta de atención y muchos otros factores pueden deteriorar aún más el temperamento de las aves. En los próximos capítulos, aprenderá más sobre vivienda, cuidados, nutrición, incubación y mucho más; varios de estos componentes de la cría de aves afectan al temperamento de las aves. Los consejos prácticos que se enumeran a continuación pueden marcar la diferencia y garantizar que sus aves prosperen sin problemas.

- Visite con frecuencia a sus amigos emplumados, convirtiendo su presencia en una parte no amenazadora de su entorno.

- Puede utilizar refrigerios o pequeñas cantidades de su alimento favorito para crear una asociación positiva con la interacción humana.

- Lleve el adiestramiento de refuerzo al siguiente nivel utilizando un pulsador. La raza que críe asociará poco a poco el sonido del clic con refrigerios o interacciones positivas con su cuidador.

- Evite poner demasiadas aves en un espacio limitado, ya que solo provoca agresividad y estrés y aumenta el riesgo de que desarrollen enfermedades.

- Cuando prepare la zona de vivienda, elija un lugar tranquilo y sin ruidos.

- Sea constante en los horarios de alimentación y asegúrese de que el alimento es nutritivo y equilibrado.

- Ya sea solo o con toda la familia, cuente con un equipo constante de cuidadores para que las aves se familiaricen con las caras que acuden a diario a proporcionarles cuidados.

- Durante las inspecciones o el mantenimiento, evite coger y manipular las aves de forma agresiva.

- Al cortar las alas, hágalo con suavidad para no angustiar a las aves.

- Siempre que observe que un ave muestra un comportamiento agresivo, sepárela inmediatamente y manténgala bajo vigilancia para abordar la causa de este comportamiento agresivo.

- En lugar de alimentarlas en una zona específica, ofrezca oportunidades de forrajeo esparciendo granos o semillas en una zona más amplia, si es posible.

- Los depredadores cercanos también pueden causar angustia en el rebaño, que debe mitigarse lo antes possible.

- Introduzca objetos colgantes y juguetes interactivos para mejorar su estado de ánimo general.

- Mantenga siempre el gallinero limpio y la temperatura y humedad adecuadas. Las aves pueden desarrollar estrés en entornos insalubres e incluso volverse propensas a varias enfermedades.

Un conocimiento exhaustivo de los temperamentos de las aves implica reconocer los aspectos únicos del comportamiento de cada raza y considerar su compatibilidad dentro de una bandada y su idoneidad para dinámicas familiares específicas. Garantizar que la bandada se mantenga sana, próspera y tranquila implica prestar atención a la nutrición, la vivienda, la prevención de enfermedades, la cría y mucho más. Comprender el panorama general y tomar medidas con conocimiento de causa es el camino correcto. Mantener este enfoque reflexivo garantiza que las razas avícolas elegidas contribuyan a una experiencia armoniosa, agradable y enriquecedora para los criadores y sus amigos emplumados.

Capítulo 3: Hogar, nidificación y enraizamiento

Crear un espacio vital óptimo para sus amigos emplumados es primordial para su bienestar, productividad y salud. Este capítulo profundiza en la importancia de un hábitat bien diseñado y analiza su impacto en diversos aspectos de la vida aviar. Encontrará varios ejemplos que le guiarán en la creación de vivienda adecuada para patios de distintos tamaños y presupuestos.

La necesidad de un espacio bien diseñado

Un espacio vital bien diseñado para las aves no es solo una estructura física; es un factor fundamental que influye profundamente en el bienestar general, la productividad y la salud de sus compañeras aviares. En esta sección se explica con detalle por qué un hábitat bien planificado es esencial para crear un refugio que contribuya al bienestar integral de las aves de corral.

Al diseñar el gallinero, deben asignarse adecuadamente las zonas de nidificación y percha[5]

Promover el bienestar

Un hábitat cuidadosamente diseñado permite a las aves mejorar su bienestar mental y físico. Esto incluye posarse, buscar comida y anidar, creando una sensación de seguridad y satisfacción. Al diseñar el gallinero, hay que asignar adecuadamente las zonas de nidificación y posado. Asimismo, mantener la zona libre de depredadores y permitir que las aves deambulen y recojan comida favorecen un comportamiento natural y tranquilizan a sus peludos amigos.

Reducir el estrés

Proporcionar un espacio amplio y elementos enriquecedores reduce el estrés de las aves. El estrés provoca diversos problemas de salud e influye negativamente en la calidad de vida general de la bandada. Un espacio bien diseñado relaja a las aves, les anima a explorar el entorno y les permite mantener a raya el estrés.

Expresión del comportamiento

Independientemente del número de razas que quiera criar juntas, el diseño debe atender siempre a las diversas necesidades de comportamiento de las distintas especies de aves. Ya se trate de plataformas para el cortejo, zonas adecuadas para anidar o espacios para actividades comunes, el cumplimiento de estas consideraciones de diseño permite a las aves expresar libremente sus comportamientos naturales.

Calidad de los huevos

Un entorno cómodo y sin estrés es crucial para una producción de huevos constante y de calidad. Un espaciado adecuado minimiza los niveles de estrés entre las aves, fomentando una puesta de huevos constante. Un diseño bien pensado incluye cajas nido estratégicamente situadas, lo que garantiza un fácil acceso para las gallinas y reduce la probabilidad de que los huevos se pongan en lugares no deseados. Esto contribuye a mejorar la calidad de los huevos, a que las cáscaras sean fuertes y duraderas, a reducir la contaminación y a mejorar la higiene.

Éxito reproductivo

Las zonas de nidificación bien diseñadas contribuyen al éxito reproductivo. Los nidales o plataformas deben imitar los instintos de las aves, fomentando la puesta de huevos y la cría de sus polluelos.

Fomentar la interacción social

Los hábitats bien diseñados facilitan las interacciones sociales entre las aves. La socialización es crucial, sobre todo para las especies que viven en bandadas. Los espacios comunes, las perchas y las zonas designadas para actividades de grupo contribuyen a crear una bandada armoniosa y socialmente comprometida.

Calidad de la carne

En cuanto a la calidad de la carne, un espacio bien gestionado es vital para garantizar unas aves de corral sanas y robustas. Un espacio óptimo reduce los comportamientos agresivos, minimizando las lesiones y los incidentes de picoteo. Unas aves sin lesiones contribuyen a una mayor calidad de la carne. Además, un espaciado adecuado garantiza un acceso equitativo a los alimentos, reduciendo la competencia entre las aves y favoreciendo la absorción de nutrientes. Un entorno sin estrés influye positivamente en el sistema reproductivo, produciendo una carne de mejor calidad. En general, un espacio bien diseñado para las aves de corral es fundamental para conseguir una calidad óptima de los huevos y la carne, esencial para el éxito y la sostenibilidad de las explotaciones avícolas.

Ventilación y limpieza

Una ventilación adecuada es vital para mantener un entorno saludable. Los hábitats bien diseñados garantizan una buena circulación del aire, reduciendo el riesgo de problemas respiratorios. Además, tener en cuenta la limpieza y la gestión de residuos contribuye a crear un espacio higiénico, minimizando la propagación de enfermedades.

Regulación de la temperatura

Un espaciado adecuado y elementos estratégicamente situados en el hábitat ayudan a regular la temperatura. Las aves son sensibles a las temperaturas extremas, y un hábitat bien diseñado garantiza que puedan encontrar refugio, sombra o calor según lo necesiten. Hay que tener en cuenta varios factores, como el uso de material aislante y el control de la humedad, para conseguir una regulación óptima de la temperatura. Si se crían varias razas en la misma zona, considere la posibilidad de zonificar la temperatura, designando zonas en el gallinero según la edad y creando microclimas factibles para cada grupo de edad o raza.

Prevención de enfermedades

Un diseño cuidadoso incorpora medidas para prevenir la propagación de enfermedades. Esto incluye espaciar adecuadamente las estructuras, aislar a las aves enfermas cuando sea necesario y reducir al mínimo los posibles criaderos de parásitos o patógenos. Estos espacios favorecen un crecimiento sano, reducen la mortalidad y optimizan los índices de conversión alimenticia.

Nunca se insistirá lo suficiente en la importancia de un hábitat bien diseñado para las aves. Este hábitat va más allá de satisfacer las necesidades básicas de cobijo. Se convierte en un entorno dinámico que favorece los aspectos físicos, mentales y sociales de la vida de un ave.

La creación de espacios que se adapten a sus comportamientos naturales, fomenten la interacción social y den prioridad a las consideraciones sanitarias fomenta un entorno en el que las aves pueden prosperar, expresarse y llevar una vida plena. Un refugio aviar bien diseñado es un testimonio de su compromiso con el bienestar de sus amigos emplumados, garantizando una vida de confort, productividad y salud dentro de sus hogares cuidadosamente diseñados.

Aislamiento para regular la temperatura

Mantener condiciones óptimas

Un aislamiento adecuado es crucial para regular las temperaturas dentro del gallinero. El aislamiento ayuda a mantener un entorno estable, protegiendo a las aves del calor o el frío extremos. Esto garantiza un crecimiento óptimo, la producción de huevos y la salud en general.

Prevenir el estrés térmico

En climas más cálidos, un aislamiento adecuado previene el estrés térmico minimizando el impacto de las fluctuaciones de la temperatura exterior. Crea un espacio vital más confortable, reduciendo el riesgo de las aves de corral de sufrir problemas de salud relacionados con el calor.

Enfrentarse a entornos fríos

Durante las estaciones más frías, el aislamiento retiene el calor dentro de la estructura, evitando las corrientes de aire y garantizando que las aves permanezcan calientes. Esto es vital para prevenir la congelación y los problemas respiratorios asociados a la exposición a bajas temperaturas.

El uso de sistemas de ventilación

Favorecer el flujo de aire

Una ventilación adecuada es esencial para promover el flujo de aire y mantener el aire fresco dentro del gallinero. El aire estancado puede provocar la acumulación de gases nocivos, humedad y patógenos en el aire, lo que afecta negativamente a la salud respiratoria de las aves.

Minimizar los problemas respiratorios

Una ventilación adecuada reduce la concentración de amoníaco y otros contaminantes del aire. Esto minimiza el riesgo de problemas respiratorios, mejorando la salud respiratoria general de la bandada.

Regulación de los niveles de humedad

Los sistemas de ventilación también desempeñan un papel en la regulación de los niveles de humedad. Controlar la humedad es esencial para evitar la proliferación de moho y bacterias, lo que contribuye a crear un entorno más saludable para las aves de corral.

Medidas a prueba de depredadores

Asegurar los espacios al aire libre

Diseñar las zonas exteriores con vallas y redes seguras protege a las aves de corral de los depredadores. Es esencial un diseño cuidadoso que incorpore vallas seguras, telas metálicas enterradas y estructuras reforzadas. La instalación de vallas resistentes a los depredadores, como la tela metálica con mallas pequeñas, impide el acceso a pequeños depredadores como mapaches y serpientes. Enterrar el material de cercado bajo la superficie del suelo crea una barrera adicional que disuade a los depredadores de madriguera, como los zorros. Reforzar las estructuras, como gallineros y dormideros, con materiales resistentes y cerraduras aumenta aún más la protección.

El mantenimiento y las inspecciones periódicas de las zonas exteriores son cruciales para identificar y abordar con prontitud los posibles puntos vulnerables. Asimismo, una iluminación adecuada del perímetro puede disuadir a los depredadores nocturnos.

Construcción sólida

Asegúrese de que el gallinero está construido con materiales resistentes y cuenta con cierres seguros. Para empezar, es crucial seleccionar materiales duraderos y resistentes a la intemperie y el desgaste. La madera o el metal gruesos y resistentes proporcionan una base sólida, minimizando las vulnerabilidades que podrían aprovechar los depredadores. Reforzar los puntos vulnerables, como puertas de entrada y ventanas, con cerraduras o pestillos adicionales aumenta la seguridad.

Además, es vital prestar atención a los detalles estructurales. Asegurarse de que no haya huecos, grietas o puntos débiles en la construcción elimina posibles puntos de entrada de depredadores. Selle cualquier abertura con materiales resistentes a los depredadores, como tela metálica con mallas pequeñas.

Nidos elevados y cajas nido

Elevar los dormideros y las cajas nido puede disuadir a los depredadores terrestres. Así se reduce el riesgo de depredación en momentos vulnerables, como cuando las aves descansan o ponen huevos.

Crear un entorno que satisfaga las necesidades específicas de las gallinas ponedoras es fundamental para garantizar unas condiciones óptimas de puesta de huevos. La siguiente sección profundiza en los entresijos de la elección de los materiales de nidificación adecuados, ofrece sugerencias de disposición de los nidales e implementa medidas de privacidad para mejorar la comodidad de las gallinas durante el proceso de puesta de huevos.

Elección de materiales de nidificación adecuados

Paja y heno

Utilizar paja o heno como materiales de nidificación presenta una ventaja múltiple. Estos materiales proporcionan un lecho blando y aislante para que las gallinas pongan huevos. La paja y el heno también absorben eficazmente la humedad, garantizando un entorno seco y confortable propicio para la puesta de huevos.

Virutas de madera

Las virutas de madera son una excelente opción como material de nidificación debido a su naturaleza absorbente. Crean una superficie limpia y seca, minimizando el riesgo de que los huevos se ensucien. Sin embargo, es crucial asegurarse de que las virutas de madera no tengan bordes afilados ni astillas para evitar cualquier daño a las gallinas.

Almohadillas o esterillas nido

Las almohadillas o esterillas de nido prefabricadas, fabricadas con materiales como fieltro o caucho, ofrecen una superficie consistente y cómoda. Estos materiales son fáciles de limpiar y mantener, y contribuyen a crear un espacio de nidificación higiénico que favorece el bienestar general de las gallinas ponedoras.

Sugerencias de disposición de cajas nido

Considere el tamaño de la caja

Es fundamental considerar cuidadosamente las dimensiones de los nidos. Deben ser del tamaño adecuado para garantizar la comodidad de las gallinas. Las cajas demasiado grandes pueden animar inadvertidamente a varias gallinas a compartirlas, lo que podría provocar la rotura de huevos.

Elevación de cajas nido

Elevar los nidos del suelo tiene múltiples propósitos. No solo proporciona una sensación de seguridad a las gallinas, sino que también minimiza el riesgo de que arañen y ensucien los materiales del nido. Los nidos elevados reducen las posibilidades de depredación y crean un entorno tranquilo y seguro para la puesta de huevos.

Número adecuado de cajas

Es esencial disponer de un número adecuado de cajas nido. El hacinamiento puede provocar competencia por los espacios de anidamiento, causar estrés entre las gallinas y repercutir negativamente en la producción de huevos. Disponer de un número suficiente de cajas favorece un entorno armonioso y sin estrés.

Garantizar la privacidad para unas condiciones óptimas de puesta de huevos

Mamparas o cortinas

La colocación de pantallas o cortinas en la zona de nidificación crea un espacio privado y aislado. Esta medida de privacidad contribuye a la sensación de seguridad de las gallinas, animándolas a poner huevos sin ser molestadas.

Luz tenue

La iluminación tenue de la zona de nidificación responde a las preferencias naturales de las gallinas. Las gallinas prefieren los espacios poco iluminados para poner huevos, y este elemento de diseño contribuye a un entorno más relajado para la puesta de huevos y reduce el estrés.

Zona de colocación independiente

Designar una zona específica para anidar la separa de otras actividades cotidianas. Esta separación reduce las interrupciones y proporciona a las gallinas un espacio tranquilo y dedicado, mejorando aún más la comodidad general durante el proceso de puesta de huevos.

Los matices de los nidos son cruciales para crear un entorno que priorice la comodidad y el bienestar de las gallinas ponedoras. La elección meticulosa de los materiales de nidificación, las sugerencias de disposición bien pensadas y la aplicación de medidas de privacidad contribuyen colectivamente a crear una atmósfera que maximiza la productividad y fomenta un proceso de puesta de huevos sin estrés y satisfecho. Si presta atención a estos detalles con precisión y cuidado, mejorará las condiciones de su bandada de aves de corral, garantizando que su experiencia de anidamiento se caracterice por la comodidad, la seguridad y un bienestar óptimo.

Creación de un entorno tranquilo

Crear un entorno propicio para los gallineros es crucial para el bienestar y el descanso nocturno de las aves. A continuación, le explicaremos la necesidad de disponer de barras de descanso adecuadas, la altura y el espacio entre los dormideros para proporcionar unas condiciones óptimas para el descanso nocturno de sus aves.

Barras de descanso adecuadas

Material y diámetro

La elección del material y el diámetro de la barra de descanso influyen significativamente en la comodidad de las aves. Opte por materiales cómodos de agarrar para las gallinas, como la madera lisa o el PVC. El diámetro de los barrotes debe favorecer un agarre seguro y evitar problemas en las patas, como el pie deforme.

Espaciado y ubicación

Es esencial que haya un espacio adecuado entre los posaderos. Procure que cada ave tenga espacio suficiente para posarse cómodamente sin invadir el territorio de la vecina. Un espaciado adecuado evita el hacinamiento y minimiza el riesgo de comportamientos agresivos.

Barras ajustables versus fijas

Considere las ventajas de las barras de descanso ajustables, que le permiten modificar la altura a medida que crecen sus aves o cuando introduce nuevas aves de corral en la bandada. Las barras fijas pueden limitar la flexibilidad, sobre todo si tiene una bandada mixta.

Consideraciones sobre la altura

Instintos naturales

Las gallinas tienen un instinto natural de posarse a mayor altura, imitando su comportamiento salvaje de buscar lugares elevados para estar seguras durante la noche. Proporcionar posaderos a una altura adecuada responde a este instinto y fomenta la sensación general de seguridad de las aves.

Evitar las disparidades de altura

Mantenga una altura constante para las barras de descanso dentro del gallinero. Evite las grandes diferencias de altura, ya que pueden provocar problemas de jerarquía en la bandada. Una superficie de descanso nivelada contribuye a una experiencia de descanso armoniosa y sin estrés.

Accesibilidad para todas las aves

Tenga en cuenta la accesibilidad de las barras de descanso para todas las aves, incluidas las que tienen limitaciones físicas. Si tiene gallinas mayores o lesionadas, los posaderos más bajos garantizan que todos los miembros de la bandada puedan acceder cómodamente a su lugar de descanso designado.

Prevenir el hacinamiento

Un espacio adecuado entre los posaderos es vital para evitar el hacinamiento. Las aves necesitan espacio personal para estar cómodas y mostrar comportamientos naturales como acicalarse y estirarse. Un espacio suficiente también minimiza el riesgo de lesiones causadas por disputas territoriales.

Acomodar a las distintas razas

Las distintas razas de gallinas tienen diferentes tamaños y preferencias a la hora de posarse. Al ofrecer un espacio variado entre los dormideros, se adapta a las diversas necesidades de su rebaño, asegurando que cada ave puede encontrar un lugar que se adapte a ellos.

Facilitar el movimiento

La disposición de los posaderos facilita el movimiento dentro del gallinero. Las aves deben poder ir y volver de sus nidos sin obstáculos. Esto facilita una rutina de descanso sin estrés para las aves.

Comprender y poner en práctica las realidades de los posaderos contribuye significativamente al bienestar general y a las noches de descanso de su bandada. Unas barras de descanso adecuadas, unas consideraciones de altura cuidadosas y unos dormideros cuidadosamente espaciados garantizan que cada ave pueda disfrutar de una experiencia de descanso segura, cómoda y sin estrés. Al dar prioridad a estas realidades, se crea un entorno que fomenta los comportamientos e instintos naturales de las aves, promoviendo una atmósfera de gallinero feliz y armoniosa.

Proteger a las bandadas de las enfermedades

La bioseguridad es un componente esencial de la gestión de las aves de corral, cuyo objetivo es prevenir la introducción y propagación de enfermedades en la bandada y en el entorno de vivienda. Mediante la aplicación de estrictas medidas de bioseguridad, los avicultores pueden mejorar la salud general y la productividad de sus bandadas. He aquí un análisis en profundidad de las prácticas de bioseguridad:

Vallado perimetral

Establecer un perímetro seguro alrededor de las instalaciones avícolas utilizando vallas adecuadas. Esto impide el acceso no autorizado y reduce el riesgo de introducción de enfermedades por fuentes externas, como aves o animales salvajes.

Puntos de acceso controlado

Designar puntos de acceso controlado para el personal, el equipo y los visitantes. Aplique protocolos de bioseguridad en estos puntos de entrada, incluidos baños de pies, desinfección de manos y ropa protectora, para minimizar el riesgo de introducción de contaminantes.

Prácticas de cuarentena

Introducir un sistema completo de cuarentena para las nuevas aves que entren en la bandada. Esto implica aislar a las nuevas incorporaciones durante un período determinado, lo que permite la observación y los controles sanitarios para identificar posibles enfermedades antes de la integración.

Control sanitario periódico

Implemente programas regulares de control sanitario de toda la bandada. Esto implica controles rutinarios para detectar signos de enfermedad, vigilar el consumo de alimento y agua y tratar con prontitud cualquier anomalía.

Limpieza y desinfección

Establecer protocolos estrictos de limpieza y desinfección de los equipos y vehículos que entren en las instalaciones avícolas. Esto evita la transmisión de patógenos en las superficies, reduciendo el riesgo de propagación de enfermedades.

Uso de equipamiento

Designar equipos específicos para su uso dentro de la instalación avícola siempre que sea posible para evitar la contaminación cruzada procedente de otras actividades agrícolas.

Formación sobre bioseguridad

Impartir formación exhaustiva sobre bioseguridad a todas las personas implicadas. Esto incluye procedimientos de manipulación adecuados, prácticas de higiene y la importancia de cumplir los protocolos de bioseguridad.

Educación sobre bioseguridad

Eduque al personal, si lo tiene, sobre los riesgos potenciales asociados a las enfermedades avícolas, haciendo hincapié en el papel que cada individuo desempeña en el mantenimiento de un entorno bioseguro. Las sesiones de formación y las actualizaciones periódicas son esenciales para reforzar estas prácticas.

Redes antipájaros y elementos disuasorios

Instale redes antipájaros o elementos disuasorios para reducir al mínimo el contacto entre las aves de corral y las aves silvestres. Las aves silvestres pueden ser portadoras de enfermedades que suponen una amenaza para las aves de corral domésticas, por lo que es crucial evitar las interacciones directas o indirectas.

Planes de gestión de la fauna silvestre

Elabore y aplique planes de gestión de la fauna salvaje para hacer frente a las posibles amenazas de mamíferos que puedan transmitir enfermedades. Esto puede implicar asegurar las zonas de almacenamiento de piensos y aplicar medidas para disuadir a los animales salvajes de entrar en las instalaciones.

Prácticas sostenibles en avicultura

La sostenibilidad en la vivienda de las aves de corral implica la adopción de prácticas que minimicen el impacto medioambiental, promuevan la eficiencia de los recursos y contribuyan al bienestar general de la bandada. He aquí un análisis en profundidad de las prácticas sostenibles en gallineros.

Incorpore soluciones de iluminación natural en los gallineros para reducir la dependencia de la iluminación artificial. Esto ahorra energía y favorece el bienestar de las aves, ya que responden positivamente a los ciclos de luz natural.

Equipos energéticamente eficientes

Invierta en sistemas de calefacción, ventilación y refrigeración energéticamente eficientes. Esto reduce el consumo de energía y los costes operativos, al tiempo que mantiene unas condiciones ambientales óptimas dentro de la instalación avícola.

Gestión del estiércol

Aplicar sistemas eficaces de gestión del estiércol, como el compostaje o la utilización como fertilizante. La eliminación y el reciclaje adecuados del estiércol contribuyen a la salud del suelo y minimizan el impacto ambiental.

Reciclar y reutilizar materiales

Adopte prácticas de reciclaje reutilizando materiales dentro de la estructura del gallinero. Esto incluye la reutilización de materiales como la madera o el metal para la construcción, lo que reduce la necesidad de nuevos recursos.

Paisajismo para la armonía medioambiental

Incorporar la jardinería alrededor de las instalaciones avícolas para mejorar la armonía medioambiental. Esto incluye plantar vegetación autóctona, crear espacios verdes y diseñar entornos que favorezcan la biodiversidad.

Prácticas de conservación del agua

Aplicar prácticas de conservación del agua, como la recogida de agua de lluvia o el uso de sistemas de riego eficientes. Esto minimiza el desperdicio de agua y promueve el uso responsable del agua en las instalaciones avícolas.

Energía solar o eólica

Explorar la viabilidad de incorporar fuentes de energía alternativas, como paneles solares o turbinas eólicas. Las energías renovables contribuyen a la sostenibilidad al reducir la dependencia de las redes eléctricas tradicionales.

Sistemas de calefacción energéticamente eficientes

Opte por sistemas de calefacción energéticamente eficientes que utilicen fuentes de energía renovables o tecnologías avanzadas para minimizar el consumo de energía.

Preservar los hábitats naturales

Diseñar las instalaciones avícolas teniendo en cuenta la preservación de los hábitats naturales y la biodiversidad. Evite invadir zonas ecológicamente sensibles y adopte diseños que coexistan armoniosamente con el entorno natural.

Plantación de setos o cortavientos

La plantación de setos o cortavientos tiene múltiples objetivos, entre ellos la conservación de la biodiversidad, la protección contra el viento y la creación de microambientes que benefician tanto a las aves de corral como a la fauna salvaje.

Adquisición de alimento y camas

En la medida de lo posible, abastecerse localmente de alimento y lechos para aves de corral, fomentando la sostenibilidad de la cadena de suministro. Así se reducen las emisiones de carbono relacionadas con el transporte y se apoya a las economías locales.

Materiales de construcción sostenibles

Utilizar materiales de construcción sostenibles para construir y mantener las estructuras de los gallineros. Esto puede incluir materiales reciclados o de origen local con menor impacto medioambiental.

Incorporar medidas de bioseguridad y prácticas sostenibles en las viviendas avícolas es esencial para lograr un equilibrio entre ecología y productividad. Una bioseguridad sólida protege a las bandadas de las enfermedades, garantizando un entorno sano y productivo. Al mismo tiempo, las prácticas sostenibles contribuyen al cuidado del medio ambiente, la eficiencia de los recursos y la viabilidad a largo plazo de la avicultura. Integrando estos principios, los granjeros pueden crear instalaciones que den prioridad al bienestar de la bandada, minimicen el impacto ambiental y promuevan la sostenibilidad general de la gestión avícola.

Capítulo 4: Alimentación y nutrición

La alimentación y la nutrición son fundamentales para que las aves de corral se mantengan sanas y productivas. Si quiere proteger a sus aves y garantizar productos seguros y sanos, debe prestar atención a lo que les da de comer. Una dieta equilibrada mejora la inmunidad de sus aves y las protege de infecciones fúngicas, bacterianas y víricas. También hace que sus plumas luzcan aún más bonitas, mejora su temperamento y aumenta su bienestar.

Este capítulo trata de la nutrición básica de las aves de corral, los componentes de los alimentos comerciales y los beneficios y peligros potenciales de los refrigerios y suplementos.

La relación entre una dieta equilibrada y la salud óptima de las aves

FRUITS

Mango's
Kiwi
Papaya
Melons (no rind)
Berries
Pomegranates
Grapes
Cranberries
Banana's
Apples

VEGGIES

Carrots (Tops Included)
Sweet Potatoes
Leafy Greens
Peppers, Assorted Colors
Green Beans
Sweet Peas
Sugar Snap Peas
Squash
Pumpkin
Corn

50-60% Of Diet Should Comprise
of Well-Balanced Pellets

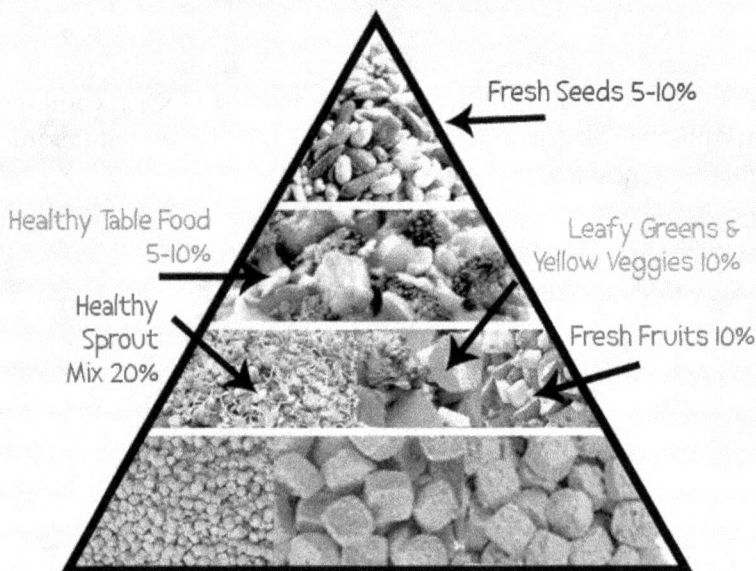

Fresh Seeds 5-10%

Healthy Table Food
5-10%

Leafy Greens &
Yellow Veggies 10%

Healthy
Sprout
Mix 20%

Fresh Fruits 10%

AVIAN FOOD PYRAMID

🚫 Avocado's, Uncooked Beans, Chocolate, Alcohol, Caffiene, Shellfish & Undercooked Meat. Remove Fresh Foods After 2-3 hrs.

Cuando la gente decide criar aves de corral, suele planificar de antemano el tipo de ave que quiere tener y dónde criará su bandada. Sin embargo, muchos no prestan atención a los piensos para aves y se limitan a comprar cualquier marca de alta calidad sin mirar los ingredientes para comprobar si contienen productos químicos o aditivos nocivos. Si alimenta a sus aves con comida rica en nutrientes, serán fuertes y enérgicas y producirán huevos de alta calidad con pollitos libres de enfermedades.

Para sacar el máximo partido de sus aves, aliméntelas con una dieta equilibrada desde el principio. Una dieta equilibrada influye enormemente en su capacidad de puesta, sistema inmunitario, tasa de crecimiento y aprovechamiento del saco vitelino.

Si cría las aves para obtener huevos y carne, debe alimentarlas con grandes cantidades de fibra y proteínas para mantenerlas saciadas y aumentar la cantidad de bacterias buenas en sus estómagos. Aliméntelas con comida rica en vitaminas para garantizar una producción constante de huevos, incubabilidad, pollitos sanos y buena fertilidad. Una dieta pobre reduce la producción de huevos, debilita la cáscara y afecta a la salud general de las aves.

La alimentación desempeña un papel muy importante en el bienestar y el comportamiento de sus aves. De hecho, una dieta adecuada puede revivir a un ave desnutrido. Al igual que los seres humanos, si está débil y le falta energía, el médico le recomendará que cambie su dieta y empiece a comer alimentos ricos en proteínas, minerales y fibra.

Una historia real

Una joven llamada Julia rescató a un simpático loro y lo llamó Lily. Lamentablemente, Lily vivía en un hogar donde la maltrataban y sus anteriores dueños eran negligentes y no la alimentaban correctamente. Estaba desnutrida y muy baja de peso. Se le caían las plumas y le fallaban los órganos. Julia empezó a alimentarla con semillas y verduras frescas. Sin embargo, el ave seguía perdiendo peso. Así que añadió pellets a la dieta de Lily junto con las semillas. A pesar de que Lily comía, siguió estando por debajo de su peso y desnutrida durante seis meses.

Julia estaba frustrada y quería que Lily se centrara más en los pellets que en las semillas. Quitó las semillas de la dieta y puso principalmente pellets y verduras. Lily empezó a ganar peso y se sentía con más energía.

Sin embargo, su aumento de peso era lento. Julia decidió llevarla al veterinario.

El veterinario le recomendó un tipo de alimentación ecológica de alta calidad. Julia le hizo caso y solo alimentó a Lily con la dieta ecológica. Al cabo de un par de meses, Lily ganó peso y estaba llena de energía. Sus plumas tenían mejor aspecto que nunca y por fin era feliz.

No es exagerado decir que una dieta equilibrada salvó la vida de Lily. Pasó de ser un ave desnutrida y enferma que estaba al borde de la muerte a una ave llena de vida y alegría.

Fundamentos de la nutrición avícola

Ahora que comprende la importancia de alimentar a sus aves con una dieta equilibrada, está preparado para descubrir los nutrientes esenciales que los mantendrán sanos y los protegerán de las enfermedades.

Agua

El agua es necesaria para transportar los nutrientes al organismo de las aves, regular su temperatura y mantenerlas hidratadas. Asegúrese de que sus aves tengan siempre acceso a agua limpia y fresca. Deben beber el doble de agua que de pienso.

Proteína

Las proteínas forman tejidos corporales como el pico, las plumas, la piel, los cartílagos, los nervios y los músculos. También son responsables del mantenimiento, desarrollo y crecimiento de las aves. Las proteínas se componen de aminoácidos esenciales y no esenciales. El organismo de las aves puede producir aminoácidos no esenciales, pero hay que proporcionarles alimentos ricos en los esenciales.

Si cría aves para huevos, déles alimentos ricos en proteínas como gluten de maíz, carne, pescado, legumbres, canola o soja.

Unos niveles inadecuados de proteínas pueden causar muchos problemas de salud y reducir el rendimiento de los huevos y la carne.

Minerales

Los minerales contribuyen a la formación de huesos y células sanguíneas, estimulan el metabolismo, activan las enzimas y previenen la coagulación de la sangre. Debe dar a su ave alimentos ricos en zinc, selenio, manganeso, hierro, yodo, sodio, potasio, magnesio, cloro, fósforo y calcio. El calcio mejora los huesos y la calidad de la cáscara del huevo. El fósforo refuerza la salud ósea, y el cloro aumenta los niveles de ácido clorhídrico, que facilita la digestión. El potasio y el sodio protegen los nervios y los músculos.

Las aves necesitan calcio durante la formación de la cáscara del huevo. Si no reciben suficiente, utilizarán las reservas de calcio de su esqueleto. Esto puede causar graves problemas, y la gallina dejará de poner huevos.

Vitaminas

Asegúrese de que sus aves reciben vitamina A para favorecer su crecimiento y desarrollo, vitamina D para la formación de la cáscara del huevo y vitamina B para aumentar los niveles de energía y estimular el metabolismo. Muchas de estas vitaminas pueden administrarse en forma de suplementos. Otras requieren factores externos, como la vitamina D, que puede producirse mediante la exposición constante al sol.

Energía

Asegúrese de que sus aves consumen diariamente suficientes calorías para aumentar sus niveles de energía y alimentar todas las reacciones químicas de su organismo.

Las aves necesitan energía para la reproducción, la digestión, el mantenimiento y el crecimiento. Por suerte, casi todos los ingredientes contienen energía. Si quiere que sus aves tengan más energía, aliméntelas con maíz, trigo, cebada, carne y grasa.

Grasas

Las grasas son necesarias para la carne y las aves de corral. Aumentan la energía de las aves e impulsan su productividad.

Carbohidratos

Los carbohidratos aumentan la energía que alimenta el mantenimiento, el crecimiento y las actividades diarias. En la dieta de las aves debe haber un equilibrio entre carbohidratos y grasas.

Descifrar las etiquetas de los alimentos

Como la mayoría de los propietarios de aves o animales, usted dependerá principalmente de los productos comerciales para la alimentación de su bandada. Los alimentos comerciales se compran en la tienda y están hechos específicamente para las aves de corral. Hay muchos tipos entre los que elegir; algunos son marcas caras elaboradas con ingredientes de alta calidad, mientras que otros son de menor calidad y pueden contener sustancias nocivas. A veces, las marcas de alta calidad son la mejor opción, ya que los fabricantes suelen analizar previamente todos los ingredientes para garantizar su seguridad.

Antes de elegir un tipo de alimento, verifique primero los componentes para asegurarse de que está hecho con ingredientes sanos y no contiene aditivos ni sustancias químicas nocivas.

Componentes de la alimentación comercial

En esta sección se explican todos los componentes habituales de los envases de alimentos comerciales y su significado.

Cereales en grano

Los granos de cereales son granos secos y subproductos de cereales que sustentan a sus aves de corral y aumentan su energía. Suelen utilizarse distintos tipos de granos en los alimentos. En los países asiáticos, Brasil y EE. UU. se utiliza el maíz como ingrediente principal y fuente de energía. Canadá, Europa, Rusia, Nueva Zelanda y Australia utilizan el trigo como principal fuente de energía para la dieta de las aves. Sin embargo, muchos fabricantes no se centran realmente en los beneficios nutricionales del grano, sino que hacen su elección en función de su precio. Por ejemplo, China y EE.UU. utilizan trigo si es más barato. En Australia, a veces utilizan sorgo en lugar de trigo. Suecia, Dinamarca y Noruega utilizan centeno y cebada cuando los precios de los cereales son altos.

Los cambios que los fabricantes introducen en sus productos dependen principalmente de los costes. Eso no significa que deban seguir añadiendo o quitando ingredientes cuando les apetezca. Cualquier cambio, grande o pequeño, debe tratarse con precaución. De hecho, muchos fabricantes evitan hacer grandes cambios en los componentes de los piensos, ya que pueden causar problemas digestivos a las aves y reducir su productividad.

Diversos factores pueden influir en la calidad de los granos, como el almacenamiento y las condiciones estacionales. Si los granos no se almacenan correctamente o se cultivan en malas condiciones, su contenido energético se reducirá drásticamente. Estas condiciones también pueden exponer los granos a toxinas u organismos nocivos como los hongos.

Los factores ambientales y genéticos también pueden afectar a la calidad de los granos y a su valor nutritivo. Esto puede dificultar su digestión y causar graves problemas a las aves.

Los subproductos de cereales, como el salvado de arroz y el salvado de trigo, también se utilizan en los componentes de los alimentos para animales.

Platos proteicos

En la alimentación de las aves de corral se utilizan proteínas animales y vegetales como el pescado, las legumbres y las semillas oleaginosas. Las fuentes de proteínas vegetales suelen ser subproductos de cultivos oleaginosos como el sésamo, el lino, el cacahuete, la copra, la palmiste, el girasol, la colza y la soja. Se elaboran a partir de los residuos del aceite extraído. Al igual que los cereales, los países también utilizan distintas fuentes de proteínas vegetales. Algunos utilizan soja o girasol, y otros altramuces, guisantes o semillas de algodón. Los fabricantes pueden utilizar más de un recurso vegetal si sus precios son razonables.

Las fuentes de proteínas animales utilizadas en la alimentación de las aves de corral son la harina de plumas, la harina de sangre, la harina de subproductos avícolas, la harina de pescado, la harina de carne y la harina de carne y huesos.

La industria animal ha evolucionado en los últimos años y se ha centrado más en aumentar los niveles de nutrientes y mejorar el sabor.

Utilizar recursos animales en la alimentación de las aves de corral puede ser todo un reto, porque algunas personas plantean sus dudas al respecto. Se ha puesto en duda la seguridad alimentaria, y la gente se preocupa por reciclar productos animales y utilizarlos como ingredientes de piensos. Sin embargo, no ha habido informes de aves enfermas. A algunas personas también les preocupaba que las harinas de proteínas animales pudieran provocar salmonelosis. Se ha afirmado que las bacterias nocivas suelen destruirse mediante el procesamiento, y la recontaminación es imposible. En la mayoría de los casos, las aves contraen la salmonela a través de factores ambientales y no de los alimentos.

Las harinas de proteínas animales contienen altos niveles de aminoácidos y minerales y también se consideran una fuente de energía.

Aunque existen algunas preocupaciones en torno a las harinas de proteínas animales, estas se han incorporado a los piensos para aves de corral durante años. El uso de este ingrediente es significativo, ya que aumenta el valor económico y nutritivo del pienso y desempeña un papel en la producción de carne y huevos de alta calidad.

Grasas y aceites

Las grasas y los aceites se utilizan a menudo en la alimentación de las aves, porque aumentan su energía y contienen más nutrientes que las proteínas y los hidratos de carbono. También contienen ácidos grasos como el ácido linoleico. En los piensos para aves de corral se utilizan varios tipos de grasas y aceites, como el aceite de semilla de algodón, el aceite de palma, el aceite de linaza, el aceite de girasol, el aceite de canola y el aceite de soja.

Vitaminas y minerales

Los minerales favorecen el desarrollo y el crecimiento normal de las aves. Los alimentos suelen contener altos niveles de fósforo y calcio, que aumentan la producción de huevos. También encontrará otros minerales como molibdeno, yodo, cobalto, selenio, zinc, manganeso, hierro y cobre. La carencia de estos minerales causará problemas de salud, e incluso la muerte, a las aves.

Los alimentos también contienen vitaminas A, D, E, K y B12, ácido pantoténico, piridoxina, tiamina, riboflavina, niacina, ácido fólico, colina y biotina, que favorecen el bienestar de las aves y mejoran su salud.

Aditivos

Los aditivos potencian las cualidades del pienso, mejoran la digestión, la productividad, el crecimiento y la salud del ave, y previenen las enfermedades.

Antioxidantes

La grasa suele añadirse a los alimentos para aves, sobre todo en las harinas de pescado. Sin embargo, los productos ricos en grasas corren el riesgo de estropearse. Para proteger los alimentos y alargar su vida útil, los fabricantes añaden antioxidantes.

Antibióticos

En el tubo digestivo de todos los animales y aves hay microbios y bacterias malas. Estas bacterias pueden causar graves problemas de salud, como daños en los intestinos. Añadir antibióticos al alimento eliminará las bacterias malas y mantendrá al ave protegida de las infecciones.

Alternativas a los antibióticos

Algunas personas están en contra del uso de antibióticos, porque también eliminan las bacterias buenas. Por eso los fabricantes han desarrollado y utilizado alternativas que eliminan las bacterias malas y aumentan el número de las buenas.

Agentes de libre circulación

El alimento debe fluir fácilmente en los comederos para que no se atasque y deje hambrientas a las aves. Los fabricantes añaden agentes fluidificantes para evitar que el alimento se apelmace. Estos agentes no reaccionan con ninguno de los ingredientes.

Coccidiostáticos

La coccidiosis es una enfermedad parasitaria que infecta el tracto intestinal de las aves. No es grave si los niveles de coccidios son bajos. En niveles altos, esta enfermedad puede matar a sus aves. Añadir coccidiostáticos al alimento evitará que el parásito se propague y reforzará su sistema inmunitario.

Los coccidiostáticos no son un tratamiento. Solo proporcionan protección.

Aditivos de peletización

Los aditivos de peletización se añaden al pienso para mejorar su eficacia y garantizar que los ingredientes se empaqueten en pequeños gránulos para que el ave pueda comerlos con facilidad.

Inhibidores del moho

Los cereales pueden infectarse con moho durante la cosecha, el procesado o el almacenamiento. Aunque el moho pueda eliminarse, seguirá liberando micotoxinas, que pueden ser mortales para las aves de corral. Los inhibidores del moho evitan la contaminación y el crecimiento de moho.

Enzimas alimentarias

Algunos de los ingredientes utilizados en la alimentación de las aves de corral tienen propiedades antinutricionales que los hacen inútiles. La alimentación con enzimas puede descomponer estas propiedades para aumentar el potencial de los granos alternativos.

Indicadores de calidad

Naturalmente, querrá conseguir alimentos de la mejor calidad para sus aves de corral. Quizá piense que las marcas más caras o populares son la opción más segura, pero no siempre es así. Hay cosas sencillas que puede hacer para asegurarse de obtener el mejor alimento para sus aves.

- Fíjese en los ingredientes y asegúrese de que contienen proteínas, hidratos de carbono, vitaminas, minerales, grasas y cereales.

- Verifique los aditivos que utilizan y asegúrese de que no han añadido productos químicos tóxicos o nocivos.

- Lea el resumen en línea y vea lo que dicen los demás.

- Huélalo antes de usarlo. Si tiene un olor extraño, probablemente no sea de alta calidad.

Suplementos y refrigerios

Si sus aves sufren carencias vitamínicas, puede darles suplementos para aumentar su energía y mejorar su fuerza. Aun así, no debe darles algo que pueda afectar a sus huevos, su carne o su salud.

Ventajas del uso de suplementos para aves de corral

- Mejora la digestión
- Ayuda a absorber los nutrientes de los alimentos
- Refuerza el sistema inmunitario
- Reduce infection Reducir las infecciones
- Protege contra las enfermedades
- Aumenta la producción y la calidad de los huevos
- Mejora la tasa de crecimiento
- Fortalece los huesos
- Mantiene activas las aves de corral
- Aumenta la duración de la puesta
- Mejora la salud en general

Peligros potenciales del uso de suplementos para aves de corral

- No son sustitutos de los nutrientes.
- Aumentan la resistencia a los antimicrobianos
- Exponen a las aves de corral a cantidades nocivas de endotoxinas, que también pueden afectar a su salud.

Usted quiere a sus aves de corral, y probablemente quiera mimarlas de vez en cuando. Darles refrigerios les hará felices y mejorará su estado de ánimo, sobre todo si han estado estresadas. Al igual que los suplementos, los refrigerios tienen ventajas e inconvenientes.

Ventajas del uso de refrigerios

- Refuerza el sistema inmunitario de las aves
- Añade minerales y vitaminas a su dieta
- Mejora su estado de ánimo
- Mejora su comportamiento

Posibles peligros de dar premios a las aves de corral

- Puede sustituir inadvertidamente a los alimentos nutritivos
- Obesidad
- Reducir la producción de huevos
- Recoger plumas

Problemas cardiacos Dele a sus aves refrigerios saludables para evitar estos peligros potenciales:

- Avena
- Queso cottage
- Pasta y fideos
- Gusanos
- Maíz
- Jengibre
- Sandía
- Calabaza
- Carne

Forraje natural para aves de corral

El forraje natural consiste en dejar que las aves busquen su comida por sí mismas. Muchos granjeros prefieren dejar que sus animales deambulen y busquen comida. Antes de tomar una decisión sobre el forrajeo de patio trasero, considere sus ventajas y desventajas.

El forraje natural consiste en dejar que las aves busquen la comida por sí mismas[6]

Ventajas del forraje natural

- Es respetuoso con el medio ambiente.

- Contribuye al medio ambiente.

- Ofrece a sus aves la oportunidad de salir a la naturaleza, respirar aire fresco y exponerse al sol, que es una fuente natural de vitamina D.

- Las gallinas se vuelven más sostenibles.

- Reduce la cantidad de insectos.

- Obtendrán proteínas animales y vitamina B al comer esos insectos.

- El forraje es mejor y más sano que los alimentos comerciales, ya que las aves consumen más grasas saturadas y vitaminas.

- Es más rentable, ya que no tendrá que comprar alimentos comerciales.

- Sus aves de corral tendrán la oportunidad de socializar con otras aves.

- Es un gran ejercicio para ellos y evita que ganen peso.

- Mantiene activas a sus aves.

- Los huevos serán más nutritivos.

Peligros potenciales del forrajeo natural

- Sus aves serán presa fácil de los depredadores.
- Hacen grandes agujeros cuando buscan comida, lo que impide que la hierba vuelva a crecer.
- Las aves de corral que forrajean ensuciarán descargando donde sea.
- Las aves corren el riesgo de inhalar o ingerir sustancias nocivas.
- Se comerán cualquier cosa del jardín, incluidas las macetas y las flores.
- Le costará encontrar los huevos, ya que pueden ponerlos en cualquier lugar al que lleguen.

Si quiere criar aves de corral sanas y consumir sus huevos y carne, debe prestar mucha atención a lo que les da de comer. Un pequeño error puede enfermar a sus aves y afectar a sus productos. Recuerde que usted también ama a estas graciosas criaturas emplumadas, así que protéjalas y ayúdelas a mantenerse sanas asegurándose de que su alimentación sea altamente nutritiva.

Antes de comprar alimentos comerciales, lea detenidamente la lista de ingredientes del envase. Asegúrese de que no contiene productos químicos o aditivos nocivos que puedan perjudicar a sus aves. Revise también la fecha de caducidad; los productos caducados son peligrosos y suelen carecer de los nutrientes adecuados.

Si quiere dejar que sus aves de corral forrajeen o no, es su elección. Solo debe considerar muy bien las ventajas y desventajas antes de tomar una decisión.

Capítulo 5: Salud y bienestar de las aves de corral

La salud y el bienestar de las aves de corral están estrechamente relacionados con el cuidado proactivo y la detección precoz de enfermedades. Esta relación es fundamental para aumentar la longevidad y productividad de las aves. Adoptando un enfoque vigilante y preventivo de la salud avícola, los cuidadores pueden abordar los posibles problemas antes de que se agraven, salvaguardando el bienestar de la bandada y optimizando su rendimiento.

La salud y el bienestar de las aves de corral están estrechamente relacionados con la atención proactiva y la detección precoz de enfermedades[7]

Los cuidados proactivos implican un régimen completo que abarca medidas preventivas, evaluaciones sanitarias periódicas y un profundo conocimiento de los factores ambientales que afectan a las aves. Este enfoque proactivo sienta las bases de la detección precoz, que permite identificar los signos más sutiles de enfermedad o malestar antes de que se manifiesten en problemas de salud graves.

La detección precoz, a su vez, se convierte en una pieza clave para mantener la longevidad y la productividad de las aves de corral. Detectar las enfermedades en sus fases iniciales permite intervenir a tiempo, reduciendo la gravedad y la duración de la dolencia. Esto garantiza el bienestar individual de cada ave y evita la propagación de enfermedades dentro de la bandada. Además, abordar los problemas de salud en una fase temprana minimiza el impacto en la productividad general de las aves de corral, permitiéndoles seguir contribuyendo a la producción de huevos, la calidad de la carne u otros resultados deseados.

Aplicar una estrategia sanitaria proactiva significa organizar revisiones sanitarias y programas de vacunación periódicos, mantener unas condiciones de vida óptimas y dar siempre una respuesta rápida a cualquier cambio de comportamiento o síntoma que se observe. Los cuidadores que adoptan estas prácticas establecen una base sólida para una salud avícola sostenida y, en consecuencia, periodos prolongados de productividad.

En esencia, el vínculo intrínseco entre la atención proactiva, la detección precoz de dolencias y la longevidad y productividad de las aves subraya la importancia de un planteamiento holístico y vigilante de la salud y el bienestar avícolas. Dar prioridad a estos aspectos contribuye a la resistencia y eficiencia colectivas de toda la bandada, fomentando en última instancia un entorno avícola próspero y sostenible.

Enfermedades avícolas comunes

Las enfermedades avícolas pueden plantear problemas importantes para la salud y la productividad de su bandada. Comprender las características de las enfermedades más comunes es esencial para una detección precoz y una gestión eficaz.

Coccidiosis

Agente causal: Parásitos protozoarios (Eimeria spp.).

Síntomas: Diarrea sanguinolenta, letargo, disminución de la ingesta de alimento y reducción del aumento de peso.

Prevención: Mantener las camas limpias y secas para reducir la supervivencia de ooquistes, suministrar piensos medicados que contengan coccidiostáticos y practicar una bioseguridad estricta.

Tratamiento: Administrar medicamentos anticoccidiales según prescripción veterinaria. Los cuidados de apoyo incluyen mantener la hidratación y una nutrición adecuada.

Una historia real de recuperación

En la granja de Emma había pollos de engorde vibrantes y llenos de vida. Una mañana, Emma observó que algunas gallinas de su rebaño tenían las plumas erizadas y los ojos apagados y cansados. Consciente de la urgencia de la situación, Emma decidió investigar más a fondo. Observó un signo preocupante: los excrementos estaban teñidos de sangre, lo que confirmaba el síntoma de diarrea sanguinolenta. El miedo se apoderó del corazón de Emma al recordar las historias de propietarios de granjas que contaban sus historias de pollos que habían sucumbido a la famosa coccidiosis.

Sin perder un segundo, Emma aisló a los pollos sospechosos y se puso en contacto con un veterinario de confianza. El veterinario confirmó la presencia de un parásito infeccioso causante de coccidiosis y elaboró un plan de tratamiento para el pollo aislado. En una semana, las plumas empezaron a recuperar su brillo y quedaron completamente sanas al final del tratamiento. Esta historia pone de relieve la importancia de la observación atenta, la intervención rápida y la búsqueda de ayuda profesional para garantizar el bienestar de sus amigos emplumados.

Soluciones holísticas

Más allá de la medicación, los enfoques holísticos incluyen mantener un entorno limpio y seco, proporcionar una nutrición equilibrada y revisiones periódicas. La recuperación de Daisy pone de relieve cómo una estrategia holística puede contribuir al bienestar general.

Bronquitis infecciosa

Agente causal: Coronavirus aviar.

Síntomas: Dificultad respiratoria, tos, estornudos y disminución de la producción de huevos.

Prevención: Aplicar programas de vacunación, practicar medidas estrictas de bioseguridad para limitar la exposición y aislar a las aves nuevas. La ventilación adecuada de los gallineros es esencial.

Tratamiento: Cuidados de apoyo para controlar los síntomas respiratorios. En casos graves pueden prescribirse antibióticos bajo control veterinario.

Una historia real de recuperación

En un gallinero situado en una granja rural, el propietario del gallinero (Ben) oyó toses ásperas de una gallina. Ignoró el sonido y se puso a trabajar en sus tareas cotidianas. Sin embargo, al cabo de unos días, todo el rebaño empezó a producir el mismo sonido de tos. Al darse cuenta de la urgencia, Ben se puso inmediatamente en contacto con uno de sus amigos que se dedicaba a la cría de aves de corral. Su amigo, Alex, aconsejó a Ben que aislara a las aves que tosían activamente y parecían angustiadas.

Se llamó al veterinario para que realizara pruebas de diagnóstico, que confirmaron el desarrollo de una bronquitis infecciosa en la bandada. Lo segundo que observó Alex fue el alto nivel de humedad, que es un factor agravante de la propagación de la bronquitis en la bandada. El veterinario aconsejó una vacunación selectiva, mientras que el diseño del gallinero se modificó para convertirlo en un gallinero de ventilación con el fin de reducir la humedad y limitar la exposición a otras aves de la bandada.

En cuestión de semanas, el antes sombrío gallinero se transformó de nuevo en un bullicioso refugio, y las gallinas volvieron a su rutina de puesta de huevos. Siguiendo los consejos del veterinario, Ben continuó aplicando un sólido plan de gestión sanitaria que garantizó el bienestar de la bandada en los años venideros.

Soluciones holísticas

Aparte de la vacunación, el cuidado holístico implica hábitats limpios, nutrición óptima y estimulación mental. La recuperación de Charlie pone de manifiesto la necesidad de un enfoque holístico para combatir las enfermedades respiratorias.

Enfermedad de Newcastle

Agente causal: Paramixovirus aviar de tipo 1.

Symptoms: Respiratory distress, nervous system disorders, and a drop in egg production. **Síntomas:** Dificultad respiratoria, trastornos del sistema nervioso y disminución de la producción de huevos.

Prevención: Vacunar contra la enfermedad de Newcastle, aplicar medidas estrictas de bioseguridad y eliminar adecuadamente las canales infectadas.

Tratamiento: No existe una cura específica. Hay que centrarse en los cuidados de apoyo. La eutanasia puede considerarse en casos graves.

Solución holística

Un enfoque holístico incluye entornos limpios, nutrición equilibrada y estimulación mental regular. Esto demuestra la capacidad de recuperación que se consigue con una estrategia sanitaria integral.

Gripe aviar

Agente causal: Virus de la gripe A.

Síntomas: Dificultad respiratoria, cabeza hinchada y descenso repentino de la producción de huevos.

Prevención: Prácticas estrictas de bioseguridad, vigilancia para la detección precoz y vacunación en zonas de alto riesgo.

Tratamiento: Cuidados de apoyo. En casos graves, puede ser necesario el sacrificio para evitar la propagación de la enfermedad.

Una historia real de recuperación

En un acogedor patio trasero vivía un alegre gallo con unas cuantas gallinas y su cariñoso dueño, Charlie. Un día, el gallo empezó a comportarse de forma extraña: respiraba con dificultad, tenía la cabeza hinchada y parecía un poco cansado. Charlie supo que algo iba mal y recordó haber leído algo sobre la gripe aviar.

Preocupado por el gallo, Charlie se puso rápidamente en contacto con el veterinario local. El veterinario aconsejó trasladar al gallo a un espacio aislado, separado del resto de las aves, y sugirió un tratamiento antivírico. En cuestión de días, el tratamiento antivírico y los cuidados proporcionados por Charlie permitieron al gallo recuperarse en poco tiempo para volver a cantar y saludar al día. El aislamiento inmediato, la administración del tratamiento adecuado y los cuidados necesarios permiten que la mayoría de las aves de corral se recuperen, a menos que se trate de una enfermedad terminal o potencialmente mortal.

Soluciones holísticas

Además de la medicación, las estrategias holísticas incluyen el mantenimiento de una bioseguridad estricta para evitar la propagación vírica. Una ventilación e higiene adecuadas en el gallinero, junto con una dieta equilibrada, favorecen la salud general de la bandada. La recuperación de Oliver subraya el papel de la vacunación y los controles sanitarios periódicos en la prevención de futuros brotes.

Viruela aviar

Agente causal: Virus de la viruela aviar.

Síntomas: Lesiones en la piel y las mucosas, reducción del consumo de alimento y descenso de la producción de huevos.

Prevención: La vacunación y el control de mosquitos son necesarios para prevenir la transmisión y el aislamiento de las aves infectadas.

Tratamiento: Cuidados de apoyo. La recuperación suele ser espontánea, pero el aislamiento es crucial para evitar su propagación.

Una historia real de recuperación

Se trata de Rosie, una simpática gallina que se enfrentó a la viruela aviar y sobrevivió. La gallina fue criada por una familia, pero fue abandonada por circunstancias desafortunadas. Sam se llevó a Rosie de un refugio de animales y la añadió a su gallinero. Al cabo de una semana, la gallina empezó a desarrollar lesiones en las barbas y la cresta. Sam reconoció inmediatamente las lesiones, ya que algunas aves de su rebaño ya se habían visto afectadas por la viruela aviar y se habían recuperado tras un tratamiento adecuado.

Tras aislar a la gallina, Sam limpió suavemente las lesiones y le aplicó la pomada tópica recomendada por el veterinario. También se aseguró de que Rosie comiera golosinas nutritivas para mantener sus fuerzas. Con el tiempo, la viruela empezó a desaparecer y la gallina se recuperó en pocos días. La rapidez de Sam y sus cuidados marcaron la diferencia. Es un recordatorio de que, con un poco de comprensión y cariño, cualquiera puede ayudar a sus amigos emplumados a recuperarse de problemas como la viruela aviar y mantener sana a toda la bandada.

Soluciones holísticas

Las medidas holísticas incluyen el control de los mosquitos, ya que estos transmiten el virus flupox. Esto subraya la importancia de una dieta equilibrada y rica en vitaminas para reforzar el sistema inmunitario. La limpieza regular del gallinero y evitar el hacinamiento contribuyen a prevenir la viruela aviar en el rebaño.

Enfermedad de Marek

Agente causal: Virus de la enfermedad de Marek (herpesvirus).

Síntomas: Parálisis, pérdida de peso y desarrollo de tumores.

Prevención: Vacunación de los pollitos de un día, medidas estrictas de bioseguridad y mantenimiento de un entorno libre de virus.

Tratamiento: No tiene cura. Hay que centrarse en los cuidados de apoyo. Puede considerarse la eutanasia para las aves afectadas.

Soluciones holísticas

Las estrategias holísticas incluyen la selección genética para la resistencia a la enfermedad de Marek y el mantenimiento de entornos libres de estrés. La recuperación de Max subraya el papel de la nutrición como apoyo del sistema inmunitario. Para prevenir la enfermedad de Marek es esencial realizar evaluaciones periódicas de la salud del rebaño y aplicar protocolos de vacunación.

Enfermedades respiratorias

Agentes causales: Mycoplasma, Coriza infecciosa.

Síntomas: Estornudos, secreción nasal, tos e inflamación de los senos paranasales.

Prevención: Practique una bioseguridad estricta, vacúnese contra las enfermedades respiratorias y mantenga unas condiciones de vida óptimas con una ventilación adecuada.

Tratamiento: Antibióticos prescritos por un veterinario basándose en pruebas diagnósticas.

Una historia real de recuperación

En un patio trasero de los suburbios, Ruby, una enérgica gallina de corral, contrajo una amenazadora infección respiratoria. Empezó con signos sutiles: un atisbo de letargo y un cambio en los cacareos melódicos. Sara, la propietaria de Ruby, notó secreciones nasales y senos inflamados cerca del pico, y el tono de los cloqueos había cambiado; además, Ruby mostraba claros signos de sentirse cansada durante todo el día. Sara acudió rápidamente al Dr. Anderson, el veterinario aviar local. El diagnóstico precoz reveló una infección respiratoria que amenazaba el bienestar de Ruby y podría afectar a toda la bandada del patio trasero. El Dr. Anderson recomendó el aislamiento inmediato para frenar la propagación e inició un tratamiento antibiótico específico para combatir la infección.

Cada día que pasaba, el tratamiento con antibióticos hacía su efecto y los ojos de Ruby volvían a brillar. Los cacareos, antes apagados, se transformaron en alegres sonidos que resonaban en el patio trasero. La historia de Ruby subraya el papel fundamental de una intervención rápida, la orientación de un experto y un propietario vigilante para superar los problemas respiratorios de las aves de corral de traspatio.

Soluciones holísticas

Los enfoques holísticos implican una ventilación adecuada, minimizar los niveles de polvo y amoníaco y reducir el estrés. La recuperación de Ruby subraya la importancia de la nutrición para la salud respiratoria. La limpieza y desinfección periódicas del gallinero contribuyen a prevenir las enfermedades respiratorias.

Parásitos externos

Agentes causantes: Ácaros, piojos.

Síntomas: Pérdida de plumas, irritación, disminución de la producción de huevos.

Prevención: Limpiar regularmente el gallinero y las zonas de nidificación, proporcionar baños de polvo y tratar rápidamente a las aves afectadas.

Tratamiento: Utilizar insecticidas y acaricidas según las recomendaciones de un veterinario. Aplicar medidas preventivas para evitar la reinfestación.

Una historia real de recuperación

Max, un activista animal que vive en México, rescató a un gallo de una pelea de gallos. Por desgracia, el gallo ya había participado en peleas de gallos y presentaba varios cortes y magulladuras. Max llevó al gallo a su casa para curarle las heridas. A los pocos días, el gallo empezó a recuperarse y a recobrar fuerzas.

Max ya tenía una pareja de juguetones labradores que rescató hace poco. Aunque los amistosos perros acogieron bien al nuevo amigo emplumado, sufrían una infestación de ácaros, que acabó llegando a las plumas del gallo.

Consciente de la urgencia, Max empezó a limpiar la jaula del gallo, eliminando cualquier posible escondite de los molestos intrusos. Armado con un tratamiento antiparasitario adecuado recomendado por el veterinario local, Max devolvió la salud al gallo.

Con el paso de los días, las plumas recuperaron su brillo y su cacareo volvió a resonar triunfante por todo el gallinero. Esta historia pone de relieve la necesidad de inspecciones periódicas, intervenciones rápidas y un propietario vigilante para mantener el bienestar de las aves de corral.

Soluciones holísticas

Las medidas holísticas incluyen el mantenimiento de un gallinero limpio, baños de polvo y el uso de remedios naturales para repeler los parásitos. La recuperación de Percy subraya la importancia de proporcionar un entorno sin estrés. Los protocolos regulares de prevención de parásitos contribuyen al bienestar general de la bandada.

Lombrices intestinales

Agentes causales: Lombrices redondas, tenias.

Síntomas: Pérdida de peso, disminución de la producción de huevos, diarrea.

Prevención: Programas regulares de desparasitación, mantener unas condiciones de vida limpias y evitar el acceso a zonas contaminadas.

Tratamiento: Administrar antihelmínticos según prescripción veterinaria basada en exámenes fecales.

Una historia real de recuperación

Sammy es un ganadero al que le encanta criar gallinas camperas. Aunque la bandada estaba bien alimentada y cuidada, algunas gallinas parecían aletargadas. En los días siguientes, la producción de huevos disminuyó, lo que convenció a Sammy para aislar a las gallinas y llevarlas al veterinario para un chequeo sanitario. El veterinario sugirió vigilar a las aves y realizar una prueba diagnóstica de infestación parasitaria en muestras fecales que Sammy trajo para analizar.

El diagnóstico confirmó los problemas de lombrices y se prescribió un tratamiento antiparasitario para eliminar a los intrusos, pero eso no fue todo: Sammy limpió el gallinero, inspeccionó la zona de cría al aire libre en busca de infestaciones de gusanos y añadió un menú especial para reforzar el sistema inmunitario. Con el paso de los días, la gallina campera de Sammy estaba más animada que nunca, gracias a los consejos del veterinario y a los cuidados adecuados.

Soluciones holísticas

Las medidas holísticas incluyen el pastoreo rotativo y el mantenimiento de un entorno limpio para reducir la exposición a los gusanos. La recuperación de Sammy subraya la importancia de una dieta equilibrada para el sistema inmunitario. Los protocolos de desparasitación y la vigilancia periódica contribuyen a la salud intestinal general.

Síndrome de la gota de huevo (EDS)

Agente causal: Adenovirus aviar.

Síntomas: Disminución de la producción de huevos, huevos de cáscara blanda o deformes y trastornos del aparato reproductor.

Prevención: Medidas de bioseguridad, vacunación y gestión adecuada de las bandadas reproductoras.

Tratamiento: No existe un tratamiento específico. Hay que centrarse en prevenir el contagio mediante la vacunación.

Una historia real de recuperación

Ella, una gallina ponedora, fue la primera de la bandada en producir huevos, pero de repente desarrolló el misterioso síndrome de la caída de huevos. Aunque se cuidó de todas las gallinas ponedoras, Ella recibió una atención especial, porque dejó de producir huevos, lo que preocupó a la propietaria, Jenna. Llevó a la gallina a una revisión veterinaria, pero no se llegó a un diagnóstico definitivo. Pocos días después, Ella puso un huevo de cáscara blanda, un signo revelador del síndrome de caída de huevos (algo que el veterinario había mencionado en la visita anterior).

Como no existía un tratamiento específico para el síndrome, Jenna empezó a investigarlo para crear un plan de gestión eficaz. Preparó un rincón de la granja libre de estrés para Ella, con algunos caprichos especiales para que se sintiera cómoda y se liberara del estrés. Jenna cuidó religiosamente de Ella durante varios días y, por fin, ¡la gallina empezó a poner huevos de nuevo!

Soluciones holísticas

Los enfoques holísticos implican la reducción del estrés mediante prácticas de gestión adecuadas. La recuperación de Ella subraya la importancia de proporcionar una dieta equilibrada para favorecer la producción de huevos. Las evaluaciones sanitarias periódicas y las medidas preventivas contribuyen a mantener la calidad de los huevos.

Botulismo

Agente causal: Toxina botulínica de Clostridium.

Síntomas: Debilidad, parálisis, alas caídas y dificultad para respirar.

Prevención: Asegurarse de que las fuentes de agua estén limpias, eliminar adecuadamente los cadáveres y evitar el agua estancada.

Tratamiento: Administración de antitoxinas y cuidados de apoyo.

Soluciones holísticas

Los enfoques holísticos implican evitar el acceso a fuentes de agua contaminadas. La recuperación de Benny subraya el papel de mantener un entorno limpio y proporcionar una nutrición adecuada. La vigilancia periódica de las fuentes de agua y las medidas preventivas contribuyen a prevenir el botulismo.

Erisipela

Agente causal: Bacteria Erysipelothrix rhusiopathiae.

Síntomas: Inflamación de barbas, articulaciones y cojera.

Prevención: Saneamiento, vacunación y control de la exposición a ambientes infectados.

Tratamiento: Antibióticos prescritos por un veterinario.

Soluciones holísticas

Las medidas holísticas incluyen una bioseguridad estricta para evitar la introducción de la bacteria causante de la erisipela. La recuperación de Emily subraya la importancia de una dieta equilibrada y la reducción del estrés. Los controles sanitarios y las vacunaciones periódicas contribuyen a prevenir la erisipela.

Síndrome hemorrágico del hígado graso (FLHS)

Factor causal: Acumulación excesiva de grasa en el hígado.

Síntomas: Muerte súbita, cresta pálida y hemorragias en los tejidos hepáticos.

Prevención: Nutrición equilibrada, especialmente para gallinas ponedoras, y prevención de la obesidad.

Tratamiento: Ajustar la dieta y proporcionar cuidados de apoyo.

Soluciones holísticas

Los enfoques holísticos implican proporcionar una dieta bien equilibrada con niveles de energía adecuados. La recuperación de Freddie subraya el papel de la reducción del estrés en la prevención del síndrome hemorrágico del hígado graso. El seguimiento regular y los ajustes dietéticos contribuyen a la salud general del hígado.

Ascitis (vientre de agua)

Factores causales: Problemas cardíacos o pulmonares que conducen a la acumulación de líquido en el abdomen.

Síntomas: Hinchazón abdominal, dificultad para respirar y disminución de la actividad.

Prevención: Ventilación adecuada, nutrición equilibrada y mantenimiento de condiciones ambientales óptimas.

Tratamiento: Abordar las causas subyacentes, diuréticos y cuidados de apoyo.

Soluciones holísticas

Las medidas holísticas implican controlar los índices de crecimiento y proporcionar una dieta adecuada. La recuperación de Alice subraya la importancia de controlar factores ambientales como la temperatura y la ventilación. La vigilancia periódica y las medidas preventivas contribuyen a evitar la ascitis.

Gota

Factores causales: Disfunción renal que conduce a la acumulación de ácido úrico.

Síntomas: Articulaciones hinchadas, cojera y gota visceral que afecta a los órganos internos.

Prevención: Proporcionar una dieta equilibrada y mantener una hidratación adecuada.

Tratamiento: Abordar la gota subyacente.

Soluciones holísticas

Los enfoques holísticos implican proporcionar una dieta bien equilibrada con niveles controlados de proteínas. La recuperación de George subraya el papel de la reducción del estrés y el mantenimiento de una hidratación adecuada. El control regular y los ajustes dietéticos contribuyen a la prevención de la gota.

Enfermedad infecciosa de la bolsa (Gumboro)

Agente causal: Virus de la bursitis infecciosa.

Síntomas: Inmunosupresión, atrofia bursal y mayor susceptibilidad a otras enfermedades.

Prevención: Vacunación, medidas de bioseguridad y prácticas de gestión adecuadas.

Tratamiento: No hay tratamiento específico, se centra en la prevención mediante la vacunación.

Las consultas veterinarias periódicas y un plan de gestión sanitaria completo son componentes esenciales para mantener una bandada sana.

Soluciones holísticas

Las medidas holísticas implican el mantenimiento de estrictos protocolos de bioseguridad y vacunación. La recuperación de Isabella subraya la importancia de proporcionarle un entorno sin estrés y una alimentación equilibrada. Los controles sanitarios periódicos y las medidas preventivas contribuyen a prevenir la IBD.

Mantener una bandada sana

Bioseguridad

Las medidas de bioseguridad desempeñan un papel fundamental en la prevención de la introducción y propagación de enfermedades. Esto implica controlar el acceso a la zona avícola, desinfectar el equipo y aislar a las nuevas aves antes de introducirlas en la bandada.

Vacunas

La vacunación es una medida preventiva clave. Establezca un programa de vacunación adaptado a las enfermedades prevalentes en su región. La consulta periódica con un veterinario es vital para elaborar un programa de vacunación eficaz.

Entorno limpio y seco

Mantener un entorno limpio y seco es esencial para reducir el riesgo de transmisión de enfermedades. La limpieza y desinfección periódicas del gallinero, junto con una gestión adecuada de los residuos, pueden minimizar la acumulación de patógenos.

Gestión nutricional

Una nutrición adecuada es fundamental para un sistema inmunitario fuerte. Proporcione a sus aves una dieta bien equilibrada y rica en nutrientes para favorecer su salud general y reducir la susceptibilidad a las enfermedades.

Cuarentena de aves nuevas

Aislar a las aves nuevas durante un tiempo antes de introducirlas en la bandada existente es una medida de bioseguridad fundamental. Esto evita la introducción de patógenos potenciales y permite la detección precoz de cualquier problema de salud subyacente.

Seguimiento e intervención precoz

Es esencial vigilar regularmente la bandada para detectar signos de enfermedad. La detección precoz permite una intervención rápida, minimizando el impacto de las enfermedades sobre la salud y la productividad generales de las aves de corral. El establecimiento de una estrecha relación con un veterinario avícola permite dar respuestas oportunas y eficaces a los nuevos problemas sanitarios.

Aplicando con diligencia estas medidas preventivas y adaptándolas a las necesidades específicas de su bandada, puede crear un entorno avícola resistente y próspero que contribuya a la longevidad y productividad de sus aves. Las consultas veterinarias periódicas y la formación continua sobre las enfermedades locales son componentes clave de una buena gestión sanitaria de las aves de corral.

Cuidados proactivos

Mantener una bandada sana va más allá de las intervenciones médicas. El cuidado proactivo implica un enfoque polifacético, haciendo hincapié en la limpieza, las prácticas de cuarentena y las inspecciones periódicas como componentes cruciales para prevenir enfermedades y garantizar el bienestar general de las aves de corral.

Limpieza

Importancia de los gallineros limpios

Los entornos limpios son fundamentales para prevenir la propagación de enfermedades. Limpie y desinfecte periódicamente los gallineros, las zonas de nidificación y el equipo de alimentación para eliminar posibles fuentes de contaminación. Esto reduce el riesgo de infecciones bacterianas y parasitarias, fomentando un entorno más saludable para su rebaño.

Los entornos limpios son fundamentales para prevenir la propagación de enfermedades'

Gestión eficaz de residuos

La gestión adecuada de los residuos es esencial para mantener la limpieza. Elimine rápidamente los excrementos y el pienso derramado para reducir el riesgo de agentes patógenos. Un sistema de residuos bien gestionado mitiga el riesgo de enfermedades asociadas a la contaminación bacteriana y parasitaria.

Prácticas de higiene

Practicar la higiene personal al manipular aves de corral es igualmente importante. Lávese bien las manos después de interactuar con la bandada para evitar la transmisión involuntaria de patógenos. Limpie regularmente el equipo y las herramientas para evitar la contaminación cruzada.

Prácticas de cuarentena

Objetivo de la cuarentena

La cuarentena sirve de protección contra la introducción de enfermedades. Cuando introduzca aves nuevas en la bandada, aíslelas durante un periodo determinado. Esto le permite vigilar cualquier signo de enfermedad sin poner en peligro la salud de la bandada. La cuarentena es especialmente crucial cuando se añaden aves de corral de distintas procedencias.

Período de observación

Durante el periodo de cuarentena, observe atentamente a las aves nuevas para detectar cualquier síntoma de enfermedad. Entre los signos más comunes figuran el letargo, la dificultad respiratoria o cambios en los excrementos. Este enfoque prudente evita la posible introducción de enfermedades que, de otro modo, podrían pasar desapercibidas.

Medidas de bioseguridad

Integrar las medidas de bioseguridad en las prácticas de cuarentena. Limite el acceso a las aves en cuarentena, utilice equipos separados y cámbiese de ropa entre la manipulación de diferentes grupos. De este modo se minimiza el riesgo de transmisión de enfermedades entre los miembros de la bandada en cuarentena y los ya establecidos.

Inspecciones periódicas

Importancia de los controles periódicos

Las inspecciones periódicas desempeñan un papel fundamental en la prevención de enfermedades. Programe revisiones rutinarias de su rebaño realizadas por un veterinario. De este modo, se pueden detectar precozmente posibles problemas de salud, lo que permite intervenir a tiempo y evitar el agravamiento de las enfermedades.

Signos de buena salud

Familiarícese con los signos de buena salud en las aves de corral. Un comportamiento activo, un plumaje brillante, ojos brillantes y excrementos normales son indicadores de un ave sana. Identificar las desviaciones de estas normas le da la oportunidad de actuar lo antes posible.

Evaluaciones medioambientales

Evalúe periódicamente las condiciones ambientales, como la ventilación, la iluminación y la temperatura. Asegúrese de que estos factores están en consonancia con la salud óptima de las aves de corral. Un entorno bien mantenido reduce el estrés y refuerza el sistema inmunitario de la bandada.

La incorporación de estas prácticas de cuidado proactivo a su rutina de gestión avícola crea una base sólida para la prevención de enfermedades. Más allá de confiar únicamente en los medicamentos, un enfoque holístico que dé prioridad a la limpieza, las medidas de cuarentena y las inspecciones periódicas es clave para mantener una bandada sana y próspera. La consulta periódica con un veterinario mejora aún más su capacidad para adaptar estas prácticas a las necesidades específicas de sus aves de corral.

Bienestar y estimulación mental para las aves de corral

Mantener el bienestar mental de sus aves de corral es crucial para una bandada sana y feliz. Introducir juguetes, actividades de búsqueda de comida y enriquecimiento ambiental puede mantenerlas mentalmente ocupadas, reducir el estrés y promover el bienestar general.

Bolas para picotear

Objetivo: Proporciona entretenimiento y fomenta el comportamiento natural de picoteo.

Beneficios: Reduce el aburrimiento, la frustración y el picoteo agresivo.

Tipos: Bolas de picoteo colgantes.

Juguetes con espejos

Objetivo: Las superficies reflectantes estimulan la curiosidad y la interacción social.

Beneficios: Reduce la soledad y fomenta la socialización.

Tipos: Espejos colocados estratégicamente en el gallinero o corral.

Perchas giratorias

Objetivo: Imitar los movimientos naturales, ofreciendo estimulación física y mental.

Beneficios: Involucra a las aves en actividades de equilibrio, fomentando la agilidad.

Tipos: Perchas suspendidas o columpios dentro del gallinero.

Alimentación dispersa

Objetivo: Fomentar comportamientos naturales de búsqueda de comida.

Beneficios: Reduce el estrés, estimula la actividad mental y evita el aburrimiento.

Tipos: Granos o semillas dispersos por la zona para que las aves picoteen.

Verduras colgantes

Objetivo: Proporcionar una experiencia de búsqueda de alimento estimulante.

Beneficios: Promueve la actividad física y el compromiso mental.

Tipos: Verduras colgadas, como coles o lechugas, para que las aves las picoteen.

Zonas de baño de polvo

Objetivo: Facilitar el comportamiento natural de baño de polvo.

Beneficios: Ayuda al mantenimiento de las plumas y reduce el estrés.

Tipos: Creación de zonas dedicadas con polvo o arena para que las aves se bañen.

Vegetación y escondites

Objetivo: Crear un entorno dinámico con escondites.

Beneficios: Imita un entorno natural, reduciendo el estrés y fomentando la exploración.

Tipos: Planta vegetación o refugios añadidos como cajas de madera.

Perchas y plataformas

Objetivo: Ofrecer espacios elevados para posarse y observar.

Beneficios: Las aves se sienten seguras y les proporciona oportunidades de estimulación mental.

Tipos: Instalación perchas de madera o plataformas elevadas.

Colorful Objects Objetos de colores

Objetivo: Introducir la estimulación visual.

Beneficios: Añade variedad al entorno, reduciendo la monotonía.

Tipos: Objetos de colores colgados, como tiras de tela o materiales brillantes.

Consideraciones para la aplicación:

La seguridad ante todo

- Asegúrese de que todos los enriquecimientos son seguros y no tienen bordes afilados ni materiales tóxicos.

Rotación de artículos

- Cambie o introduzca regularmente nuevos juguetes y elementos de enriquecimiento para mantener el interés.

Observación

- Supervise cómo interactúan las aves con los enriquecimientos para calibrar sus preferencias.

Adaptarse a las estaciones

- Ajustar los complementos en función de las condiciones meteorológicas para garantizar su adecuación durante todo el año.

La integración de estas estrategias de estimulación mental en sus prácticas de gestión avícola conduce a una bandada más contenta y satisfecha. Las aves felices y mentalmente comprometidas tienen más probabilidades de mostrar un comportamiento natural, experimentar menos estrés y contribuir a un entorno general más saludable. La observación periódica y la adaptación a las preferencias específicas de su bandada aumentan la eficacia de estas iniciativas.

Capítulo 6: Cría e incubación

La reproducción y la incubación en las aves de corral son procesos complejos, y cada huevo simboliza la promesa de un nuevo comienzo. Explorar la ciencia de la fertilidad proporciona una comprensión intrincada de los procesos que rigen el viaje desde el apareamiento hasta la eclosión. Este capítulo le invita a navegar por un completo viaje en el que el arte de cuidar converge con la ciencia de la vida, creando vida desde el huevo hasta la eclosión con meticuloso detalle.

Del huevo a la cría

La cría y la incubación representan un profundo viaje en el que el cuidador se convierte en testigo del desarrollo del milagro de la vida. Observar la metamorfosis de un huevo aparentemente ordinario en una vivaz cría establece una conexión que va más allá de la rutina, añadiendo un elemento de asombro a cada paso del proceso.

La enigmática naturaleza de la incubación

Esto marca el inicio de un profundo vínculo entre los cuidadores y las posibles crías[9]

La incubación es un proceso que combina la anticipación con el milagro del desarrollo. Consiste en administrar cuidadosamente el calor necesario para que los huevos eclosionen, acompañados por la pulsación rítmica de la vida en su interior. Esto marca el inicio de un profundo vínculo entre los cuidadores y las posibles crías. Para familiarizarse con la enigmática naturaleza de la incubación, he aquí un ejemplo de la vida real que describe su poder.

En una granja rústica enclavada en las colinas, Joe gestionaba meticulosamente su incubadora, un tesoro de vida potencial. Una fría mañana, mientras revisaba los huevos, descubrió una sorpresa: un diminuto huevo de codorniz escondido entre los huevos de gallina. La codorniz, ajena a la confusión, eclosionó junto a sus compañeras más grandes. El granjero, divertido por esta adición inesperada, se maravilló de la imprevisibilidad de la vida y de las sorpresas que podía deparar cada ciclo de incubación.

Factores que determinan el éxito de la cría

El éxito de la cría depende de numerosos factores que interactúan entre sí. La salud y la composición genética de la pareja reproductora, las condiciones ambientales y las consideraciones nutricionales influyen colectivamente en el resultado del viaje del huevo a la cría. Un conocimiento matizado de estos factores permite a los avicultores optimizar las condiciones, garantizando una experiencia de cría fructífera.

Proceso de incubación y etapas

Preincubación
Día 1-3

- Los gallos cortejan a las gallinas, lo que conduce a la fecundación.
- Las gallinas ponen huevos, lo que marca el inicio del proceso de incubación.

La cámara de incubación
Día 1-7

El proceso de incubación comienza con la colocación cuidadosa de los huevos fecundados en una incubadora. Los huevos deben colocarse con el extremo puntiagudo ligeramente más bajo para facilitar el correcto desarrollo embrionario.

- Recoger los huevos, asegurando la limpieza.
- Colocar los huevos en la incubadora con la orientación adecuada.

Día 7-14

- Se inicia el desarrollo embrionario.
- Observación inicial del crecimiento embrionario.

A mediados de la incubación
Día 14-18

- Desarrollo embrionario continuado.
- Observación periódica de los progresos.

Día 18-19

- Dejar de girar los huevos.
- Aumentar la humedad para preparar la eclosión.

Eclosión
Día 19-21

- **Picaje**: Es el proceso en el que el polluelo empieza a romper la cáscara del huevo con los dientes.

- **Eclosión:** El último hito es la eclosión de los polluelos. Este proceso puede durar desde unas horas hasta un día. Los polluelos utilizan el diente del huevo para hacer un pequeño agujero ("picaje") y poco a poco van saliendo de la cáscara.

Día 21-22

- Transferir los polluelos a la criadora.
- Alimentación inicial y controles sanitarios.

El proceso de incubación

Tanto si es un principiante como un aficionado experimentado, esta guía paso a paso le guiará en la instalación de la incubadora, la regulación de la temperatura y la humedad y el seguimiento minucioso del desarrollo de los embriones para que la experiencia de eclosión sea un éxito.

Paso 1: Instalación de la incubadora

Elegir la incubadora adecuada

Empiece por seleccionar una incubadora que se ajuste a sus requisitos específicos. Tenga en cuenta factores como la capacidad de huevos, las funciones de giro automático y la capacidad de control de la temperatura.

La ubicación importa

Asegúrese de que la incubadora está situada en un entorno estable, alejada de la luz solar directa y de las corrientes de aire. La regulación constante de la temperatura es crucial para el éxito del proceso de incubación.

Desinfectar y preparar

Limpie a fondo la incubadora, incluidas las bandejas y cualquier accesorio, para eliminar posibles contaminantes. Esterilice la incubadora con un desinfectante suave para establecer un entorno higiénico.

Calibrar la incubadora

Calibre la incubadora para garantizar lecturas de temperatura precisas. Utilice un termómetro fiable para verificar los ajustes de temperatura de la incubadora y garantizar la precisión.

Paso 2: Regulación de la temperatura y la humedad

Ajuste de la temperatura inicial

Por lo general, los huevos requieren una temperatura inicial de aproximadamente 37,5°C (99,5°F). Ajuste el termostato de la incubadora para alcanzar y mantener esta temperatura. Estas condiciones simulan el entorno natural necesario para el desarrollo embrionario. Vigile de cerca la temperatura controlándola con regularidad. Cualquier fluctuación puede afectar significativamente al desarrollo embrionario. Ajústela rápidamente para mantener la estabilidad.

Control de la humedad

Mantenga los niveles de humedad dentro del intervalo recomendado para sus huevos específicos. Normalmente, una humedad relativa del 40-50% es adecuada durante los primeros 18 días, aumentando al 65-75% durante el periodo de encierro.

Gestión del agua

Utilice un higrómetro para medir con precisión la humedad. Ajústela añadiendo agua a las bandejas de la incubadora, teniendo en cuenta una mayor superficie de agua para aumentar la humedad.

Paso 3: Girar los huevos y el encierro

Girar los huevos con regularidad es fundamental para evitar que el embrión se pegue a la cáscara. Las aves lo hacen instintivamente en la naturaleza, pero este proceso se reproduce mecánica o manualmente en una incubadora.

Torneros automáticos

Si su incubadora tiene un tornero automático, asegúrese de que está activado. Voltear los huevos a intervalos regulares es esencial para el desarrollo embrionario. Para voltearlos manualmente, hágalo al menos tres veces al día.

Preparación del encierro

El día 18, deje de voltear los huevos y prepárese para el encierro. Aumente la humedad añadiendo más agua a las bandejas. El encierro simula el entorno natural del nido, creando las condiciones ideales para la eclosión.

Paso 4: Seguimiento del desarrollo embrionario

Velas

Alrededor del séptimo y el decimocuarto día, empieza a aplicar velas para evaluar los signos de desarrollo. Busque venas, movimiento embrionario y crecimiento sano. Retire los huevos claros o no viables para mantener unas condiciones óptimas.

Mantenimiento de registros

Mantenga un registro exhaustivo de la información vital, incluidos los ajustes de la incubadora, las observaciones de las velas y los ajustes realizados. Un registro meticuloso ayuda a solucionar problemas y sirve como referencia valiosa para futuras incubaciones.

Siguiendo con diligencia estos pasos detallados, creará un entorno óptimo para una incubación satisfactoria. Recuerde que cada huevo encierra la promesa de la vida, y que su cuidadosa atención garantiza un viaje perfecto desde la incubación hasta el feliz momento de la eclosión.

Practicar la paciencia

Es la piedra angular del viaje de un criador. El proceso de incubación se desarrolla gradualmente y requiere una paciencia inquebrantable. Este proceso exige esperar, y esperar requiere paciencia. Es una danza delicada en la que el tiempo desempeña un papel crucial en el desarrollo de la vida dentro de los huevos. La paciencia permite a la naturaleza desarrollarse a su propio ritmo.

La paciencia en la observación ayuda a detectar los primeros signos de posibles problemas. Reconocer las irregularidades permite realizar ajustes a tiempo, fomentando un enfoque proactivo de la gestión de la incubación.

Cuidados tras la eclosión

Dar la bienvenida al mundo a un nuevo lote de polluelos es un motivo de alegría, pero conlleva la responsabilidad de proporcionarles unos cuidados impecables durante los críticos primeros días tras la eclosión. Esta sección profundizará en el cuidado de los polluelos, la cría y la nutrición temprana para garantizar un comienzo saludable y próspero a sus nuevos amigos emplumados.

Cuidado de los polluelos

Secado

Dar la bienvenida al mundo a los polluelos implica permitirles someterse a un proceso natural de secado tras la eclosión. Este paso inicial es crucial para garantizar la salud y el bienestar de los polluelos recién nacidos.

Proceso de secado natural

Los polluelos salen mojados de los huevos. Esta humedad es el resultado del proceso de eclosión y de los restos del contenido de la cáscara del huevo. Sin embargo, los polluelos poseen un instinto natural para iniciar el proceso de secado casi inmediatamente después de nacer.

Dejar que los polluelos se sequen de forma natural es vital. La humedad de sus cuerpos tiene una función en la naturaleza, donde ayuda a aislar a los polluelos durante el proceso de eclosión. Este plumón, una vez seco, contribuye a la capacidad del polluelo para regular su temperatura corporal.

Durante los primeros momentos tras la eclosión, resista el impulso de intervenir. Observar a los polluelos mientras esponjan sus plumas y se secan de forma natural proporciona información valiosa sobre su vitalidad. Los polluelos activos y sanos realizan movimientos vigorosos para eliminar el exceso de humedad.

Aplicación de medidas de bioseguridad

Aislamiento y cuarentena

Establezca una zona exclusiva para la criadora que esté físicamente separada de otras aves de corral o animales. Así se minimiza el riesgo de transmisión potencial de enfermedades entre distintos grupos de aves.

Acceso restringido

Limitar el acceso a la zona de cría estrictamente al personal esencial. Aplique protocolos de higiene estrictos, incluido el uso de ropa y calzado específicos al entrar en el espacio, para evitar la introducción de contaminantes.

Higiene de las manos

Imponga prácticas rigurosas de higiene de manos a todas las personas que manipulen polluelos. Instale lavamanos de fácil acceso equipados con agua y jabón o desinfectante de manos cerca de la zona de cría para reducir el riesgo de propagación de enfermedades.

Desinfección del calzado

Coloque pediluvios (o alfombrillas para los pies que contengan soluciones desinfectantes) a la entrada de la zona de cría. Esta medida garantiza que el calzado, potencial portador de patógenos, se desinfecte antes de entrar en el espacio.

Limpiar y desinfectar el equipo

Limpiar y desinfectar periódicamente todo el equipo utilizado en la criadora, incluidos comederos, bebederos y cualquier otro utensilio. Utilizar desinfectantes eficaces recomendados para instalaciones avícolas a fin de eliminar posibles vectores de enfermedades.

Evitar interferencias

Aunque ayudar en el proceso de secado puede ser tentador, la interferencia es generalmente innecesaria. El calor de la incubadora o criadora proporciona gradualmente el entorno ideal para que los polluelos se sequen sin ayuda externa.

Separación de polluelos débiles

Como parte de la rutina de cuidados inmediatos, es esencial evaluar a cada polluelo para detectar signos de debilidad o letargo. Si se identifican, los polluelos débiles deben separarse con cuidado para prestarles la atención especial que necesitan para desarrollarse.

Prevenir el hacinamiento

El hacinamiento puede provocar estrés, lesiones y competencia por los recursos. Asegúrese de que el espacio de cría deja a cada polluelo espacio suficiente para moverse, comer y beber cómodamente.

La bioseguridad es crucial para prevenir la propagación de enfermedades. Practicar una buena higiene, incluida la limpieza periódica de la criadora, la desinfección del equipo y el lavado de manos antes de manipular los pollitos, contribuye a mantener un entorno saludable.

Introducción gradual a los alimentos sólidos

Alrededor del segundo o tercer día, los polluelos pueden empezar a comer alimentos sólidos además del pienso de iniciación. Esta dieta más amplia estimula sus instintos naturales de búsqueda de comida.

Ajuste gradual de las condiciones de cría

A medida que los polluelos crecen, se adaptan gradualmente las condiciones de la criadora para imitar el entorno natural. Bajar la temperatura y ofrecer oportunidades de exploración y socialización contribuyen a su bienestar general.

Transferencia a la criadora

Una vez que los polluelos están visiblemente secos y activos, es hora de transferirlos a la criadora. La criadora reproduce el calor y la seguridad de un nido natural, creando un espacio propicio para el desarrollo de los pollitos.

Aspectos esenciales de la cría

Crear el entorno adecuado para los pollitos recién nacidos es crucial para su salud, crecimiento y bienestar general. Los aspectos esenciales de la cría abarcan una serie de factores que contribuyen a crear un espacio cómodo y seguro.

Temperatura adecuada

Mantener la temperatura adecuada en la criadora es primordial para la supervivencia de los polluelos. Durante la primera semana, procure que la temperatura sea de unos 35 °C (95 °F) y disminúyala gradualmente en 2,8 °C (5 °F) cada semana hasta que los polluelos emplumen. Utilice un termómetro fiable colocado a la altura de los polluelos para obtener lecturas precisas.

Material de cama

Elija un material de cama adecuado para la criadora. Las virutas de pino son una opción popular, ya que proporcionan una superficie no resbaladiza para que los polluelos se muevan. El lecho mantiene la limpieza y aísla de las fluctuaciones de temperatura.

Espacio amplio

Asegúrese de que la criadora ofrece espacio suficiente para que los polluelos se muevan libremente. El hacinamiento puede provocar estrés y posibles problemas de salud. Un espacio adecuado también evita la competencia por los recursos y fomenta los comportamientos naturales.

Acceso a la alimentación y al agua

Colocar el alimento de los polluelos en recipientes poco profundos para facilitar el acceso. Debe haber agua fresca y limpia disponible en todo momento. Sumerja el pico de cada polluelo en el agua en el momento de la introducción para ayudarles a localizar la fuente de agua. Un espacio adecuado para el comedero y el bebedero evita el hacinamiento y garantiza que todos los polluelos tengan acceso.

Condiciones de iluminación

Mantenga unas condiciones de iluminación adecuadas en la criadora. Proporcione un equilibrio entre los periodos de luz y oscuridad, permitiendo que los pollitos descansen. Una iluminación adecuada favorece un ritmo circadiano saludable y ayuda a los pollitos a establecer una rutina regular de alimentación y descanso.

Ventilación

Garantice una ventilación adecuada en la criadora para evitar la acumulación de amoniaco y mantener la calidad del aire. Sin embargo, deben evitarse las corrientes de aire, ya que pueden provocar enfriamiento. Busque un equilibrio entre la circulación de aire fresco y el mantenimiento de un entorno cálido.

Ubicación de la criadora

Elija una ubicación estratégica para la criadora. Debe estar alejada de corrientes de aire, luz solar directa y zonas con fluctuaciones extremas de temperatura. Colocar la criadora en una zona tranquila y poco transitada ayuda a reducir el estrés de los polluelos.

Equipos de control

Utilice equipos de control, como un termómetro y un higrómetro, para comprobar regularmente los niveles de temperatura y humedad. Estas herramientas ayudan a realizar los ajustes necesarios para crear un entorno óptimo.

Fuentes de calor suplementarias

Dependiendo de la configuración de la criadora, pueden ser necesarias fuentes de calor suplementarias, como lámparas de calor o calefactores radiantes. Coloque estas fuentes para crear un gradiente de temperatura dentro de la criadora, permitiendo a los polluelos elegir su zona de confort preferida.

La creación de un espacio confortable dentro de la criadora implica considerar meticulosamente la temperatura, el espacio, la limpieza y los factores ambientales. Tener en cuenta estos aspectos esenciales de la crianza sienta las bases para una bandada sana y próspera a medida que los pollitos crecen y se desarrollan.

Nutrición temprana

Las primeras etapas de la vida de un polluelo son fundamentales para establecer una base de salud y vitalidad. La nutrición temprana desempeña un papel fundamental en su crecimiento y desarrollo. En la siguiente sección se tratan los distintos aspectos de una nutrición óptima para garantizar un buen comienzo a los polluelos.

Seleccionar el alimento adecuado

Elegir un alimento iniciador de alta calidad es fundamental para satisfacer las necesidades nutricionales de los polluelos en crecimiento. Busque un alimento con un contenido proteínico en torno al 18-20%, diseñado específicamente para las primeras etapas del desarrollo de las aves de corral. La formulación equilibrada debe incluir vitaminas y minerales esenciales para el desarrollo óseo, muscular y orgánico.

Suplementos

Considere la posibilidad de complementar la dieta de los polluelos con un suplemento de vitaminas y electrolitos en el agua durante los primeros días. Este suplemento refuerza su sistema inmunitario, ayuda a contrarrestar el estrés durante la transición y garantiza que reciban los nutrientes esenciales para una salud óptima.

Accesibilidad de los comederos

El suministro de alimento debe ser fácilmente accesible en recipientes poco profundos dentro de la criadora. Los polluelos deben poder alcanzar el alimento para fomentar un consumo constante y adecuado. Colocar los comederos a una altura adecuada facilita el acceso de todos los polluelos.

Accesibilidad del agua

Proporcione agua fresca y limpia en todo momento. Los polluelos necesitan mantenerse hidratados, sobre todo durante sus primeros días. Sumerja el pico de cada polluelo en el agua nada más introducirlo para que se familiarice con su ubicación. La hidratación es crucial para la digestión, la absorción de nutrientes y el bienestar general.

Control del consumo de alimento

Controle regularmente el consumo de alimento de los polluelos. Los polluelos sanos mostrarán un apetito constante. Ajuste las cantidades de alimento si es necesario, teniendo en cuenta las condiciones ambientales y las necesidades individuales de cada pollito. Todos los polluelos deben tener el mismo acceso al alimento.

Temperatura y nutrición de la criadora

La temperatura de la criadora influye en la tasa metabólica de los pollitos y, en consecuencia, en sus necesidades nutricionales. Ajuste el suministro de alimento y agua en función de los cambios de temperatura, asegurándose de que los polluelos reciben la nutrición adecuada para apoyar su crecimiento y mantener la temperatura corporal.

Control de la salud

La nutrición está estrechamente ligada a la salud general. Vigile a los polluelos para detectar malnutrición o deficiencias, como letargo, retraso del crecimiento o desarrollo anormal de las plumas. Atienda con prontitud cualquier problema nutricional. Además, lleve un registro detallado de las pautas de alimentación de los polluelos y de cualquier cambio observado en su comportamiento o salud. Este registro es valioso para ajustar su dieta a medida que avanzan a través de diferentes etapas de desarrollo.

Transición a la alimentación para cultivadores

A medida que los polluelos maduran, cambie a un pienso de crecimiento con un contenido proteínico ligeramente inferior. Este cambio gradual se ajusta a sus necesidades nutricionales cambiantes y favorece el desarrollo de las plumas y la estructura del esqueleto.

Realizar controles de salud

Mantener la salud de sus polluelos es un proceso continuo que implica controles sanitarios exhaustivos y una observación minuciosa. Las evaluaciones periódicas garantizan que cualquier problema potencial sea identificado y abordado con prontitud, contribuyendo al bienestar general de su bandada.

Evaluaciones sanitarias diarias

Realice evaluaciones diarias de la salud de cada polluelo. Esto le permitirá identificar cualquier cambio sutil en el comportamiento, el aspecto o los niveles de actividad. Los polluelos sanos se muestran alerta, curiosos y receptivos.

Aspecto físico

Examine los polluelos para detectar cualquier anomalía en su aspecto físico. Compruebe que tienen los ojos claros, las plumas bien cuidadas y los orificios nasales limpios. Anomalías como plumas desaliñadas, secreciones por los ojos o las fosas nasales o cambios de postura pueden indicar posibles problemas de salud.

Comportamiento activo

Vigile el comportamiento activo y participativo de los polluelos. Los polluelos activos que exploran su entorno, picotean e interactúan con él son signos de buena salud. El letargo, la somnolencia excesiva o la renuencia a moverse pueden indicar problemas subyacentes.

Conducta alimentaria

Observe a los polluelos durante las horas de alimentación. Un apetito saludable es un signo positivo. Debe observarse cualquier cambio en la conducta alimentaria, como una disminución repentina del consumo o un aumento de la agresividad durante la alimentación.

Interacción social

Los polluelos son animales sociales, y los que están sanos participan en interacciones sociales[10]

Los polluelos son animales sociales, y los que están sanos tienen interacciones sociales. Observe su comportamiento entre ellos, asegurándose de que todos los polluelos están integrados en la bandada. El aislamiento o el picoteo agresivo pueden indicar problemas sociales o posibles problemas de salud.

Salud respiratoria

Vigile la salud respiratoria escuchando los sonidos normales de la respiración. La dificultad respiratoria, las sibilancias audibles o la respiración dificultosa pueden ser indicadores de infecciones respiratorias. Inspeccione las fosas nasales para detectar cualquier signo de secreción.

Control de ventilación

Controle regularmente la limpieza de los orificios de ventilación de los polluelos. Aquí es donde se ponen los huevos. Una ventilación limpia indica una buena salud digestiva. Cualquier signo de diarrea o anomalía en la consistencia de las heces debe tratarse de inmediato.

Control del peso

Realice controles periódicos del peso. El aumento gradual de peso es un signo positivo de desarrollo saludable. La pérdida repentina de peso o las fluctuaciones pueden indicar problemas subyacentes y deben investigarse.

Mantenimiento de registros

Mantenga un registro detallado de las observaciones sanitarias, incluidas las anomalías, las intervenciones y los resultados. Este registro se convierte en un recurso valioso para identificar patrones, seguir la evolución e informar sobre futuras estrategias de atención.

Intervención inmediata

Si se detecta algún problema de salud durante los controles, intervenga rápidamente. Aísle a los polluelos afectados, si es necesario, consulte con un veterinario y aplique las medidas adecuadas para resolver el problema.

Factores medioambientales

Tenga en cuenta los factores ambientales que pueden afectar a la salud, como los cambios de temperatura, humedad o ventilación. Asegúrese de que el entorno de la criadora sigue siendo propicio para una salud óptima.

Establezca un enfoque proactivo de su bienestar realizando sistemáticamente controles sanitarios y observando atentamente a sus pollitos. La detección precoz de posibles problemas permite intervenir a tiempo, garantizando una bandada más sana y robusta a medida que los polluelos avanzan en sus etapas de desarrollo.

Capítulo 7: La "jerarquía": Dinámica social

A primera vista, puede parecer que no existe una estructura social entre las aves de granja. A cualquiera que no haya observado pollos, patos o pavos durante mucho tiempo se le puede perdonar esta suposición desinformada. Para criar aves de corral con éxito, hay que familiarizarse con la forma en que las aves elegidas interactúan socialmente, para poder gestionar la bandada de acuerdo con su naturaleza. Las aves no tienen la complejidad mental de las personas, así que hay que ponerse a su nivel de pensamiento para entenderlas. Además,

Las aves de corral suelen organizar sus grupos en una estructura social jerárquica conocida como orden de picoteo[11]

dado que sus métodos de comunicación son muy distintos de los de las personas, hay que aprender su lenguaje.

Las aves de corral suelen organizar sus grupos en una estructura social jerárquica conocida como orden de picoteo. Puede haber ligeras diferencias entre especies, pero la idea sigue siendo relativamente la misma. Si comprende la dinámica social de su bandada, podrá crear un entorno que minimice los daños y facilite la reproducción. Las aves pueden ser agresivas, pero en la misma línea, tienen una sociedad colectiva y cooperativa.

El entorno afectará al comportamiento de sus aves. La competencia por la comida y las parejas puede convertirse en un problema si no se controla. Por ejemplo, en condiciones de hacinamiento, algunos pollos mueren de hambre, porque las peleas son brutales. Las aves más débiles evitan las peleas, por lo que nunca llegan a comer. Muchas especies de aves de corral viven en grupos, por lo que pueden ser tribales. Entender sus vocalizaciones y su lenguaje corporal le permitirá responder a diversos comportamientos.

Puede convertirse en un lector de la mente de las aves fijándose en algunas señales de comportamiento. Las aves no expresan sus emociones y preocupaciones como las personas, ni resuelven sus conflictos de la misma manera. Usted tiene que ser una fuerza mediadora para dirigir el resultado que desea en su bandada. Su supervisión y sus conocimientos le convierten básicamente en el presidente de su mininacional de aves. Un buen gobierno de su bandada requiere que aproveche la variedad de expresiones sociales que exhibe.

Orígenes del orden

La evolución por selección natural es la base de todo el comportamiento de los organismos vivos. La supervivencia del más fuerte se interpreta a menudo erróneamente en el sentido de que la fuerza es lo correcto o que los animales más fuertes llegan a la cima. Esto no es necesariamente así. Al igual que los enormes elefantes tienen éxito evolutivo, las diminutas mariposas también fueron elegidas por la naturaleza. Por lo tanto, la supervivencia del más apto significa que la naturaleza mantendrá los rasgos más adecuados a las condiciones ambientales. Evolutivamente, las aves son algunas de las especies más antiguas del planeta, e incluso hay pruebas de que están emparentadas con los dinosaurios. Sin embargo, se pueden ver algunos rastros de su ascendencia cuando se observan avestruces o emús, que pueden resultar aterradores si no se está acostumbrado a su aspecto intimidatorio.

Todas las adaptaciones se basan en la disponibilidad de recursos y el deseo de reproducirse. La estructura jerárquica de la sociedad aviar ha sido inculcada a lo largo de millones de años de evolución. Aunque algunos rasgos de muchas especies de granja han sido criados artificialmente por el hombre, la forma en que las aves estructuran sus grupos sociales es anterior a la intervención humana. Si nos fijamos en los patos o pavos salvajes, tienen los mismos tipos de organización social que sus primos domesticados. Todos los comportamientos evolucionan en un contexto ambiental. Las sociedades que han desarrollado diversas aves de corral son las que les han permitido permanecer en el planeta durante tanto tiempo. Establecer la conexión entre por qué los comportamientos se desarrollan en entornos particulares y por qué son evolutivamente beneficiosos le dará las claves para entender su psicología. Algunos de los comportamientos naturales de estas aves pueden ser contrarios al tipo de cría que usted desea establecer. Para fomentar los comportamientos que desea, debe manipular su entorno. Por lo tanto, debe guiarlas hacia los comportamientos que le gustaría ver con la ayuda de la psicología y la biología evolutiva realizando cambios conscientes para que sus aves adopten expresiones favorables.

Lo más probable es que los patos domésticos desciendan de dos especies de patos: el ánade real silvestre y el pato moteado chino. La cría selectiva y los distintos entornos también influyen en el cambio del comportamiento social de las especies de aves. Ciertos comportamientos se conservan de su pasado evolutivo. Por ejemplo, muchas especies de patos se emparejan y hacen demostraciones de cortejo para aparearse. Normalmente, el macho de la especie realiza movimientos elaborados para atraer a la hembra. La competencia entre machos es feroz y muchos pretendientes luchan por demostrar sus habilidades. Además, las épocas de apareamiento de algunas especies de aves se producen una vez al año durante un breve periodo de tiempo, por lo que son muy conscientes de que disponen de poco tiempo para cortejar a una pareja.

Se cree que esta dura competencia se debe a que la población de hembras es inferior a la de machos. Esto se debe a que las hembras, además de ser físicamente más débiles, también realizan tareas que las ponen en mayor peligro, como anidar. Por lo tanto, no todos los machos consiguen pareja, y la hembra tiene que elegir sabiamente qué genes quiere transmitir. Los elaborados rituales de cortejo permiten a la hembra elegir con conocimiento de causa examinando el físico de sus posibles parejas.

La unión hace la fuerza. Muchas especies de aves han desarrollado la cohesión social, porque pueden responder mejor a las amenazas si permanecen unidas. Los grupos son más capaces de protegerse de los depredadores con sistemas de alerta, y pueden buscar mejor comida porque hay más maneras de buscarla. Las sociedades de pollos son muy parecidas a las humanas. Tienen relaciones sorprendentemente complejas que han evolucionado a lo largo de millones de años. Los humanos pueden procesar unas 150 relaciones sociales, mientras que los pollos pueden procesar unas 30. El estereotipo de que el "cerebro de pájaro" es estúpido dista mucho de ser exacto. Los pollos saben exactamente qué lugar ocupan en la escala social. Como los pollos solo pueden recordar unas 30 relaciones, resulta más difícil introducir nuevas aves en un grupo grande.

Las jerarquías entre aves pueden parecer violentas a primera vista, pero el orden social que desarrollan estas aves es un rasgo evolutivo que surgió para reducir las peleas. Si un pato sabe cuál es su posición en el orden social, no suele pelearse con los miembros que están más arriba en el escalafón. Esto crea una sociedad sólida con menor inestabilidad. La selección natural eligió la estructura social de las aves, porque las protege de los depredadores, les permite conseguir comida y reduce las peleas dentro de una bandada.

En un orden social, debe haber formas de comunicarse. Si no, la estructura se desmorona rápidamente. Las aves han desarrollado vocalizaciones y lenguaje corporal para comunicar sus necesidades y desacuerdos. Debe familiarizarse con estos sonidos y movimientos para mantener el bienestar de su bandada. La observación es su principal herramienta, ya que le servirá de base para cualquier otra acción que emprenda en relación con su bandada.

Los entornos en los que viven las aves influyen profundamente en su comportamiento, mostrando el desarrollo evolutivo en tiempo real. Por ejemplo, los patos de las ciudades graznan más fuerte que los de las zonas rurales, porque los niveles de ruido son más altos en las regiones densamente pobladas e industrializadas. Al igual que ocurre con los humanos, existen diferencias culturales entre aves de la misma especie en función de su lugar de procedencia. Esta adaptación demuestra lo poderosa que puede ser la interferencia humana. El entorno que construya para sus animales cambiará la forma en que interactúan, por lo que debe ser muy consciente de cómo afectan sus acciones a su bandada. Si no tiene cuidado con la forma en que se relaciona con sus aves, cualquier pequeño cambio que haga puede tener un impacto enorme. Para entrar en la mente de un ave, utilice la empatía en lugar de las señales visuales.

Muchos tipos de aves muestran profundos vínculos familiares que han evolucionado con fines de seguridad y adquisición de recursos. En las poblaciones de pavos, después de unos seis meses, los machos forman grupos de hermanos que suelen durar toda la vida. Entre los cisnes y los patos, las parejas se emparejan de por vida, y algunas viudas y viudos se niegan a aparearse con una nueva pareja incluso después de la muerte de esta. Al igual que las familias humanas actúan como apoyo para ayudar a las personas a prosperar y sobrevivir, animales como patos, pavos y cisnes emplean la misma estrategia.

Mantenerse unidos, minimizar la competencia, buscar comida colectivamente y tener acceso a las parejas son las bases del comportamiento evolutivo de la mayoría de las aves. Entender lo que hacen sus aves a través de estas lentes ayudará a su bandada a producir los resultados que usted desea. Usted debe piratear las adaptaciones de sus aves para dirigirlas hacia sus objetivos. Debe comprender cómo han evolucionado para proporcionarles unos cuidados adecuados que satisfagan todas sus necesidades. Cuando se inicia en la avicultura, se le adopta como miembro honorario de la bandada que tiene más responsabilidades.

Signos y señales

Al igual que los seres humanos tienen varios signos y señales que utilizan para comunicar su estado de ánimo, lo mismo ocurre con las aves. Alguien puede empezar a hablar más alto y enrojecer más si está enfadado, o reírse a carcajadas si está contento. Una mujer puede mirar a un hombre para insinuarle que está interesada, y él puede responder con una sonrisa ganadora para mostrar su interés. Todas estas dinámicas sociales enmarcan la forma en que los seres humanos se relacionan entre sí. Hay muchas similitudes en el reino aviar. Aunque los machos no tienen dientes para mostrar una sonrisa de estrella de cine y algunas especies no se ponen rojas cuando se enfadan, tienen su lenguaje corporal y vocalizaciones únicos para comunicar sus necesidades y disgustos. El entorno en el que se encuentren influirá en sus acciones, y su comportamiento puede variar en función de lo que usted haga como granjero.

Sally había puesto en marcha una granja de permacultura donde cultivaba diversos productos y criaba muchos tipos de animales. Decidió criar patos para venderlos y contribuir así al mantenimiento de su granja. Se dio cuenta de que cuando introducía nuevos patos en su bandada, los atacaban y les impedían alimentarse. Eso la llevaba casi siempre a separarlos. Tras aprender un poco más sobre la dinámica social de los patos, ideó un nuevo método para introducir nuevos miembros en la bandada. Sally construyó una jaula adyacente a la de sus otros patos. Los dejaba interactuar a través de la malla. La introducción gradual de nuevos patos le permitió controlar la agresividad violenta que mostraban sus aves.

Los patos silban y despliegan las alas cuando están enfadados. Lo hacen para intimidar a las amenazas y parecer más grandes. Cuando hay demasiados machos en una bandada, este comportamiento se vuelve habitual, sobre todo si no hay mucho espacio. Las peleas de patos aumentan durante la época de apareamiento, porque los machos están predispuestos a competir por sus compañeras. Incluso en una granja donde las hembras superan en número a los machos, estos pueden pelearse durante la época de celo.

Hay muchas formas interesantes de expresarse entre las distintas especies de aves. Los pavos cambian de color según su estado emocional. La cabeza sin plumas del pavo será de tonos más claros cuando estén tranquilos, pero se transformará en un rojo intenso si están enfadados o estresados. La redecilla, que es ese pedacito de carne arrugada y colgante cerca del pico del pavo, funciona en combinación con el cambio de color de su cabeza. El rojo no siempre es sinónimo de agresividad. La redecilla se contraerá si el pavo está asustado y a punto de salir volando. Para un pavo agresivo o relajado, la redecilla colgará libremente. Uno enfadado puede embestir para advertirle o intimidarle. Este comportamiento debe vigilarse, porque los pavos domésticos tienen más posibilidades de herirse mortalmente unos a otros que sus congéneres salvajes, ya que viven muy cerca unos de otros.

Identificar los papeles que desempeñan sus aves en su orden social es una parte importante para poder gestionarlas. Si puede identificar a los que están en la cima de la jerarquía, sabrá a quiénes necesita que impresionen sus nuevos miembros. Los sonidos y el lenguaje corporal pueden ayudarle a encontrar al alfa del grupo. Si nos fijamos en los pavos, por ejemplo, el clásico ruido de engullimiento que se oye de ellos es para atraer a las hembras o para afirmar su dominio. Si oye a unos pocos miembros de su bandada engullir más que otros, probablemente sean los líderes. Son los que necesitan más convencimiento a la hora de introducir nuevas aves. Los pavos son especialmente hostiles con los extraños porque dependen de su grupo para sobrevivir. Necesitarán algo de convencimiento para que entren nuevos miembros.

Muchas otras vocalizaciones le indicarán el estado de ánimo de sus pavos. Debe saber qué significa cada sonido, porque el estado de ánimo de sus pavos determinará la tranquilidad de su bandada. Cuando los pavos están contentos, cacarean y ronronean. Cuando oiga estos ruidos, sepa que su bandada está en una gran posición social. Las madres suelen soltar aullidos fuertes y continuos para reunir a sus crías. Aunque este sonido le taladre los oídos, no hay ningún problema que deba abordarse en ese momento.

Con las gallinas, aunque los gallos compiten constantemente por la primera posición, también hay clases sociales entre las gallinas. La gallina jefa es la que come primero. Ella elegirá la mejor posición para anidar. La jerarquía de los gallos está vinculada a la de las gallinas, pero separada de ella. Si un gallo decide interferir en la jerarquía que han construido las gallinas, a veces se unirán para atacar al que está al mando. Las gallinas se turnan en la guardia para vigilar a los depredadores, pero la gallina alfa hace la mayor parte del trabajo. Cuando se aproxima un peligro, la gallina que está al acecho lanza un chillido que hace retumbar los tímpanos para advertir a las demás. El orden jerárquico de las gallinas puede estar al borde de la transición cuando se ven surgir desafíos. Las gallinas que compiten por el primer puesto se mirarán fijamente e hincharán las plumas del cuello antes de pelearse. Estos desafíos pueden repetirse hasta que una de las competidoras se rinda. Si no puede arriesgarse a que sus aves se lesionen, puede ser aconsejable separarlas en momentos como este. Las gallinas alfa surgirán, aunque no haya gallos en su bandada.

Gestionar las perturbaciones

Hay cuatro causas principales de conflicto entre las especies de aves. A las aves les gusta tener mucho espacio. Si se las hacina, aumenta su estrés, lo que provoca más peleas. El apareamiento es otra causa de conflicto, por lo que hay que mantener la proporción entre machos y hembras en un nivel aceptable. Los recursos alimentarios también pueden ser motivo de conflicto. Las peleas por la comida van de la mano con el hacinamiento, por eso los criadores de gallinas en batería quitan el pico a las aves para reducir los daños. Por último, como muchas especies de aves forman profundos lazos sociales, también pueden pelearse si se introducen nuevas aves, en una especie de violencia de bandas tribales. Al igual que los animales de manada, las aves de corral son territoriales debido a la competencia por los recursos. Hay que conseguir que la bandada entienda que el nuevo miembro forma parte del grupo.

Cuando se les somete a condiciones de hacinamiento, aumenta su estrés, lo que se traduce en más peleas[18]

Las aves de corral son similares a los humanos en lo que se refiere a cómo las condiciones adversas avivan las llamas del comportamiento antisocial. Para que su bandada se comporte bien, asegúrese de que esté bien alimentada, disponga de mucho espacio para explorar y posarse y tenga una buena mezcla de machos y hembras. Eso no significa que nunca vaya a haber problemas. Las aves tienen su percepción de la sociedad, así que surgirán batallas por el posicionamiento jerárquico. No se pueden erradicar por completo las peleas, pero sí minimizarlas. Una zona tranquila y espaciosa reduce la irritabilidad de las aves de mal genio.

Las aves de granja no reservan su agresividad para las demás. Cuando emerge un gallo alfa, es posible que empiecen a atacarle. Chevanni instaló un gallinero en su patio trasero para producir huevos y mejorar el aspecto general de su casa. Uno de los gallos, llamado Frango, que significa gallina en portugués, se volvió demasiado agresivo. Era el único gallo con nombre, porque era el que tenía más personalidad. Frango no dejaba pasar a nadie a menos de un metro. Batía las alas y arremetía contra uno, picoteando cualquier trozo de piel expuesta. Aterrorizaba a la gente, aunque no era capaz de causar mucho daño. Llegó a ser desagradable porque, cuando los niños iban de visita, tenían que tener cuidado con Frango. Muchos se aseguraban de tomar el camino más largo para evitarlo.

En casos como este, hay algunas medidas que puede tomar para abordar el comportamiento indeseable. Ignorar los ataques no hará que desaparezcan. Cuanto más espere, más se arraigará el comportamiento. Recuerde que un gallo no odia a las personas. Lo ve como una amenaza, así que lo único que hace es proteger a las gallinas. Algunas personas utilizan botellas de agua pulverizada para mantenerlos a raya. Rociar a un gallo con agua es incómodo, pero no hace daño al animal. La mejor opción en este caso, si usted es lo suficientemente valiente, es dar la vuelta al gallo. Cuando empiece a comportarse de forma violenta, agárrelo, póngalo boca abajo y manténgalo cerca de su cuerpo hasta que se calme. Tendrá que repetirlo con regularidad hasta que empiece a ajustar su comportamiento.

Los patos son muy territoriales. A diferencia de los gallos, sus ataques son extremadamente dolorosos y le dejarán moratones gigantes. Hay varias formas de controlar a los patos agresivos. La primera técnica que puede probar es eliminar la alimentación manual. La alimentación manual puede provocar agresiones entre los animals, porque se establecen jerarquías cuando unos animales reciben más alimento que otros. En lugar de darles de comer a mano, esparza la comida y deje que busquen alimento. El pienso que elija también puede influir en el temperamento de su animal. Para los patos, elija alimentos que contengan más verduras y que sean ricos en proteínas. Un exceso de energía puede ser la causa de su comportamiento imprevisible. Utilice juguetes o llévelos a nadar para que gasten parte de su exceso de energía. Por último, puede inmovilizar al pato sobre su espalda. Esto les quita sus principales defensas, el pico y las alas. También refuerza su dominio como líder, pero hay que tener cuidado, porque existe la posibilidad de que se haga daño.

Sea consciente de cómo perciben sus animales sus acciones. Usted puede pensar que se comporta adecuadamente, pero las aves no interpretan las acciones del mismo modo que los humanos. Puede que piense que está mimando a sus patos dándoles premios, pero esto les enseña a esperar comida de los humanos y, en algunos casos, esto podría ponerse feo. Debe ser muy consciente de la psicología de sus aves y enmarcar todas sus acciones en función de lo que ellas entienden y de cómo le gustaría que funcionara su gallinero.

Capítulo 8: Juego sucio: Enfrentarse a los depredadores

Imagínese dedicar todo el esfuerzo necesario para elegir a las aves adecuadas, tomar todas las precauciones sanitarias necesarias, comprender plenamente la dinámica de la cría y entender sus interacciones sociales solo para que un demonio astuto se coma a toda su bandada. Despertarse con aves muertas es traumatizante y desgarrador. Enfrentarse a los depredadores puede convertirse en una misión constante, pero con trabajo duro y la información adecuada, se puede conseguir mantenerlos alejados.

Imagínese dedicar todo el esfuerzo necesario para elegir a las aves adecuadas, tomar todas las precauciones sanitarias necesarias, comprender plenamente la dinámica de la cría y entender sus interacciones sociales solo para que un demonio astuto se coma a toda su bandada. Despertarse con aves muertas es traumatizante y desgarrador. Enfrentarse a los depredadores puede convertirse en una misión constante, pero con trabajo duro y la información adecuada, se puede conseguir mantenerlos alejados.

Por muy devastador que pueda ser para sus aves sufrir daños, no justifica actuar violentamente contra los depredadores, sobre todo si están protegidos por el gobierno federal, como los búhos y los halcones. Hacer daño a animales protegidos conlleva duras repercusiones legales. La protección de sus aves debe ser humana y llevarse a cabo respetando el bienestar de los depredadores. En algunos casos, puede ponerse en contacto con organismos gubernamentales para que eliminen a los depredadores.

Explorar sus opciones puede conllevar muchos errores por el camino. No existe una ciencia exacta para prevenir a los depredadores. Lo que usted tiene en su exposición no es lo mismo que lo que tiene la persona de al lado. Realizar un análisis detallado e investigar todas las variables sobre sus aves y sus depredadores es la base sobre la que debe empezar a construir. Una vez construidos el gallinero y el cercado, los depredadores pueden encontrar algunos puntos débiles. Esto le servirá para realizar un reconocimiento sobre el comportamiento del depredador y hacer cambios en función de las lagunas. A medida que cambien las estaciones, esta batalla será constante. Cuando sus estructuras se deterioren, prepárese para observar y responder continuamente. El juego del gato y el ratón que juega con los depredadores puede ser interminable, pero una vez que su estructura principal esté en su sitio, solo tendrá que hacer pequeñas reparaciones y cambios.

Perfiles de depredadores

Tanto si cría sus aves en una gran ciudad como en el bosque más aislado, los depredadores son siempre una gran amenaza. Los perros y gatos domésticos pueden ser tan peligrosos como los zorros o los coyotes. También pueden aparecer otros visitantes inesperados, como mapaches o ratas con ganas de mordisquear polluelos o tomar un huevo como tentempié a medianoche. Los depredadores varían de una región a otra, por lo que resulta útil saber qué animales son comunes en su zona para poder ajustar sus preparativos en consecuencia. Si su rebaño ya ha sido atacado, hay algunos pasos que puede dar para determinar cuál es la amenaza. La forma en que matan a los animales (y las huellas o excrementos que dejan) son pistas que le indicarán quién es el culpable.

Los coyotes son reincidentes habituales cuando se trata de eliminar aves de corral[18]

Los coyotes son reincidentes habituales cuando se trata de acabar con las aves de corral. Se cuelan fácilmente entre las defensas y suelen ser lo bastante astutos como para no dejarse atrapar. Son creativos y encuentran formas insólitas de entrar en sus recintos. Si oye aullidos con regularidad en su zona, es posible que tenga problemas con los coyotes. Aunque la mera presencia de excrementos no es un indicador de que procedan de un depredador, puede ayudar a identificarlos. Los coyotes, por ejemplo, utilizan los excrementos para comunicarse, por lo que serán fáciles de detectar. Suelen contener pelo y huesos. Sus huellas son similares a las de los perros, pero más finas, aerodinámicas y ovaladas. Su tendencia a encontrar puntos de entrada inesperados significa que seguir sus huellas podría ayudarle a determinar por dónde entraron. Probablemente no encontrará muchas partes de su ave, porque los coyotes matan y se llevan al animal, por lo que la sangre y las plumas serán todo lo que quede.

Los zorros se parecen mucho a los coyotes en su astucia y aspecto. Los coyotes tienen el pelaje marrón, mientras que los zorros lo tienen rojo y gris. Los zorros viven en muchos estados de EE. UU. e incluso en Canadá. Viven en agujeros que excavan en el suelo cerca de árboles o muros. Si encuentra estas madrigueras en su propiedad o cerca de ella, lo más seguro es que se trate de zorros. Las organizaciones de protección de la fauna suelen estar dispuestas a reubicarlos si encuentra alguno en su propiedad. Esto se hace para impedir que los granjeros maten a estos animales y puedan prosperar en libertad.

Las ratas no son muy exigentes con la comida, así que disfrutan tanto de los polluelos como de los huevos[15]

Un depredador inesperado son las ratas. No pueden atacar a aves completamente adultas, pero puede encontrar algunas mordeduras en sus patas. Las ratas no son muy exigentes con la comida, así que disfrutan tanto con los polluelos como con los huevos. Mantenerlas alejadas puede ser muy difícil, por lo que muchos granjeros recurren al envenenamiento. Encontrará pequeños excrementos en las esquinas de su gallinero, y también puede descubrir partes de polluelos atascados en agujeros que las ratas han excavado o por los que se han colado.

Comadrejas, visones y zorrillos son pequeños depredadores que, como las ratas, son difíciles de mantener fuera del gallinero. Para mantenerlos fuera, hay que ser meticuloso con la construcción, porque no puede haber huecos de más de media pulgada. Las comadrejas pueden ser especialmente brutales, porque no solo matan a sus presas, sino que también disfrutan cazándolas. Si encuentra un polluelo decapitado, es probable que haya una comadreja en la foto. Las comadrejas pueden acabar con gran parte de su rebaño de una sola vez debido a su capacidad para matar por diversión. Si no las descubre en el acto, entrará en su gallinero para descubrir una destrucción masiva con mordiscos en el cuello y la espalda de sus aves. Los zorrillos y las comadrejas también dejan tras de sí un olor almizclado, por lo que una potente fragancia delata su presencia.

Los mapaches tienen patas parecidas a las de las manos, por lo que pueden abrir cerraduras sencillas y encontrar formas astutas de colarse en su gallinero[16]

Las zarigüeyas y los mapaches causan problemas tanto en las ciudades como en las zonas rurales. No tiene que preocuparse mucho por las zarigüeyas, porque son cazadores perezosos y solo matan a las aves enfermas. Mientras les dificulte la entrada, no tendrá problemas. El principal problema de las zarigüeyas no es su capacidad para matar, sino las enfermedades que transmiten. Los mapaches, en cambio, son un incordio. Tienen patas parecidas a manos, por lo que pueden abrir cerraduras sencillas, y encuentran formas astutas de colarse en su gallinero. Si hay mapaches, sus aves deben estar bien protegidas. Son destructivos y dejan un rastro de cadáveres a medio comer. La limpieza tras el ataque de un mapache puede ser muy desagradable. Dejar a los animales sin cabeza ni extremidades es su tarjeta de visita.

Los animales domésticos, como perros y gatos, también pueden ser un gran problema. Asegúrese de que sus animales están adiestrados y acostumbrados a las aves que tiene en su terreno. Las mascotas suelen ser alimentadas por sus dueños, por lo que estos animales no matan aves por comida, sino por instinto depredador. Una buena señal de que los gatos o los perros son los culpables es que las aves estarán muertas, pero no comidas. Las mascotas suelen matar por deporte en lugar de por comida. Se puede adiestrar a las mascotas, pero a veces los animales del vecino se meten en su jardín, por lo que necesita una buena relación con las personas que viven a su alrededor para poder colaborar en la protección de su bandada.

Los gatos monteses son pequeños, pero letales[17]

Los gatos monteses aterrorizan muchas zonas rurales y urbanas de Norteamérica. Son pequeños, pero letales. Son cazadores sigilosos, por lo que es poco probable que vea uno en su propiedad a menos que tenga cámaras. Casi siempre apuntan a la cabeza. Si encuentra a su ave sin cabeza, la culpa puede ser de un gato montés. Sus excrementos contienen fragmentos de vegetación y se parecen a los de un gato doméstico. Sus huellas también se parecen a las de los gatos domésticos, pero son más grandes. Si huele a orina de gato, existe la posibilidad de que pertenezca a un gato montés.

Dependiendo de dónde viva, lo más probable es que no defienda a sus animales contra un solo tipo de depredador. Lo mejor es adoptar un enfoque holístico que tenga en cuenta diversas variables. Los depredadores de su terreno pueden cambiar según la estación, así que prepárese para todas las posibilidades. Tanto si los depredadores golpean, corretean, vuelan o se deslizan, debe tener una respuesta a las técnicas de ataque. Utilizando las patas, la materia fecal, los métodos de matanza y los olores, podrá ver exactamente a qué se enfrenta para poder actuar en consonancia con lo que ha descubierto. Ir equipado con un montón de señales que buscar le pone por delante del juego para que pueda reaccionar con rapidez.

Fortalecer el rebaño

En las granjas comerciales, los depredadores no son un gran problema, porque las aves suelen mantenerse en el interior de los edificios hasta que maduran lo suficiente para ser sacrificadas. Sin embargo, en granjas domésticas más pequeñas, granjas ecológicas y explotaciones de corral, es probable que se produzcan ataques de depredadores. A la hora de construir un recinto para sus animales, hay varios factores que debe tener en cuenta, como el número de aves que tiene, los depredadores y riesgos que hay en su zona, y los costes y suministros de que dispone. Construir un gallinero es un proceso constante de ensayo y error para encontrar lo que mejor se adapta a sus necesidades. Hay que hacer ajustes constantes hasta encontrar lo que funciona.

Muchos agricultores ecológicos se aferran a sus viejas formas de enfrentarse a los depredadores. Matar o envenenar animales no son opciones ideales para proteger a sus aves. El ecosistema local es sensible, por lo que siempre debe esforzarse por tomar decisiones éticas y humanas. Algunos animales están protegidos por la ley, pero eso no impide que los granjeros disparen y entierren a los animales de su propiedad. Esto no es en absoluto un planteamiento ético, sobre todo si adopta la agricultura ecológica para proteger el medio ambiente y criar ganado de forma ética. Un excelente ejemplo de agricultor ecológico que encarna la agricultura ética es Will Harris, que dirige la granja familiar White Oak Pastures en Georgia.

Harris tenía un problema con las águilas calvas que hacían presa fácil de su rebaño. El granjero admiraba a las aves y convivía con ellas. Sin embargo, empezó a reconsiderar su actitud pacifista cuando las aves empezaron a atacar a sus pavos además de a sus pollos. Considera las pérdidas como un sacrificio o diezmo a la naturaleza. Cree en la agricultura ecológica de permacultura. En lugar de matar a las aves como hacen muchos granjeros, Harris se puso en contacto con el Departamento de Recursos Naturales de Georgia o DNR. No hay mucho que el departamento pueda hacer por la población de águilas, así que Harris sigue viviendo con las aves asumiendo las pérdidas. Cree que si todos los agricultores de la zona utilizaran métodos de agricultura ecológica, las águilas se extenderían y dispersarían de forma natural, pero admite que es poco probable que se produzca esta revolución agrícola a pequeña escala. En el último recuento, 75 águilas vivían en la propiedad y sus alrededores. Este enorme número de águilas mató a miles de sus aves.

La cría respetuosa con los depredadores, como la que adoptó Will Harris, es una opción, pero no todo el mundo tiene una granja lo bastante grande o los recursos para asumir tales pérdidas. Una de las primeras opciones que puede explorar para proteger a sus animales es construir corrales de pastoreo sin suelo. Dependiendo de la especie que críe, tendrán una altura de dos a tres pies de altura. La anchura y la longitud dependerán del número de aves. Estos gallineros protegen a los animales de los ataques aéreos durante el día. Por lo tanto, son prácticos para las aves de presa que cazan durante las horas de luz solar, como las águilas o los halcones. Algunas aves, como los búhos, cazan de noche. Para evitar estos ataques, debe construir una estructura segura y techada para meter a su ganado por la noche después de que terminen de alimentarse. Utilice redes de color naranja, porque distraen la visión de aves como halcones y búhos.

Las luces con sensor de movimiento son un gran elemento disuasorio para los animales nocturnos. Estos cazadores suelen tener una vista brillante en la oscuridad, pero esto puede hacerlos sensibles a los cambios extremos de luz. El destello brillante e instantáneo que emiten los sensores de movimiento puede asustar a estos depredadores, manteniéndolos alejados de su preciado ganado. Además, la mayor visibilidad en su terreno puede ayudarle a detectar mejor a los depredadores en la oscuridad, de modo que podrá saber exactamente a qué animales se enfrenta y elaborar sus métodos de prevención específicamente para ellos.

Un método ancestral de control de plagas es el uso de animales guardianes. Los gatos domésticos son excelentes para mantener a las ratas e incluso a las serpientes alejadas de las aves, mientras que los perros pueden ocuparse de depredadores más grandes, como coyotes o zorros. Si utiliza animales de guardia, deben estar bien adiestrados y acostumbrados a convivir con las aves de corral, porque a veces ellos mismos pueden dar problemas. Los gatos pueden ser peligrosos para las poblaciones locales de aves, así que no siempre son una buena opción para la sostenibilidad, pero son eficaces para los depredadores pequeños. El inconveniente de utilizar animales guardianes es que matan a los depredadores, lo cual no es la forma más humana de deshacerse de ellos.

A veces, hay que pensar fuera de la caja. La caja, en este caso, crea un gallinero sólido e irrompible. Puede que se vea obligado a reestructurar continuamente sus corrales porque diferentes depredadores siguen encontrando la manera de entrar, pero debe ampliar su mirada hacia el exterior. Por ejemplo, las aves rapaces podrían estar merodeando por su propiedad, porque les resulta cómoda y atractiva. Eliminar las perchas de más de 100 metros de altura animará a los ocupantes ilegales a marcharse. Puede que tenga que talar algunos árboles de su propiedad para deshacerse de los molestos depredadores voladores.

Con vallas de malla, madera, metales y algunos conocimientos básicos de construcción, puede construir gallineros que mantendrán alejados a la mayoría de los depredadores. A diferencia de las granjas comerciales que tienen edificios de hormigón protegidos con aves hacinadas en jaulas en batería, su instalación en libertad no es tan segura. La vigilancia y el ingenio son sus mejores armas contra la invasión de los depredadores. Utilice lo que tiene sabiamente y adapte sus planes de protección a la psicología de las especies que amenazan a su población.

Cuando se producen infracciones

Puede que piense que tiene un plan sólido e infalible para proteger a sus aves, pero pequeños daños en sus recintos o simples descuidos pueden provocar que los depredadores entren en su gallinero. Cuando esto ocurra, debe reaccionar con rapidez, porque sabe que los depredadores tienen vía libre para acceder a un bufé de «todo lo que pueda comer». Tenga siempre a mano algunos materiales de reparación, como metales, mallas, madera, zinc, clavos, pegamento y herramientas de construcción como martillos, sierras y taladros. Así podrá montar rápidamente un parche improvisado hasta que se le ocurra una solución mejor. Estos parches de reparación pueden ser la diferencia entre perder toda la bandada o solo unas pocas aves y huevos.

Joyce Bupp luchaba contra los depredadores que mataban a sus gallinas. En ese momento, sus aves producían muy pocos huevos y eran más bien animales de compañía. Perderlas la afectó profundamente. Le costaba saber exactamente qué animales se estaban comiendo a sus mascotas, porque había varios depredadores diferentes en su granja. Finalmente, descubrió un pequeño agujero por el que entraba un mapache al amparo de la noche. Atraparon al omnívoro culpable utilizando maíz dulce como cebo, y en los días siguientes también capturaron a dos más. Puede utilizar una jaula trampa humanitaria para atrapar mapaches y evitar hacerles daño. Lleve los animales atrapados a un especialista en fauna salvaje o a un organismo gubernamental de su zona. Si quiere liberarlos usted mismo, extreme las precauciones, porque pueden ser portadores de la rabia. Si le muerden, acuda inmediatamente al hospital.

Reforzar las jaulas y rodear el perímetro con vallas eléctricas para ahuyentar a lobos, coyotes y zorros es una inversión brillante; sin embargo, hay otros métodos menos obvios que puede utilizar para proteger a su rebaño. Por ejemplo, puede sellar la comida y mantener los cubos de basura bajo llave para no atraer a visitantes curiosos y hambrientos. Muchas veces, los depredadores no van directamente a por sus aves, sino que las atraen con comida. Por lo tanto, identificar los alimentos que atraen a los depredadores y deshacerse de ellos o asegurarlos podría ser todo lo que se necesita para reducir significativamente las poblaciones de depredadores en su terreno, lo que evitaría las incursiones en sus gallineros.

La forma en que entraron en su gallinero le indicará a qué animal se enfrenta. Las comadrejas y las ratas pueden colarse por agujeros pequeños, por lo que no sufrirán grandes daños. Los zorros y los coyotes harán agujeros más grandes en el vallado o en los puntos débiles de la estructura. Los osos y los lobos causarán una destrucción masiva.

Las señales de sus ataques serán muy evidentes. Si faltan aves enteras y no quedan partes del cuerpo mientras el gallinero no está dañado, es probable que los ladrones sean aves depredadoras. Los mapaches pueden abrir los cerrojos, así que si encuentra sus puertas abiertas, se trata de estos demonios enmascarados o de otros humanos. Por lo tanto, observe todos los detalles de la brecha con una comprensión del comportamiento de los depredadores para que pueda saber qué solución explorar.

Capítulo 9: Ética y buenas prácticas

La ética puede ser muy complicada, porque la gente tiene opiniones distintas sobre lo que está bien y lo que está mal, sobre todo cuando se trata de animales. Los diferentes contextos culturales pueden dictar la forma adecuada de tratar a los seres vivos no humanos. Se discute si los animales deben ser criados en granjas, especialmente para producir carne, teniendo en cuenta que no hay forma de que un animal consienta en que le quiten la vida. Con todas estas dinámicas entrecruzadas, el objetivo de actuar éticamente puede ser difícil de alcanzar.

La ética puede ser muy complicada, porque la gente tiene opiniones distintas sobre lo que está bien y lo que está mal, sobre todo cuando se trata de animales[18]

Para formar un sistema ético que pueda ser comprendido y adoptado por la mayoría de las personas compasivas, hay que profundizar en la ciencia del comportamiento y la psicología animal. Los animales angustiados o maltratados mostrarán signos físicos y sociales de no estar bien. Algunos indicadores pueden medirse para determinar el bienestar animal. Basándose en ellos, así como en las virtudes de la bondad y la empatía, puede elaborar principios que se ajusten a cómo debe tratar a los animales.

A través de la exploración de cómo las acciones de los granjeros afectan a las aves de corral, se pueden redactar algunas directrices para que usted se asegure de que está actuando éticamente. Criar aves de corral es una gran responsabilidad, así que hay que asegurarse de hacerlo bien. Sus aves pueden darle mucho, y ya que no puede agradecérselo con palabras, debe demostrarles lo agradecido que está. La ética de la avicultura sustenta el intercambio relacional que mantiene con sus aves. Como responsable de todos los aspectos de sus vidas, así como de su capacidad de reproducción, debe analizar en profundidad cuál sería la configuración y los protocolos más adecuados para que sus aves puedan disfrutar de una vida plena y sana.

Definición de la ética avícola

La ética de la avicultura consiste en maximizar el bienestar de los animales a su cuidado. La mayoría de la gente reconoce la sensibilidad del ganado. Los animales pueden sentir dolor y experimentar sufrimiento. La ética de la cría de aves de corral, por lo tanto, se ocupa de erradicar todo sufrimiento innecesario que los animales experimentan para vivir una vida cómoda. Culturas de todo el mundo han desarrollado normas de bioética que se alinean con el principio de reducción del daño (Macer, 2019). En Ibaraki, Japón, muchos granjeros expresaron una profunda empatía por sus animales, pero descubrieron que tenían que equilibrar su cuidado con las exigencias económicas (Macer, 2019). La empatía y la moralidad obligan a las personas a tener en cuenta el trato de los animales que crían, pero eso puede entrar en conflicto con el afán de lucro, y se vuelve bastante complejo.

El afán de maximizar el dinero que puede ganar un individuo ha provocado que algunas prácticas horribles se hayan convertido en la norma en todo el mundo. La sociedad moderna exige caminar por la cuerda floja entre las presiones comerciales y el tratamiento ético del ganado. Para encontrar formas de que la avicultura comercial aplique normas éticas, la Universidad de Queens realizó un estudio sobre cómo afectan las condiciones de vivienda al bienestar de los pollos (O'Connel, 2023). En Australia, ninguna ley obliga a enriquecer los entornos de vivienda de los pollos de engorde. Esto ha dado lugar a que la industria adopte métodos de cría que a menudo causan daño y angustia a los animales. La investigación a gran escala de la Universidad de Queens incluyó 40000 pollos (O'Connell, 2023). Descubrieron que la simple introducción de ventanas, perchas y otros equipos para mejorar el entorno reducía significativamente el comportamiento agresivo y la ansiedad, al tiempo que mejoraba la salud y las condiciones físicas de las aves (O'Connell, 2023). Incluso con el ánimo de lucro como motor de las actividades ganaderas, se pueden tomar medidas para reducir los daños.

La cría ética se basa en la compasión, la amabilidad y la concienciación para introducir cambios que mejoren la vida de las aves. Por mucho que utilice sus aves para obtener carne, huevos, plumas o compañía, no puede fomentar una relación de explotación en la que su ganado no gane nada. La mayoría de los animales de granja se crían selectivamente, lo que significa que es una elección humana que sus especies existan en el número en que lo hacen. Puesto que la gente elige criar animales selectivamente, es su responsabilidad maximizar el bienestar físico y psicológico de los animales que traen al mundo.

Si se define en términos generales la ética de la avicultura, puede describirse como un marco que describe los derechos de las aves de granja y las obligaciones de los avicultores sobre la base de las virtudes sociales del respeto, la empatía, la compasión y la equidad. La ética puede ser un compromiso personal, o puede ser impuesta por la ley y los organismos reguladores. Los códigos éticos y las normativas deben ajustarse según los datos científicos y la nueva información sobre lo que se necesita para aumentar el bienestar del ganado. Para ser un ganadero ético, investigue qué es lo mejor para el bienestar de sus aves de corral en cuanto a los cambios que debe introducir en la explotación que dirige, al tiempo que aboga por cambios más amplios en el sector.

Reconocer que sus animales están teniendo una experiencia consciente que es completamente diferente de la suya, pero aún así lo suficientemente impactante, es el comienzo de tener empatía por los animales. Tanto si cría aves de corral para obtener huevos, plumas o carne, sus animales, por el hecho de ser capaces de experimentar sufrimiento y placer, deben recibir la mejor vida que razonablemente pueda proporcionarles. No muchos sostendrían que las vidas de los animales tienen el mismo valor que las vidas humanas, pero es esencial reconocer que tienen algún valor intrínseco, aunque no sea el mismo que el de una persona. Cuando se trabaja con aves de corral, se empieza a ver que sus experiencias, emociones, psicología y dinámica social son complejas. No son zánganos descerebrados que corren de un lado para otro, sino que se relacionan con el mundo con su propia forma de inteligencia.

La ética avícola puede dividirse en unas cuantas categorías básicas:

- Las aves de corral tienen derecho a alimentos nutritivos y agua adecuada.

- Las aves de corral deben poder vivir cómodamente en un entorno que las proteja de posibles lesiones.

- Las aves de corral deben protegerse de las enfermedades y recibir tratamiento para cualquier dolencia o lesión que presenten.

- Las aves de corral deben vivir en condiciones libres de angustia emocional y psicológica.

Todas las decisiones que tome en su explotación deben ajustarse a estos cuatro principios. Una vez que explore cada uno de ellos, descubrirá que hay muchos subapartados que desentrañar. Estos principios a menudo se solapan, lo que crea soluciones polifacéticas. Por ejemplo, si combina el principio de proporcionar alimentos nutritivos con el derecho de las aves a vivir cómodamente, puede llegar a la conclusión de que dejar que sus aves se alimenten libremente en un pasto abierto es la opción más ética.

Cuando se crían aves de corral con fines lucrativos, alimentarios o como hobby, se asume toda la responsabilidad del bienestar de los animales. Esto le da mucho más control para tomar decisiones éticas que a un simple consumidor. La carne de ave comprada en las tiendas tiene un etiquetado que afecta a la toma de decisiones del consumidor basadas en la moralidad. Sin embargo, lo que el consumidor cree que es cierto a menudo difiere de la realidad sobre el terreno. Por ejemplo, la gente puede preferir comprar pollos criados en libertad a aves criadas en batería. Sin embargo, la etiqueta "de campo" puede ser engañosa, porque se refiere a pollos no criados en jaulas en batería. Las gallinas camperas pueden estar hacinadas en condiciones peligrosas. Dirigir su propia granja le da el mayor poder de decisión moral en comparación con el consumidor medio.

Actuar éticamente con los animales es responsabilidad de todos los habitantes del planeta, pero cuando se empieza a criar aves de corral, se asumen obligaciones adicionales. No todas las aves son iguales. No se crían pollos de la misma manera que se crían patos o pavos. Por lo tanto, las acciones éticas se adaptan a la posición y estructura únicas de su granja. Tiene que conocer a fondo a sus animales para poder tomar las decisiones correctas para su bienestar. La ética no siempre es blanca o negra y a menudo cae en zonas grises, especialmente cuando se trata de ganado, porque muchas culturas tienen opiniones muy diferentes sobre lo que está bien o mal. Aunque deben respetarse algunas normas éticas claras, sus valores determinarán cómo se ajusta a ellas en los pequeños detalles de su explotación. Para medir si los protocolos de su granja garantizan adecuadamente el bienestar de sus animales y les proporcionan dignidad, debe evaluar el impacto de sus acciones.

El impacto de la elección

Las decisiones que tome para sus aves afectarán a la calidad de toda su vida. A veces, un malentendido de lo que causan sus elecciones puede hacer que tome un camino que aumente exponencialmente el sufrimiento de sus animales. Las distintas especies de aves de corral tienen complicadas jerarquías sociales, biología y procesos psicológicos. Pequeñas acciones pueden tener un impacto enorme en sus aves. Si no comprende el impacto de sus acciones en su bienestar físico y emocional, puede tomar caminos que dejen a sus queridos animales en constante angustia.

Cuando la compasión y la amabilidad no son los cimientos de su granja, es fácil caer en una espiral de actividades inhumanas. Por ejemplo, los pavos no prosperan en condiciones de hacinamiento. Si los pavos no tienen suficiente espacio, se vuelven violentamente agresivos. Tener pavos agresivos en un espacio reducido da lugar a muchas peleas, ya que las aves se estorban unas a otras. Los criadores comerciales de pavos suelen mantener a las aves con poca luz, porque así reducen su agresividad, que afecta negativamente a sus ojos, causándoles defectos y ceguera. Los pavos también pueden volverse caníbales en condiciones de hacinamiento. Las peleas constantes y el canibalismo hacen que algunas granjas les quiten el pico para reducir las lesiones. La primera práctica poco ética de hacinamiento causó directamente otras dos acciones poco éticas, a saber, dañar los ojos de los pavos con poca luz y mutilar sus cuerpos para que las peleas fueran menos mortales. La crueldad es una pendiente resbaladiza que multiplica exponencialmente los resultados negativos.

A veces, la demanda de los consumidores facilita la toma de decisiones poco éticas por parte de los agricultores. El foie gras es el manjar francés de hígado graso de pato. Este plato se sirve en muchos de los mejores restaurantes del mundo y puede ser ridículamente caro. El hígado graso procede de patos mantenidos en jaulas constrictivas y alimentados a la fuerza a través de una tubería para conseguir la sabrosa textura de hígado que tanto gusta a los amantes del foie gras. Como avicultor, probablemente podría obtener muchos beneficios explotando este nicho de mercado. Su decisión de participar en la industria debido a la demanda de los consumidores aumenta directamente el sufrimiento de los patos. Tendrá que sopesar la ética de valorar la vida confortable de sus patos con la obtención de beneficios demenciales vendiendo la exquisitez de alta gama.

La ética no es un juego de suma cero y suele funcionar con una escala móvil. Algunas prácticas son mejores que otras, pero eso no significa que estén libres de crueldad ni que sean ideales. Esto se hace evidente cuando se compara a los pollos criados en batería con sus alternativas sin jaulas. En las jaulas en batería, las condiciones de hacinamiento impiden que las gallinas muestren muchos de sus comportamientos naturales, como anidar, posarse y tomar baños de polvo. Esto aumenta la frustración y el estrés, lo que puede provocar síntomas físicos como la pérdida de plumas y un cuerpo más débil. En cambio, las gallinas sin jaula pueden desplegar las alas y moverse libremente, por lo que esta opción es superior en términos de gestión de la angustia emocional y psicológica.

Esto no significa que la cría sin jaulas sea ética. Muchas de las mismas prácticas que se dan en la cría en batería se reproducen en la cría sin jaulas. En las granjas de huevos, muchos criadores matan a los polluelos machos, porque no es económicamente viable criarlos. A menudo los queman vivos, los ahogan o incluso los meten en bolsas de plástico para que se pudran. Tanto las granjas sin jaulas como las granjas en batería compran los pollitos a los criadores, donde esta práctica poco ética es la norma. Además, tanto a los pollos criados en jaulas como a los criados en batería se les corta el pico y se les suele sacrificar mucho antes de que alcancen la edad adulta. Por tanto, aunque la cría de pollos en jaulas es mejor, sigue sin ser ética.

Si tuviéramos que elegir entre los pollos criados en jaulas o en batería basándonos únicamente en evaluaciones éticas, probablemente nos decantaríamos por los primeros, a pesar de que no sean éticos si se utilizan lentes en blanco y negro. Además, algunas prácticas que hoy se consideran moralmente correctas podrían ser completamente aborrecibles en los próximos diez años en función de las nuevas investigaciones que surjan y de la dirección en que se mueva la sociedad. Los dilemas éticos son inevitables. Ser demasiado rígido en sus normas éticas puede frenarle de muchas maneras. Puede resultar frustrantemente difícil determinar qué camino es la mejor opción para criar aves de corral.

Es difícil hacer una transición inmediata de la falta de ética a la ética, teniendo en cuenta que el concepto de ética puede ser tan amorfo y abstracto. Vivimos en un mundo lleno de acciones cuestionables y francamente inmorales inscritas en muchos de los sistemas e instituciones que forman la sociedad. Cuando empiece a hacer consideraciones éticas, especialmente en lo que se refiere a la agricultura, se dará cuenta rápidamente de que debe dar pasos graduales para permitir que su granja se alinee con los valores de la bondad y la compasión. Algunas personas pueden argumentar que la práctica de la cría de animales es en sí misma poco ética, por lo que alcanzar el 100% de pureza en la avicultura puede ser un objetivo imposible. Debe enfocar su ética como una misión constante para alinearse con sus virtudes y sistemas morales. Adopte un enfoque centrado en los animales en el que valore a sus aves más allá de las mercancías, como seres vivos. Trabaje para transformar su corral en un paraíso de pavos, patos, gallinas o cobayas estudiando su comportamiento, observando sus respuestas al entorno y fijándose en sus resultados sanitarios.

Cuando se observan las aves criadas en un entorno sano por un granjero muy preocupado por las prácticas éticas y se comparan con las de una granja industrial que solo se preocupa por la ética en lo que se refiere a mantenerse dentro de los límites de la ley, las diferencias son abismales. Muchas personas ven sus pollos pulcramente empaquetados en sus platos, pero nunca llegan a ver cómo fueron tratados mientras estaban vivos. Es razonable suponer que si algunas personas vieran el trato que reciben los animales en las granjas industriales, se pensarían dos veces la carne que compran. La humanidad como colectivo está participando en un proyecto para hacer del mundo un lugar más ético. Esto se manifiesta en todos los sistemas jurídicos y morales que adoptan las personas. Una de las fronteras de la mejora del mundo es la forma en que las personas tratan a la naturaleza y a los animales. Es imposible deshacer todas las prácticas crueles que se han adoptado como norma con una granja doméstica. Los pequeños cambios que haga en su vida y las ideas que defienda empujarán a la industria agrícola hacia una posición más solidaria.

Más allá del patio

La ética de su explotación no se detiene en la puerta. Hay toda una industria y una cadena de suministro vinculadas a todas las acciones que realiza en su granja, incluido el abastecimiento de sus animales y la adquisición de piensos. El lugar donde se compran las aves de corral es crucial para adoptar formas de cría más humanas. De nada sirve tener una granja humanitaria si se apoya a criadores que no tienen en cuenta la ética. Por ejemplo, algunos criadores que venden gallinas ponedoras matan a los polluelos machos, porque no son tan rentables. Otros criadores manipulan genéticamente los pollos de engorde para que crezcan más rápido, pero esto tiene el efecto adverso de que los pollos desarrollan deformidades y enfermedades crónicas. El sufrimiento innecesario empieza donde se obtiene el animal.

El siguiente paso a considerar en la cadena de suministro de la avicultura es de dónde se obtienen los piensos. La calidad de vida de sus aves no es la única preocupación ética que debe tener como avicultor. Si sus valores se basan en la compasión, no puede ignorar su impacto medioambiental, porque hay multitud de seres vivos directamente afectados por la forma en que usted se relaciona con este planeta. Los cereales cultivados para alimentar a sus pollos pueden haber sido producidos utilizando productos químicos y prácticas que degradan el suelo y desestabilizan los ecosistemas locales. Por tanto, cultivar su propio alimento o abastecerse de productos ecológicos es una forma de ser ético más allá de las puertas de su granja.

La defensa de la reestructuración y la mejora de la industria agrícola comercial es una de las cosas más importantes que puede hacer para extender sus brazos éticos más allá de los confines de su propiedad. Cambiar la forma en que cría las aves de corral es una poderosa forma de difundir la bondad entre especies, pero usted es solo un granjero en un grupo gigantesco. Para reformar el sector, necesita que mucha más gente se sume a su visión de la compasión. Su activismo es necesario para hacer cambiar de opinión a los ganaderos estancados en el statu quo del sector y para presionar a los legisladores y a los organismos reguladores a fin de que apliquen nuevas normas para un cambio sistemático.

Aunque no siempre es posible, intente en la medida de lo posible que sus animales y los productos que utiliza para la avicultura procedan de productores locales. La huella de carbono de abastecerse localmente es significativamente menor que la de los productos que llegan por barco. Además, es probable que apoye a las pequeñas empresas y a las economías locales que mantienen vivas las tiendas familiares. Si la ética se basa en las virtudes, también debe extenderse a la toma de decisiones económicas. Las decisiones que toma con sus compras repercuten en el medio ambiente y la sociedad, por lo que debe ser consciente de lo que compra y dónde lo compra.

No es necesario que defienda usted solo a sus amigos emplumados. Muchas ONG, OSAL y otras organizaciones activistas ya están trabajando para hacer del mundo un lugar mejor para los animales de granja. También puede unirse a comunidades en línea para amplificar el mensaje. Puede parecer desalentador, pero cuando usted se convierte en activo, su pequeña contribución añadirá impulso al movimiento, creando un rápido efecto de bola de nieve. Todo agricultor bondadoso debe ser un defensor del bienestar de los animales. Puede que quiera tratar bien a sus animales, porque tiene una conexión personal con ellos. Utilice esa empatía como fuerza motivadora, porque si comprende los vínculos que tiene con sus aves, debería poder concluir que otras aves de corral merecen lo mismo. Mientras haya aves que no experimenten la vida sin angustia que usted les proporciona, su trabajo no habrá terminado.

Capítulo 10: Más allá de lo básico: Razas raras y conservación

En este capítulo se adentrará en el fascinante mundo de algunas de las razas avícolas más raras. Descubrirá los entresijos que contribuyen a la rareza de estas aves, conocerá sus rasgos distintivos, sus cautivadoras historias y sus encuentros cercanos con la extinción. Además, explorará la importancia de la conservación y los esfuerzos que requiere.

Conozca las gemas raras

1. Dong Tao

Uno de los pollos más insólitos que se pueden ver es el Dong Tao, también llamado Pollo Dragón[19]

Uno de las gallinas más insólitas que se pueden ver es el Dong Tao, también llamada gallina dragón. Son bastante grandes, y los gallos pesan más de 12 libras, mientras que las gallinas pesan alrededor de 9 libras. El Dong Tao tiene las barbas y los lóbulos de las orejas de un color rojo brillante. Las plumas de las gallinas son blanquecinas, mientras que las de los gallos son rojas con el pecho negro. Sus gruesas y escamosas patas carmesíes pueden alcanzar la anchura de la muñeca de un hombre. Como las gallinas tienden a romper los huevos, se suele recurrir a la incubación mecánica para criar a los polluelos. Estas razas solo ponen huevos durante 2 o 3 meses y luego descansan un tiempo antes de volver a la carga. Por eso se las llama ponedoras cíclicas. Ponen hasta 60 huevos al año. Esta raza es tranquila, amistosa y de buen carácter. Estas gallinas poco comunes, apreciados como manjares en Vietnam, se criaban originalmente solo para consumo real. Hoy en día, una pareja de Dong Tao puede superar los dos mil dólares.

2. Sultán

Tab 41.

Esta rara raza puede encontrarse en tres colores: azul, blanco y negro[20]

Un Sultán es un espectáculo digno de admiración. Los corvejones de buitre, la cola larga, las alas caídas, los manguitos, la cresta de la cabeza, las narinas grandes y la cresta en V son solo algunos de sus exquisitos rasgos. Esta rara raza puede encontrarse en tres colores: azul, blanco y negro. La blanca es la raza más conocida y fácil de encontrar. La variedad azul es increíblemente rara. Estas gallinas, que datan del siglo

XIV en el Imperio otomano, se alojaban como aves decorativas en la residencia del sultán. En turco se las conoce como Serai Tavuk, que se traduce como "aves del palacio del sultán". Los gallos pueden pesar hasta 6 libras, mientras que las gallinas pueden pesar hasta 4 libras. También las hay de tamaño bantam, aún más raras. Como no son buenas ponedoras, las gallinas solo pueden poner dos huevos a la semana. Son estupendas gallinas domésticas y puramente ornamentales.

3. Brabanter

Se trata de una de las razas más antiguas, que data aproximadamente de 1676. Se desarrolló en la zona histórica de Brabante, de donde procede su nombre. Son bastante pequeños y pesan alrededor de 4 a 5 libras solamente. Las gallinas pueden pesar incluso menos. No son aves típicas. No tienen barbas, los orificios nasales son grandes y anchos, tienen barba y cresta. Las hay de varios colores: cuco, dorado y plateado. Pueden poner hasta 3 huevos grandes en una semana y les encanta vivir en libertad. Son aves inteligentes, amistosas, tranquilas y tímidas. Rara vez o nunca son infelices. Es fascinante observar que los entusiastas lograron salvar a estas gallinas de la extinción a principios del siglo XX. Sin embargo, siguen siendo bastante raras y necesitan esfuerzos de conservación.

4. La Fleche

Su nombre, que significa "flecha", procede de la localidad francesa de La Fleche, cercana a Le Mans"

La Fleche era un ave de mesa muy popular en el siglo XV. Su nombre, que significa "fleche", procede de la ciudad francesa de La Fleche, cercana a Le Mans. Esta gallina crece con bastante lentitud y tarda unos diez meses en crecer lo suficiente para ser vendido. Su lento crecimiento es la razón por la que esta maravillosa gallina se ha vuelto tan rara. Ponen unos tres huevos blancos grandes a la semana, es decir, una media de 180 huevos al año. Esta especie, conocida como la especie del diablo, tiene un aspecto peculiar con una cresta en forma de V. Los gallos pesan unos dos kilos. Las gallinas son demasiado pesadas para vivir en la ciudad: pesan más de 2,5 kilos. También les gusta volar un poco y deambular libremente. Aunque poco común, esta ave está empezando a repoblarse.

5. Old English Pheasant Fowl

El Old English Pheasant es una raza histórica inglesa de aves de corral[22]

El Old English Pheasant es una raza histórica inglesa de aves de corral. Procedía de diversas variedades de aves de corral de utilidad y antaño era bastante común en las granjas de Yorkshire y Lancashire. Muchos de estos antiguos tipos de aves faisán fueron absorbidos por la raza Hamburgo. Algunos aficionados a las aves buscaron por todo el país las que no habían sido absorbidas. Por eso, en 1914, las aves recibieron el nombre de Old English Pheasant fowl para garantizar su protección. Son razas enérgicas y huidizas a las que les encanta correr en libertad y no apreciarían en absoluto los espacios cerrados. Su plumaje es marrón y negro. El plumaje les sirve de camuflaje y les protege de los depredadores cuando están en libertad. Estas aves son buenas ponedoras y producen de 3 a 4 huevos a la semana y de 160 a 220 huevos de tamaño mediano al año. No son muy empollonas y son unas madres estupendas para sus polluelos. Debido a su rara naturaleza de doble propósito, es un ave ideal para las granjas.

6. Breda

Aparece en obras de arte que se remontan a 1660, donde se muestran como animales de granja[22]

Los Países Bajos albergan la histórica raza de gallinas Breda. Aparece en obras de arte que se remontan a 1660, donde se muestran como animales de granja. Se la conoce con muchos nombres, como cabezas de cuervo, Kraaikops y Guelderlands. Fueron muy populares en EE. UU. durante la guerra civil; sin embargo, perdieron popularidad hasta extinguirse por completo de EE. UU. en el siglo XIX. Los holandeses mantuvieron esta raza, pero su número también disminuyó rápidamente allí. Este pollo es amistoso y alerta, pero tranquilo. La libertad es una de sus cosas favoritas, y prefiere quedarse en casa después de sus paseos diarios. Con sus corvejones de buitre y sus patas plumosas, la Breda se mantiene erguida. Tiene muslos musculosos. Es capaz de dar un fantástico salto en pie cuando se sobresalta. Al carecer de cresta, se desenvuelve bien en zonas frías. Su cabeza contiene algunos mechones de plumas, aunque no son muy perceptibles. Tiene pequeñas barbas rojas y lóbulos de las orejas blancos. Sus narinas son grandes, como las del Brabanter.

7. Onagadori

Esta rara raza es famosa por su cola inusualmente larga[24]

El Onagadori se crió por primera vez en el siglo XVII en el distrito japonés de Kochi. Esta rara raza es famosa por su cola inusualmente larga. En 1952 fue considerada Tesoro Natural Nacional de Japón. La cola más larga registrada alcanzaba la asombrosa cifra de 27 metros. Solo la cola del gallo puede crecer tanto, ya que el plumaje de la gallina es similar al de otros pollos y no crece tanto. Lamentablemente, se calcula que solo existen 250 pollos en la actualidad, y se trata de una raza puramente ornamental. Las gallinas ponen entre 80 y 100 huevos marrones, pero no son ponedoras. Criarla requiere mucha experiencia. Solo querrá darle una oportunidad a esta rara ave si es un criador experimentado. Su gallinero y corral deben ser lo suficientemente grandes y mantenerse limpios. Sus perchas también deben colocarse altas para proteger su cola.

8. Burmese

La gallina bantam burmese es probablemente el más raro que existe en la actualidad. Lleva décadas al borde de la extinción. Llegó a considerarse extinto hasta que se descubrió una pequeña bandada en los años setenta. No era el ave más fértil, y tenía que criar con otras razas similares. Una de ellas es Barbu D'Uccles. Esta práctica revitalizó la raza, y la bandada ha seguido creciendo gradualmente. Los birmanos se consideran auténticos bantamanes y tienen una sola cresta con una pequeña cresta de plumas en la cabeza. Los gallos pesan unos 600 g y las gallinas más de 500 g. Sus patas son de color amarillo brillante con plumas, y tienen corvejones de buitre con plumaje blanco. Sus patas son inusualmente cortas, y está causado por un gen "trepador" que también provoca una alta mortalidad en los embriones. Esta es también la razón por la que esta ave se ha vuelto tan rara. Esta raza es bastante antigua, como se menciona en uno de los libros de Charles Darwin (La variación de plantas y animales bajo domesticación). Las gallinas ponen 3 pequeños huevos marrones a la semana y son excelentes madres de cría. En general, es un ave amistosa y tranquila que constituye una gran bandada de patio trasero.

9. Scots Dumpy

DUMPIES, BELONGING TO J. FAIRLIE, ESQ.

Estas aves son originarias de Escocia y son una raza en peligro de extinción[46]

Estas aves son originarias de Escocia y son una raza en peligro de extinción. Esta raza recibe su nombre del gen enredadera que les confiere unas patas realmente cortas. También se les conoce como rastreros o trepadores. Por desgracia, este gen ha causado muchas muertes de embriones. Antes de que se encontrara una pequeña bandada en Kenia y se trajera al Reino Unido, se creía que se habían extinguido en 1970. La Scots Dumpys es una raza de doble propósito a la que le encanta campar a sus anchas. Ponen unos 3 huevos a la semana y son excelentes madres. Existen cuatro variedades de color: gris plateado, negro, cuco y oscuro. Dado que está en peligro de extinción, esta rara raza necesita mucha protección.

10. Patos urraca

Estas aves activas y dóciles son decorativas, tienen grandes puestas de huevos y son conocidas por su carne[26]

Las urracas fueron reconocidas en 1977 por la APA (American Poultry Association). Pesan entre 4 y 4,5 libras y ponen huevos blancos de tamaño mediano a grande. Estas aves activas y dóciles son decorativas, tienen grandes puestas de huevos y son conocidas por su carne. También son conocidas por su plumaje blanco, con unas marcas específicas en la coronilla y el cuerpo (desde los hombros hasta la cola). Estas marcas suelen ser negras y azules. Algunos criadores han desarrollado otros colores, como el chocolate y el plateado. Es importante señalar que sus marcas no cambian de color cuando maduran; esto permite a los criadores elegir aves de utilidad y reproductores cuando son jóvenes. Si busca reproductoras, seleccione aves de patas fuertes y activas que procedan de familias de alta producción de huevos. Tenga en cuenta que su capacidad para poner huevos y el tamaño de estos están significativamente influenciados por las familias de alta producción.

11. Pavo Jersey Buff

El pavo Jersey Buff es un ave rara, llamativa y de color bufón con plumas negras, blancas y marrones. Es originario de la región del Atlántico medio y también se le conoce como pavo buff. En 1874, la American Poultry Association (APA) aprobó esta raza. Su peso oscila entre las 12 y las 21 libras. Las gallinas pesan alrededor de 12 libras, mientras que los machos pueden pesar hasta 21 libras. Estas aves pueden ser dóciles o agresivas. Las gallinas ponen huevos de color crema pálido a marrón medio con manchas. El pavo real es ideal para granjas de aficionados o a pequeña escala. Se crían principalmente para la producción de carne. Puede ser un ave costosa. Unas 16 libras. El pavo Jersey Buff puede ir por alrededor de $349.99. Su carne está muy solicitada.

12. Ganso Cotton Patch

Los machos son mayoritariamente blancos, mientras que las hembras son mayoritariamente de color gris tórtola a parduzco con variaciones blancas en sus plumas[47]

El Cotton Patch es un ave de tamaño ligero a mediano y de porte erguido. Tiene un cuerpo alargado y menos redondeado que otras razas como el ganso peregrino o el Shetland. El ganso Cotton Patch tiene la cabeza redondeada, los ojos azules, el pico y las patas de color rosa anaranjado. Tiene una panza mínima y, cuando está presente, un solo lóbulo. En la mayoría de los casos, los machos son mayoritariamente blancos, mientras que las hembras son mayoritariamente de color gris paloma a parduzco con variaciones blancas en las plumas. Los gansos pueden poner de 4 a 7 huevos por puesta. Los huevos son grandes y de color blanco. Los ánsares pueden pesar entre 9 a 12 libras, mientras que los gansos pesan entre 8 a 10 libras. Estas aves son grandes voladoras, lo que les ayuda a escapar de los depredadores, pero eso puede no ser una gran cualidad para algunos criadores. Estas aves son grandes buscadoras de comida y, gracias a su pequeño tamaño, pueden sobrevivir a un clima extremadamente caluroso.

13. Patos de Sajonia

Los patos de Sajonia son aves maravillosas y fáciles de llevar que se adaptan a todo tipo de entornos[28]

Los patos de Sajonia son aves maravillosas y fáciles de llevar que se adaptan a todo tipo de entornos. Sus huevos son extragrandes y pueden ser de color blanco o azul verdoso. Son aves grandes y polivalentes que pueden pesar entre 6 a 8 libras. Una de sus mejores cualidades es su carácter tranquilo y dócil. Los patos de Sajonia son magníficos buscadores de comida y reducen el número de caracoles y babosas de su entorno.

14. Pavo KellyBronze

La carne de pavo KellyBronze es una de las más caras y es muy apreciada por los chefs famosos. Se vende a unos 12 dólares la libra, lo que significa que un ave completamente adulta puede costar unos 300 dólares. Tiene una carne delicada y húmeda. Se cocina en la mitad de tiempo que un pavo normal y es jugoso por naturaleza. Si se les deja forrajear por sí mismos y vagar libremente, producirán esa carne tan codiciada. Es una raza de crecimiento lento y tarda mucho tiempo en alcanzar el peso adecuado. Su madurez influye mucho en el sabor. Las gallinas ponen huevos en primavera y solo lo hacen durante 10 semanas.

Conservación: Por qué es importante

La conservación de las razas avícolas tiene múltiples implicaciones ecológicas. Está relacionada principalmente con la sostenibilidad medioambiental, la biodiversidad y la conservación de los recursos genéticos. He aquí una lista de algunas consideraciones clave:

Sostenibilidad medioambiental

Las razas avícolas han evolucionado en distintas zonas geográficas y se han adaptado a diversos entornos. Es necesario conservar estas razas para que el sector siga siendo resistente a los retos medioambientales, como el cambio climático. También es esencial comprender que algunas de estas razas tradicionales pueden haber desarrollado resistencia a ciertas enfermedades. Estos rasgos solo pueden conservarse si se cuidan estas especies.

Preservación de la biodiversidad

La conservación de varias razas avícolas ayuda a mantener un acervo genético diverso. Esto es especialmente importante para luchar contra enfermedades, cambios medioambientales u otros problemas. Este grupo diverso también contribuye a la biodiversidad general de la agricultura. Es muy importante para el ecosistema en general, ya que estos sistemas agrícolas diversos sustentan a muchos otros organismos como insectos, plantas, hongos, etc.

Prácticas agrícolas sostenibles

Las razas autóctonas de aves de corral desempeñan un papel muy importante en las prácticas agrícolas sostenibles, ya que no requieren insumos externos como dietas especiales o medicamentos, lo que conduce a un sistema agrícola sostenible y respetuoso con el medio ambiente. Además, mantener una variedad de razas avícolas puede evitar la dependencia excesiva de ciertas razas altamente especializadas. La diversidad puede reducir el impacto de la avicultura industrial a gran escala.

Conservación cultural y del patrimonio

Muchas razas avícolas tienen un significado local y cultural. Al preservar estas razas, se mantiene la conexión entre la gente y su historia agrícola. También ayuda a sostener las economías locales, especialmente en zonas donde la raza tradicional tiene un impacto significativo en el sustento de esas comunidades.

Educación y sensibilización

Puede destacar la importancia de las prácticas agrícolas sostenibles y la biodiversidad para concienciar a amigos, agricultores, responsables políticos y al público en general.

Cómo participar

También puede aprender cómo puede ayudar y hacer esfuerzos activos para la conservación del medio ambiente. Es una responsabilidad colectiva cuidar del hábitat de la fauna salvaje para garantizar que no se perjudique a todas las especies amenazadas. Todo el mundo debe tomar medidas conscientes para garantizar que se da prioridad a sus intereses. He aquí cómo puede participar:

1. Conocer las especies amenazadas de su región

El primer paso para conservar el medio ambiente es aprender sobre la asombrosa fauna que le rodea. Debe encontrar todo lo que pueda sobre las especies amenazadas de su región y aprender qué las hace interesantes y por qué son tan importantes. El mundo natural ha proporcionado beneficios, como aire limpio, alimentos, agua e incluso medicinas. Es su deber devolvérselo y proteger el medio ambiente.

2. Retribuir mediante el voluntariado

Haga todo lo posible por visitar y trabajar como voluntario en parques naturales. Los espacios protegidos mantienen a salvo la fauna autóctona, incluidas plantas, aves y peces. La mejor forma de proteger las especies en peligro es proteger el medio ambiente. Estos lugares tan dedicados crean muchos puestos de trabajo relacionados con la vida salvaje para miles de personas y ayudan a las empresas a apoyar el medio ambiente.

3. Convierta su patio en un lugar apto para la vida salvaje

Debe hacer todo lo posible para que su casa sea un espacio seguro para la fauna salvaje. Mantenga cerrados los cubos de basura. Encierre a sus mascotas por la noche y déles de comer dentro para evitar atraer a los animales salvajes. También debe esforzarse por desinfectar los baños de las aves para evitar la transmisión de enfermedades. Lamentablemente, un gran número de aves mueren a consecuencia de colisiones con las ventanas. También puede reducir el número colocando calcomanías en sus ventanas.

4. La fauna autóctona confía en las plantas autóctonas

Debe hacer todo lo posible para que las plantas autóctonas crezcan plenamente. Puede polinizar sus plantas atrayendo abejas y mariposas. Por desgracia, la propagación de especies alóctonas ha afectado considerablemente a las poblaciones autóctonas de todo el mundo. Estas especies suelen ser invasoras y compiten con las autóctonas por el hábitat y los recursos. También pueden llevar a la extinción a las especies autóctonas circundantes.

5. Evitar los pesticidas

Aunque los insecticidas y herbicidas pueden mantener su jardín sano y con buen aspecto, su contenido es muy perjudicial para la fauna. Estas sustancias químicas tardan mucho tiempo en degradarse y pueden acumularse en el suelo, afectando a la cadena alimentaria. Depredadores como búhos, coyotes y halcones también pueden resultar dañados si consumen presas envenenadas. Hay que tener en cuenta que los anfibios son especialmente vulnerables a estos contaminantes y pueden sufrir mucho si se exponen a altos niveles de plaguicidas.

6. Conduzca con responsabilidad

Conduzca con cuidado y por debajo del límite de velocidad para no dañar a los animales salvajes. Las carreteras son especialmente peligrosas para la fauna salvaje.

7. Recicle

Preste atención a lo que consume y recicle siempre. Haga un esfuerzo por comprar productos reciclados y sostenibles para reducir su huella de carbono. Nunca compre muebles fabricados con madera procedente de la selva tropical. Además, el mineral utilizado en los teléfonos móviles y otros aparatos electrónicos se extrae en hábitats de gorilas; por eso es importante reciclar sus teléfonos móviles y otros aparatos. Además, intente limitar el uso de aceite de palma, ya que se están destruyendo hábitats de tigres para hacer más sitio a las plantaciones.

8. No interfiera con la fauna

Interferir con la fauna salvaje disparando, atrapando o forzando su cautividad es ilegal y puede llevar a la extinción de especies en peligro. Si se encuentra con alguien haciendo alguna de esas cosas, póngase en contacto con la oficina local de protección de la fauna salvaje.

9. No compre productos elaborados a partir de especies amenazadas

No hace falta decirlo, pero nunca compre nada fabricado con una especie en peligro de extinción. Ir de viaje al extranjero es una experiencia estimulante, y da ganas de coleccionar recuerdos. Sin embargo, evite todo lo que esté hecho con caparazón de tortuga, coral o marfil. Tampoco compre nunca productos fabricados con especies en peligro de extinción, como tigres, nutrias marinas, osos polares, piel de cocodrilo o loros.

10. Proteja los hábitats

Los hábitats de la fauna salvaje se destruyen rápidamente, lo que supone una grave amenaza para muchas especies. La mejor manera de proteger a las especies amenazadas es proteger el lugar donde viven. Deben tener acceso a recursos para criar a sus hijos y encontrar alimento y refugio. Haga una petición a las autoridades locales si se entera de que hay prospecciones de petróleo y gas, talas y sobrepastoreo cerca de la fauna salvaje.

Conclusión

Dar el primer paso para poner en marcha una granja avícola puede que no sea el más difícil, pero sí el más desalentador. Saltar a lo desconocido siempre da miedo. Ahora tiene los conocimientos básicos que necesita para empezar. Recuerde que debe adaptar las aves que quiere criar a su propiedad. No todas las aves se adaptan bien a todos los entornos. Por lo tanto, debe crear una vivienda adecuada que satisfaga todas sus necesidades. Por ejemplo, si cría patos, necesita una masa de agua cercana. Si tiene gallinas o pavos, necesitan mucho espacio para moverse y lugares donde posarse.

Desde la nutrición hasta la salud y el bienestar de sus animales, usted está bien preparado para embarcarse en este asombroso viaje. Tanto si cría aves de corral para alimentarse como si lo hace por afición, ocuparse del ganado no es un juego de niños. Una vez que su granja sea productiva y obtenga esa primera cosecha de plumas o recoja esa docena inicial de huevos, la alegría que sentirá no tendrá rival. Sin embargo, la vida de un avicultor tiene muchos altibajos. Hay que prepararse para un viaje salvaje. Una enfermedad puede propagarse por la bandada o un depredador puede arrasar las jaulas. Hay que ser resistente y estar lo bastante preparado para encajar algunos golpes por el camino.

La agricultura nunca puede ser egoísta. Está dedicando tu tiempo y esfuerzo al bienestar de animales indefensos. En comparación con los perros y gatos domésticos, a menudo se infravalora la conexión que se puede cultivar con otras especies. A medida que pase tiempo con sus aves, empezará a fijarse en su comportamiento y sus personalidades únicas. Puede que incluso desarrolle un vínculo con algunos que se convertirán en sus favoritos. Este vínculo debería inspirarle a actuar dentro de los límites de las prácticas éticas e incluso a tomar medidas en aras de la conservación. Dado que la Tierra sustenta toda la vida, debe cuidarla como cuida de sus aves. Si cría especies protegidas, recuerde que pesa sobre sus hombros una gran responsabilidad. También debe asegurarse de funcionar dentro de los marcos legales para no meterse en líos.

Transformar su granja, patio, parcela o explotación comercial en un paraíso avícola requiere mucho esfuerzo. Meterse en la tierra es emocionante y puede despertar algo primitivo en usted. Si las cuida bien, sus aves respetarán sus esfuerzos y le devolverán el favor con creces. Buena suerte en su aventura avícola, y tómese su tiempo para refrescar su mente con los consejos y técnicas que encontrará a lo largo de este libro siempre que se sienta perdido o confuso.

Segunda Parte:
Guardianes del ganado

Cómo utilizar llamas, burros, perros y otros animales para salvaguardar su rebaño y su propiedad

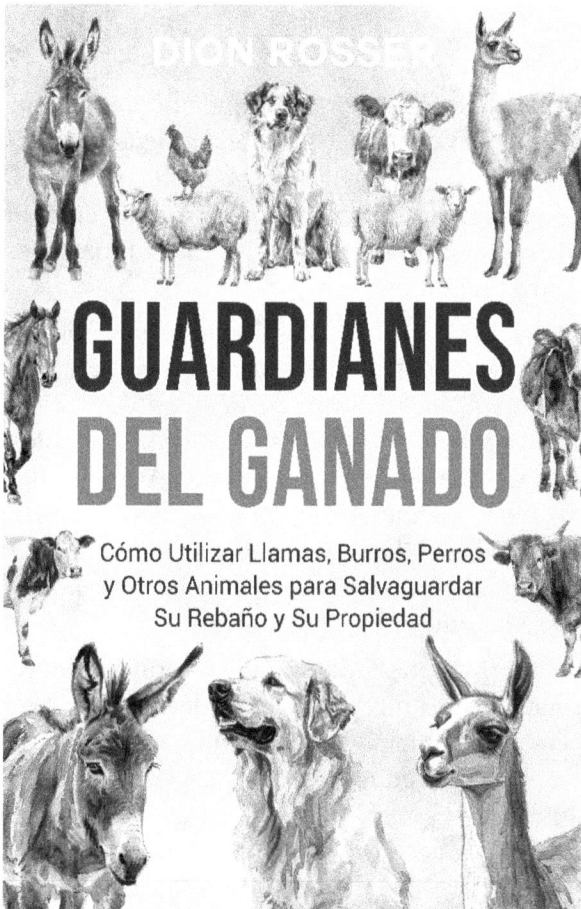

DION ROSSER

GUARDIANES
DEL GANADO

Cómo Utilizar Llamas, Burros, Perros
y Otros Animales para Salvaguardar
Su Rebaño y Su Propiedad

Introducción

Los depredadores pueden convertirse rápidamente en la pesadilla de un granjero. Perder un animal aquí y allá suma y sigue, por no hablar de los golpes devastadores cuando un intruso no bienvenido arrasa con la mayor parte de su rebaño. Los granjeros libran una eterna batalla contra los depredadores, y una de las soluciones más humanas es recurrir a la ayuda de un animal guardián.

Las imágenes del perro guardián galopando por colinas idílicas traen visiones nostálgicas de tiempos más sencillos. Los perros o los gatos son siempre los primeros que vienen a la mente, y con razón, porque son muy eficaces. Sin embargo, numerosas especies animales son grandes guardianes, incluidos los burros y las llamas. Además, hay multitud de razas de perros entre las que elegir, por lo que decidirse por la mejor podría dejarle la cabeza dando vueltas. Además, los perros pueden convertirse rápidamente en intrusos, causando los mayores riesgos para su ganado si no se les adiestra y cuida con esmero.

Este libro le proporciona toda la información que necesita sobre los animales guardianes. Esto incluye las consideraciones éticas y legales - y qué razas, especies y condiciones son las más adecuadas para la granja o la finca que está construyendo. Elegir a ciegas un animal guardián puede ser desorientador. Por ello, se presenta una guía de información teórica y consejos prácticos para guiarle hacia el éxito de su granja.

Algunos métodos de control de depredadores, como el envenenamiento o el trampeo, pueden ser inhumanos y causar un sufrimiento indebido. El veneno puede volver tóxico el ambiente que le rodea y matará animales que no estaba destinado a matar, mientras que las trampas pueden mantener al depredador en un dolor prolongado. Aunque los guardianes del ganado atacan y matan a los depredadores, son una opción más humana porque mantienen alejados a los depredadores, lo que mantendrá su población en la naturaleza.

El encuentro del hombre con la naturaleza no tiene por qué ser desastroso. Creando un sistema cohesivo que incluya a sus animales de guarda, puede construir una granja ética y productiva que cumpla y supere las normas reglamentarias y sea respetuosa con el medio ambiente. Los vínculos que cree entre su rebaño y los animales de guarda son las relaciones mutuamente beneficiosas que ponen de relieve cómo los seres humanos y la naturaleza pueden coexistir de forma productiva. El satisfactorio viaje de establecer su granja de forma que mantenga a salvo a sus animales y maximice su bienestar le recompensará tanto mental como económicamente.

Seguir una orientación adecuada le permitirá estar tranquilo sabiendo que sus animales están protegidos. Adquirir las habilidades y conocimientos que le proporciona este libro le convertirá en un granjero mucho mejor. Desde consideraciones médicas hasta nutrición y hábitat, se cubren todas las bases para convertirle en el mejor propietario de animales de guarda. No lo dude. Sumérjase en este libro y libere todo su potencial como cuidador de ganado. Usted es la primera línea de protección de sus animales, pero eso no significa que no necesite algo de ayuda en el camino. Las patas o pezuñas de ayuda perfectas están al alcance de su mano si siente la curiosidad suficiente para adentrarse en el mundo de los cuidadores de ganado.

Capítulo 1: El papel del guardián

Este capítulo aborda el papel esencial de los animales guardianes en la protección del ganado y la propiedad y cómo contribuyen a la seguridad general. Encontrará un breve resumen del uso histórico de los animales guardianes, que comenzó esencialmente con la domesticación de los lobos y la iniciación de los perros en los sistemas policiales y militares. Explorará la evolución del papel de los animales de guardia a lo largo del tiempo, descubriendo las ventajas de este método de gestión de predadores. Por último, conocerá las consideraciones éticas y legales relativas al uso de animales guardianes.

Uso histórico y evolución de los animales guardianes

Hace unos 40.000 años, los humanos advirtieron un increíble potencial en los lobos. Este animal es fuerte, inteligente y capaz de cazar. Se dieron cuenta de que los lobos se volverían más adiestrables, amistosos y receptivos a los humanos domesticándolos. Esto permitiría al animal domesticado utilizar sus instintos territoriales y de caza para proteger a los humanos y mantener a salvo sus pertenencias. Al igual que los perros modernos, los lobos siempre han utilizado el ladrido para advertir a su manada de un peligro inminente.

Hace unos 40.000 años, el hombre domesticó a los lobos[30]

Las primeras investigaciones sugieren que los humanos separaron a los cachorros de lobo de sus manadas y los adiestraron para realizar diversas tareas. Sin embargo, esta teoría es poco probable porque el animal es prácticamente imposible de adiestrar. A menos que consiguieran socializar a los cachorros cuando apenas tenían 19 días, los animales nunca les habrían respondido. Adiestrar a un animal joven también es agotador; es poco probable que los primeros humanos cazadores-recolectores - cuyo único objetivo era la supervivencia - se hubieran tomado el tiempo necesario para este proceso.

Otra teoría es que los restos de comida y demás parafernalia dejada alrededor de los primeros asentamientos humanos atrajeron a los lobos a la zona. Los lobos tienen una inclinación natural a rebuscar, cazar y buscar comida. Aunque estos asentamientos habrían constituido sin duda una fuente de alimento apetecible, los lobos también tienen miedo por naturaleza a los humanos y a las fuentes potenciales de peligro.

Cada vez que un animal salvaje percibe la presencia de un humano o de otra entidad potencialmente peligrosa, entra en acción su instinto de "distancia de huida". Este instinto se refiere al instinto de cada animal de permitir que una fuente de peligro percibida se acerque a ellos antes de huir. Es razonable creer que los lobos con una distancia de huida débil acabaron siendo domesticados, ya que tener una distancia de huida débil significa que son más sociables que sus congéneres. Eran más propensos a relacionarse con los humanos y a pasar más tiempo físicamente cerca de ellos. Aunque esta teoría no está confirmada, ha sido apoyada por experimentos científicos relativos a la domesticación de zorros.

Perros mesopotámicos

Independientemente de los tecnicismos, los perros, tal y como los conocemos hoy en día, existen porque los humanos de distintos rincones del mundo reconocieron el potencial de los lobos. Las pruebas de que los humanos utilizaban perros como guardianes se remontan a la antigua Mesopotamia. La leyenda y el folclore nativos hablan de grandes razas de animales que custodiaban el ganado local. En el arte mesopotámico no solo abundan los perros, sino que también se sabe que protegían los hogares y el ganado de los depredadores, especialmente de los lobos más pequeños. También se tallaban perros en amuletos protectores.

Los venerados perros del antiguo Egipto

Los perros también eran sagrados para los antiguos egipcios. Tenían un significado religioso porque estaban asociados con Anubis, el dios de los muertos. A Anubis se le representaba con cuerpo humano y cabeza de perro. También era común tener perros como mascotas por su naturaleza protectora y sus habilidades para la caza, además de ser una gran fuente de compañía. Los antiguos egipcios lloraban formalmente la muerte de sus perros, lo que significa aún más su reverencia.

El primer uso oficial de los perros guardianes

La mitología de la antigua Grecia es quizá la prueba más sólida del papel protector de los perros en aquella época. Según la tradición, Hades, el dios del inframundo, empleó a Cerbero, un perro de tres cabezas, para vigilar las puertas de su reino. El mundialmente conocido filósofo ateniense Platón también empleaba con frecuencia a los perros como ejemplos filosóficos. Destacó sus funciones naturales como cazadores y protectores leales y explicó en su obra *La* República que los animales inteligentes pueden distinguir fácilmente entre amigos y enemigos.

Los molosos, la antigua tribu griega que vivía en Epiro, son conocidos por su papel en la cría de perros molosos. La raza Moloso se utilizaba para vigilar pastos y hogares, y aunque ahora está extinguida, es el antepasado de la raza Mastín. La raza canina también servía como guardián personal e incluso a veces se desplegaba en el campo de batalla junto a los guerreros.

Molosos romanos

Los antiguos romanos también utilizaban habitualmente perros guardianes para proteger sus hogares y pertenencias. Los arqueólogos encontraron pruebas en la antigua ciudad de Pompeya que insinúan el papel de los perros en el Imperio romano. Uno de los artefactos era una obra de arte en mosaico con un enorme perro negro y un texto traducido como "Cuidado con el perro". También se encontraron piezas de advertencia similares, junto con los restos de un perro que estaba encadenado a un templo.

A medida que el Imperio romano se expandía y las prácticas culturales se extendían a diferentes partes del mundo, la idea de utilizar perros guardianes también se hizo más popular. Los romanos introdujeron molosos en las zonas que conquistaban, lo que dio lugar a la cría de más perros mastín en la región. En ese momento, sin embargo, la gente no conocía la diferencia entre las distintas razas de perros.

El Rottweiler alemán

Con una reputación peligrosa y siendo notorios por sus mordeduras increíblemente poderosas, los Rottweiler alemanes se encuentran entre los perros guardianes más populares hoy en día. Fueron de las primeras razas de perros guardianes que existieron. Históricamente se utilizaban para pastorear el ganado y proteger las preciadas pertenencias de sus dueños. Aunque se considera una raza peligrosa, el Rottweiler es un buen animal guardián porque puede formar lazos y compañerismo con humanos y otros animales, puede ser controlado y es muy inteligente.

Los Rottweiler alemanes se encuentran entre los perros guardianes más populares hoy en día[81]

También se solían utilizar razas de perros similares para proteger hogares y propiedades. Los italianos también adiestraron a la raza Cane Corso para proteger y pastorear el ganado y cazar depredadores. Los perros de tipo moloso se utilizaban generalmente para el entretenimiento, como las peleas de perros. Aunque estas actividades son muy poco éticas, ponen de relieve rasgos como la agresividad controlada y la tenacidad, necesarios en la guardia de animales.

La aparición de más razas de perros

Durante el siglo XIX surgieron más razas de perros, entre ellas el pastor alemán. Científicos y criadores criaban perros para desarrollar razas que, en última instancia, tuvieran todos los rasgos que deseaban en un perro. Algunos se esforzaron por crear razas completamente nuevas, mientras que otros simplemente querían mejorar las ya existentes.

En la década de 1920, por ejemplo, el argentino Dr. Antonio Nores Martínez quería crear un excelente cazador que pudiera servir como eficaz guardián familiar. Cruzó varias razas, incluidos Bull Terriers, Mastines, Gran Daneses e incluso el Perro de Pelea de Córdoba - que ya no existe - hasta que creó el Dogo Argentino. Este perro fue prohibido en el Reino Unido debido a sus altos niveles de agresividad.

La creación del Dóberman Pinscher, que hoy sigue siendo uno de los perros de protección más eficaces, es otra historia interesante. El desarrollo de esta raza comenzó cuando un recaudador de impuestos alemán estaba desesperado por tener un animal guardián que le acompañara en el trabajo. Cruzó Beaucerons, Galgos, Rottweilers, Pinschers alemanes y Weimaraners para dar con el animal guardián perfecto para sus necesidades.

El desarrollo de los programas de perros policía

A medida que se reconocían más razas de perros, la policía y el ejército reconocieron el potencial de ciertas razas de perros impulsivos, altamente protectores, tenaces e inteligentes. Los departamentos de policía de distintas partes del mundo empezaron a llevar a cabo programas de adiestramiento canino a principios del siglo XX. Las razas más comunes utilizadas en estos programas fueron los perros pastor belga, holandés y alemán.

Reconocer la oportunidad del adiestramiento de perros

El increíble papel que desempeñan los perros policía y militares llamó la atención de muchas personas, que se preguntaron si los perros guardianes podrían emplearse con fines similares en el sector privado.

En las últimas décadas, la idea de utilizar un perro guardián u otro animal protector se ha sistematizado.

La gente busca diferentes tipos de perros para fines distintos, como la protección de la familia, la propiedad o el ganado. Los perros se encuentran entre los animales guardianes más populares porque son relativamente fáciles de adiestrar. Cuando se trabaja con perros, se pueden reforzar los comportamientos deseables y conseguir que abandonen los negativos. El adiestramiento y la orientación, combinados con el vínculo natural que crearán con usted, su familia y su ganado, les permitirán desempeñar sus funciones con eficacia. El temperamento de la raza también influye en lo aptos que son para el fin al que están destinados.

La idea de utilizar otros animales, como llamas, alpacas, burros e incluso patos, para proteger ciertos tipos de ganado de determinados tipos de depredadores también está ganando popularidad hoy en día.

Las ventajas de utilizar un animal guardián como método de gestión de predadores

Los perros guardianes y otros animales como llamas, alpacas y burros se han utilizado durante siglos para proteger el ganado y la propiedad de depredadores, intrusos y otras amenazas potenciales. Dependiendo de la naturaleza del animal guardián y del ganado que protegen, los guardianes, especialmente los perros guardianes, suelen considerar al ganado que protegen como compañeros. Aprenden a protegerlos por cariño, algo que el ganado también reconoce y a lo que responde.

¿Por qué los guardianes protegen al ganado?

Otros animales guardianes (como las alpacas, los burros y las llamas) no suelen preocuparse por el ganado que protegen. Prefieren proteger al rebaño porque desprecian a un depredador potencial o lo perciben como una fuente desconocida de peligro potencial. Adiestrar a un animal guardián requiere socializarlo con el ganado que va a proteger. El proceso de socialización permite al guardián familiarizarse con el rebaño o manada. De este modo, el ganado se vuelve aceptable para el guardián y deja de percibirlo como potencialmente peligroso o incómodo. Sin embargo, cuando se acerque un depredador desconocido, el animal guardián se dejará llevar por sus instintos y reaccionará en consecuencia.

Independientemente de si el animal guardián protege al ganado por cuidado o por mera familiaridad, hará su trabajo. Dicho esto, comprender las diferencias entre los mecanismos de cada especie para proteger al ganado le permitirá elegir el animal adecuado para sus necesidades. El uso de guardianes del ganado es uno de los pocos métodos no letales de gestión de depredadores, razón por la cual es cada vez más popular. Favorece la coexistencia de las especies, algo crucial para mantener un ecosistema sano. El uso de guardianes de ganado también reduce la necesidad de métodos letales y brutales de control de depredadores.

¿Cómo funciona?

Utilizar animales guardianes como los perros es un método de control eficaz porque el animal señala su presencia en lugar de matar a los depredadores. Señalizar se refiere a utilizar el olor y la comunicación vocal para marcar el territorio de un animal. Cuando depredadores potenciales como zorros y perros salvajes reconocen que el guardián habita en un lugar determinado, los depredadores evitarán ir allí para que no se produzca un conflicto. Si el depredador decide ignorar la señal y dirigirse de todos modos al territorio marcado, el animal guardián mostrará signos de agresividad y atacará al depredador en caso de que persista. El ganado sabe que si huye, el depredador lo percibirá como un objetivo más atractivo, por lo que simplemente se agrupa detrás de su guardián, permitiéndole hacer su trabajo.

Cuando se emplean correctamente, los animales guardianes pueden resultar muy útiles para proteger a los depredadores, así como a animales como los canguros y los ciervos. Aunque consiguen deshacerse de los depredadores sin matarlos, no los empujan a tierras cercanas. Los depredadores suelen liberar por completo el territorio marcado, lo que crea un espacio seguro para que el ganado paste y deambule.

Cosas a tener en cuenta

Cuando se plantea conseguir un perro u otro animal guardián para proteger su ganado, a muchos les preocupa que el guardián pueda acosar o incluso dañar al rebaño. Esto, sin embargo, no es cierto. Este método de control de predadores es eficaz cuando los propietarios se aseguran de que hay suficientes animales guardianes para el tamaño de la propiedad y el número de cabezas de ganado. También deben tener en cuenta la naturaleza del terreno, el tipo de vegetación, las especies y el número de depredadores, así como el tipo de terreno y de ganado.

Recuerde que su animal guardián es una entidad viva, no un robot. Al igual que todos los empleados necesitan entornos de trabajo saludables y una compensación adecuada, su animal necesita ser recompensado por sus esfuerzos. Necesita ser adiestrado y guiado para que pueda prosperar en su trabajo. No debe tratar al animal como a una mascota doméstica ni descuidarlo por completo. Debe asegurarse de que se satisfacen las necesidades físicas y psicológicas del animal guardián. Proporcionar al animal guardián los cuidados adecuados garantiza su salud y longevidad y le permite realizar su trabajo con eficacia.

Recuerde que, al principio, tendrá que invertir mucho tiempo, esfuerzo y dinero en su animal guardián. Sus inversiones, sin embargo, se amortizarán con el tiempo, con menos amenazas de depredadores y más tranquilidad. Si decide que ya no necesita al animal guardián, también puede venderlo para obtener beneficios más adelante.

Al elegir un animal guardián, debe saber que cada uno tiene *sus propias limitaciones*. Algunos animales requieren más adiestramiento y mantenimiento que otros. Otros requieren más apoyo y refuerzo positivo. Si necesita una solución rápida a su problema, no debería optar por un perro porque requieren mucho adiestramiento y apoyo. Por ejemplo, si busca un animal guardián de bajo mantenimiento, un burro guardián no sería su apuesta más segura.

Las recompensas que puede obtener de mantener un animal guardián no tienen un precio bajo. Por eso, al explorar sus opciones, debe considerar la cantidad de tiempo, esfuerzo e inversión financiera inicial que está dispuesto a hacer y el nivel de mantenimiento y apoyo que está dispuesto a proporcionar al animal con el tiempo.

Consideraciones éticas y legales

Si planea tener un animal de guardia, recuerde que la ley puede considerarlo peligroso, dependiendo de su ubicación y del tipo de animal. Por ejemplo, los perros guardianes, incluso después de jubilados, se consideran peligrosos según la Ley de Animales Domésticos de 1994. Debe cumplir ciertos reglamentos y condiciones cuando tenga un animal de guardia; de lo contrario, es probable que se le impongan sanciones por incumplimiento.

Tenga en cuenta que las siguientes normativas pueden variar en función de su lugar de residencia, por lo que debe consultar a las autoridades locales antes de adquirir un perro guardián. No obstante, las siguientes son las normas y sanciones por incumplimiento más comunes:

- Si su perro guardián ataca a alguien, puede ser encarcelado de 5 a 10 años en virtud de la Ley de Delitos de 1958.
- Debe notificar a las autoridades la ubicación de su animal guardián.
- Debe seguir los requisitos de cercado aplicables.
- Siempre debe llevar al animal con collar, correa y bozal cuando lo acompañe fuera de la propiedad.
- Si planea vender o dar en adopción al animal, los posibles compradores o adoptantes deben ser notificados de que el animal es peligroso. Esto también debe constar por escrito.
- Si el propietario del animal es menor de 18 años, el tutor del propietario será considerado el propietario legal del animal.
- A algunos animales de guardia se les debe implantar un microchip ISO de acuerdo con la normativa vigente.
- Las autoridades responsables deben recibir el número de identificación del chip, junto con otra información requerida.
- Los animales de guardia deben llevar siempre un collar prescrito y reflectante que pueda reconocerse a distancia. El collar suele ser rojo y amarillo y tener entre 2 y 3 centímetros de ancho.
- Debe colocar carteles que alerten a los visitantes y transeúntes de que tiene un animal peligroso en su propiedad. Los carteles deben ser claros, duraderos, reflectantes y colocarse en todas las entradas de la propiedad.
- Si su perro no está vigilando una propiedad no residencial, debe mantenerse en un recinto seguro que impida que se escape.
- Solo los propietarios legales del animal deben tener acceso al recinto.
- El recinto debe ser espacioso, para que el animal disponga de espacio suficiente. También debe estar provisto de un techo, un desagüe, una zona para dormir resistente a la intemperie, paredes y una puerta con cerradura.

- Consulte a las autoridades locales los detalles y requisitos para la construcción del recinto. No obstante, los requisitos habituales para un cercado para perros peligrosos son que debe tener al menos 2,63 pies de altura y estar hecho de madera, ladrillo, hierro, hormigón o cualquier otro material resistente mezclado con malla de cadena. Debe realizar un mantenimiento regular del cercado para asegurarse de que no se debilita o daña con el tiempo, comprometiendo la seguridad de su perro o dándole una vía de escape. Todas las puertas deben estar cerradas con llave mientras el perro esté de guardia.

- Debe notificar a las autoridades locales si su mascota peligrosa desaparece, es adoptada o vendida, o su propietario cambia por cualquier motivo, o si usted se muda a otra casa o traslada a la mascota. *En la mayoría de los casos, debe informar de estos cambios a la entidad pertinente en un plazo de 24 horas.*

Después de leer este capítulo, debería entender mejor lo que significa tener un animal de guardia protegiendo su propiedad o su ganado. Los animales de guardia pueden ser un excelente método no letal de control de depredadores cuando se utilizan correctamente. La eficacia de esta técnica depende de la elección del animal y de lo bien que se adapte a sus objetivos y recursos personales, junto con la forma en que se vincule y proteja a su ganado y el tipo y número de depredadores de la región. También hay algunas cuestiones éticas y legales que debe tener en cuenta a la hora de adquirir un animal de guarda. De este modo, evitará meterse en problemas y se asegurará de que su animal está psicológica y físicamente preparado para cumplir su función con eficacia.

Capítulo 2: Comportamiento de los depredadores y estrategias de control

En estos intrincados ecosistemas, el comportamiento de los predadores desempeña un papel fundamental en la configuración de la dinámica de las comunidades naturales. Los depredadores son un componente integral del ecosistema y muestran una fascinante variedad de comportamientos perfeccionados por los procesos evolutivos para garantizar su supervivencia y su éxito como cazadores. Desde las intrincadas estrategias de caza hasta el establecimiento de territorios, el comportamiento de los depredadores es una compleja interacción de instinto, adaptación e influencia ambiental. Este capítulo explora los aspectos fundamentales del comportamiento de los depredadores, tratando de desvelar los misterios de cómo estas criaturas navegan por sus entornos, seleccionan y persiguen a sus presas y establecen sus funciones dentro del delicado equilibrio de los ecosistemas.

Zorro cazando un topo[82]

Depredadores comunes que hay que conocer

Zorro ártico (Vulpes lagopus)

Los zorros árticos tienen un pelaje espeso que cambia de color con las estaciones, lo que les ayuda a mimetizarse con su entorno nevado. Tienen una complexión compacta y una cola tupida para mantener el equilibrio. Además, estos animales están muy adaptados a los ambientes fríos. Los zorros árticos son conocidos por su inteligencia e ingenio. Son omnívoros oportunistas, buscan comida cuando es necesario y se alimentan principalmente de pequeños mamíferos, aves e insectos. Utilizan su agudo sentido del oído para localizar a su presa bajo la nieve y luego se abalanzan sobre ella para atraparla. Estos zorros pueden ser visitantes esperados si vive en zonas con fuertes nevadas.

Tigre de Bengala (Panthera tigris tigris)

Los tigres de Bengala son grandes y musculosos, con un característico pelaje naranja marcado por rayas negras. Tienen mandíbulas poderosas y garras retráctiles. Solitarios por naturaleza, los tigres de Bengala son territoriales y pueden ser nocturnos y diurnos. Son fuertes nadadores y trepadores. Los tigres son depredadores de emboscada, que confían en el sigilo y la fuerza para acercarse a su presa antes de lanzar un poderoso ataque. Sus presas preferidas incluyen ciervos, jabalíes y, a veces, animales más grandes como el búfalo. Estos tigres pueden alimentarse del ganado que se cría cerca de su hábitat.

Águila real

Las águilas reales son grandes rapaces con distintivas cabezas y colas blancas, un pico puntiagudo y afiladas garras. Tienen poderosas alas para elevarse. Conocidas por su aguda vista, las águilas reales son cazadoras y carroñeras oportunistas. Suelen encontrarse cerca de grandes masas de agua. Las águilas calvas cazan principalmente peces, utilizando sus poderosas garras para arrancar presas del agua. También se alimentan de ganado, aves acuáticas y carroña carroñera. Siempre puede esperar que las águilas calvas y otros carnívoros voladores ataquen aves de corral, conejos y otros animales más pequeños que puedan cazar fácilmente.

Guepardo (Acinonyx jubatus)

Los guepardos son esbeltos y están hechos para la velocidad, con unas distintivas rayas negras lacrimógenas en la cara. Tienen una estructura ligera, patas largas y una columna vertebral flexible. Son los animales terrestres más rápidos, capaces de alcanzar hasta 75 millas por hora. Son principalmente solitarios, aunque los machos forman pequeños grupos llamados coaliciones. Los guepardos confían en su increíble velocidad y agilidad para perseguir a sus presas, principalmente ungulados de tamaño pequeño o mediano como las gacelas. Su estrategia de caza consiste en acechar y acelerar bruscamente para atrapar a su presa. Son un depredador potencial de animales como ovejas, cabras y ganado vacuno criados cerca de su hábitat.

Dragón de Komodo (Varanus komodoensis)

El dragón de Komodo es el lagarto más grande del mundo, de complexión robusta, piel escamosa y cola larga y musculosa. Su saliva contiene bacterias, lo que hace que sus mordeduras sean potencialmente mortales. Los dragones de Komodo son solitarios y territoriales. Son hábiles trepadores y nadadores a pesar de su gran tamaño. Estos depredadores oportunistas se alimentan de diversos animales, como ciervos, aves y dragones más pequeños. Si hay ganado en su territorio, un dragón de Komodo no dudará en hacer de su ganado su próxima comida. Utilizan sus poderosas mandíbulas y afilados dientes para asestar un mordisco letal, y su saliva venenosa ayuda a incapacitar a la presa con el tiempo.

Leopardo de las nieves (Panthera uncia)

Los leopardos de las nieves son esquivos y solitarios[88]

Los leopardos de las nieves están adaptados a entornos fríos y montañosos. Tienen una cola gruesa y cubierta de pelo para mantener el equilibrio, patas grandes para caminar sobre la nieve y unas distintivas marcas en forma de roseta en el pelaje. Los leopardos de las nieves son esquivos y solitarios, bien adaptados a las duras condiciones de las regiones de gran altitud. Son conocidos por sus excelentes habilidades para saltar y trepar. Estos animales cazan principalmente ovejas azules y otros ungulados de montaña. Utilizan sus poderosas extremidades traseras para dar saltos increíbles y emboscar a sus presas desde lo alto. Si cría ganado en regiones montañosas con muchas nevadas, puede esperar la presencia de leopardos de las nieves si su hábitat está cerca.

Zorro rojo (Vulpes vulpes)

Los zorros rojos tienen un cuerpo esbelto, una cola tupida y un pelaje rojo característico. Son adaptables, se encuentran en varios hábitats y se les denomina omnívoros oportunistas. Son conocidos por su inteligencia y su capacidad para prosperar tanto en entornos urbanos como rurales. Los zorros rojos tienen una dieta variada, que incluye pequeños mamíferos, aves, insectos y frutas. Utilizan sus agudos sentidos, su agilidad y sus técnicas de caza al acecho para atrapar a sus presas.

Hiena manchada (Crocuta crocuta)

Las hienas manchadas tienen una complexión robusta, poderosas mandíbulas y una característica espalda encorvada. Tienen una estructura social única con una jerarquía matriarcal. Son muy sociables y viven en clanes. Son conocidas por su vocalización y a menudo compiten con otros depredadores por la comida. Las hienas manchadas son hábiles carroñeras y cazadoras que se alimentan de diversos animales, como ñus y cebras. Utilizan técnicas de caza cooperativa para agotar y abatir a las presas más grandes.

Otros depredadores pueden alimentarse de animales domésticos y de ganado. Entre ellos se encuentran las serpientes, los coyotes, las mofetas, los linces, los mapaches y los halcones.

Identificación de depredadores

La identificación de los depredadores es crucial para aplicar medidas de protección eficaces, ya que permite orientar los esfuerzos de conservación y mitigar los posibles conflictos. He aquí algunas directrices generales para mejorar la identificación de depredadores.

Estudio en profundidad de las guías de campo

Adquiera y estudie a fondo las guías de campo específicas de la región geográfica de interés. Preste atención a las descripciones detalladas, las ilustraciones y los mapas del área de distribución de cada especie de depredador. Comprenda las variaciones de las características físicas en función de la edad, el sexo y la estación del año.

Formación exhaustiva y talleres

Asista a sesiones de formación especializada o a talleres impartidos por expertos en fauna salvaje. Participe en actividades prácticas, incluido el examen de especímenes y ejercicios prácticos de campo. Participe en debates sobre los matices de la identificación de depredadores, haciendo hincapié en los rasgos distintivos.

Exploración de recursos en línea

Explore reputados recursos en línea proporcionados por organizaciones de fauna salvaje e instituciones de investigación. Utilice contenidos multimedia, como vídeos, imágenes y herramientas interactivas. Familiarícese con las bases de datos digitales y los proyectos de ciencia ciudadana que contribuyen a los esfuerzos de identificación de especies.

Compromiso con los expertos locales

Establezca contactos con expertos locales en vida salvaje, investigadores y naturalistas. Organice visitas de campo o visitas guiadas con estos expertos para obtener una exposición real a los hábitats de los depredadores. Busque mentores para perfeccionar sus habilidades de observación y recibir orientación personalizada.

Dominio de las huellas y señales

Desarrolle un profundo conocimiento de las huellas, excrementos y otras señales dejadas por los depredadores. Participe en cursos de rastreo para mejorar su capacidad de interpretar estas señales con precisión. Practique la distinción entre huellas de aspecto similar y el reconocimiento de patrones que indiquen especies específicas.

Análisis del comportamiento

Estudie la ecología del comportamiento de los distintos depredadores. Comprenda los matices de las técnicas de caza, los métodos de comunicación y las estructuras sociales. Observe animales en cautividad para presenciar comportamientos que podrían ser difíciles de observar en libertad.

Integración tecnológica

Adopte la tecnología, incluido el uso de cámaras trampa y cámaras de rastreo. Aprenda a configurar y mantener estos dispositivos de forma eficaz. Familiarícese con el software de reconocimiento de imágenes y comprenda sus limitaciones y puntos fuertes en la identificación de depredadores.

Identificación de especies indicadoras clave

Identifique y conozca en profundidad las especies indicadoras clave relevantes para el ecosistema. Explore sus funciones ecológicas, preferencias de hábitat e interacciones con otras especies. Utilice estos indicadores para calibrar la salud del ecosistema e identificar posibles amenazas para los depredadores.

Documentación sistemática

Desarrolle un enfoque sistemático para documentar las observaciones de depredadores. Incluya notas detalladas sobre el comportamiento, la ubicación y las condiciones ambientales. Capture fotografías de alta calidad y grabe audio si es posible. Comparta sus observaciones a través de canales científicos, plataformas en línea o iniciativas locales de conservación.

Control de depredadores

El control de depredadores se refiere a la gestión y mitigación de los depredadores, normalmente mediante la intervención humana, para minimizar su impacto sobre el ganado y la propiedad. Esta práctica es esencial para salvaguardar los intereses agrícolas, proteger a los animales domésticos y mantener el equilibrio ecológico. Los principales objetivos del control de depredadores son reducir las pérdidas económicas, garantizar la seguridad de los animales domésticos y prevenir posibles conflictos entre la fauna salvaje y las actividades humanas. Varias razones subrayan la importancia del control de predadores.

Protección del ganado

Una de las principales razones para el control de predadores es salvaguardar al ganado de la depredación. Depredadores como lobos, coyotes, grandes felinos y osos pueden amenazar a animales domésticos como ovejas, vacas y aves de corral. Reducir el impacto de los depredadores ayuda a mantener los medios de subsistencia de los agricultores y ganaderos que dependen del ganado para obtener ingresos.

Consideraciones económicas

La depredación del ganado puede ocasionar importantes pérdidas económicas a agricultores y ganaderos. Además de la pérdida directa de animales, la depredación puede provocar una disminución de la productividad, menores tasas de reproducción, problemas de salud mental en los animales de granja y un aumento de los costes asociados a medidas de seguridad adicionales. Un control eficaz de los depredadores minimiza estos impactos económicos.

Seguridad humana y protección de la propiedad

Ciertos depredadores, especialmente los que viven cerca de hábitats humanos, pueden amenazar la seguridad humana y la propiedad. Por ejemplo, los grandes depredadores pueden entrar en zonas residenciales en busca de comida, lo que puede dar lugar a conflictos. Las medidas de control de depredadores ayudan a mitigar estos riesgos y a promover la coexistencia entre humanos y fauna salvaje.

Conservación de especies amenazadas

El control de depredadores no consiste únicamente en erradicarlos; a menudo implica gestionar cuidadosamente sus poblaciones. Esto es crucial para conservar las especies en peligro o amenazadas al abordar los conflictos con las actividades humanas. Equilibrar las poblaciones de depredadores con las necesidades de las comunidades locales contribuye a la conservación general de la biodiversidad, erradicando la población de un hábitat que, de lo contrario, perturbaría la cadena alimentaria y el ecosistema.

Equilibrio ecológico

Las poblaciones incontroladas de depredadores pueden alterar el equilibrio ecológico. En algunos casos, la superpoblación de ciertos depredadores puede provocar el declive de las especies presa, afectando a la vegetación y a otros componentes del ecosistema. Cuando se aplica de forma responsable, el control de los depredadores ayuda a mantener un equilibrio más saludable dentro de los ecosistemas.

Sostenibilidad de la industria ganadera

La sostenibilidad de la industria ganadera está estrechamente ligada a un control eficaz de los depredadores. Al mitigar los riesgos de depredación, los agricultores y ganaderos pueden mantener operaciones estables y rentables, contribuyendo a la sostenibilidad del sector agrícola.

Consideraciones éticas

Aunque el control de predadores es a veces necesario por razones prácticas, las consideraciones éticas son esenciales. Es necesario utilizar métodos humanos y éticos para minimizar el daño a los depredadores y a las especies no objetivo. Equilibrar las necesidades de los medios de subsistencia humanos con el tratamiento ético de la fauna salvaje es la clave para un control de depredadores eficaz y sostenible.

Plan de control de depredadores

La creación de un plan de control de depredadores requiere un conocimiento profundo de las circunstancias específicas, incluidos los tipos de depredadores implicados, la naturaleza del entorno y los objetivos de la comunidad o de las partes interesadas. He aquí una guía paso a paso con los ejemplos correspondientes para ayudar a adaptar un plan de control de depredadores a las circunstancias específicas:

Paso 1: Evaluar la situación

En una región en la que los coyotes amenacen al ganado, evalúe los riesgos específicos teniendo en cuenta el tamaño de la población de coyotes, los tipos de ganado presentes y los patrones históricos de depredación.

Paso 2: Identificar los depredadores objetivo

Determine si la principal preocupación son los grandes depredadores, como los lobos, los depredadores más pequeños, como los zorros, o una combinación de ambos. Adapte el plan de control en función de los depredadores específicos que causen problemas.

Paso 3: Comprender la dinámica del ecosistema local

En una zona con un ecosistema delicado, considere los impactos potenciales del control de predadores sobre las especies no objetivo y el equilibrio ecológico. Evalúe cómo los cambios en las poblaciones de depredadores pueden afectar a las especies presa y a la vegetación.

Paso 4: Establezca metas y objetivos claros

Defina objetivos específicos, como reducir las pérdidas de ganado en un porcentaje determinado o promover la coexistencia entre depredadores y ganado. Unos objetivos claros ayudan a medir el éxito del plan de control.

Paso 5: Elija los métodos de control adecuados

Dependiendo de las circunstancias, los métodos de control podrían incluir medidas no letales como la mejora del vallado, animales guardianes o elementos disuasorios. Si se considera necesario aplicar medidas letales, elija métodos que sean humanos y selectivos, como el trampeo selectivo o el disparo en situaciones concretas.

Paso 6: Considere alternativas no letales

Explore el uso de elementos disuasorios como dispositivos sonoros o luminosos, animales guardianes (por ejemplo, llamas, perros) o la modificación de las prácticas de gestión ganadera (por ejemplo, cambiando los patrones de pastoreo) para reducir la depredación sin dañar a los depredadores.

Paso 7: Implementar el seguimiento y la evaluación

Establezca un sistema para supervisar la eficacia de las medidas de control y ajustar el plan en consecuencia. Esto podría implicar estudios regulares de las poblaciones de depredadores, el seguimiento de las pérdidas de ganado y la evaluación de los cambios en los indicadores ecológicos.

Paso 8: Implicar a las partes interesadas y a la comunidad

Comprométase con los agricultores, ganaderos, conservacionistas y otras partes interesadas locales para recabar sus opiniones y abordar sus preocupaciones. La implicación de la comunidad fomenta un enfoque colaborativo y aumenta las posibilidades de éxito del plan.

Paso 9: Educar y concienciar

Lleve a cabo talleres, sesiones de formación o campañas informativas para educar a la comunidad sobre el comportamiento de los depredadores, la importancia de la coexistencia y los fundamentos de las medidas de control específicas.

Paso 10: Adaptabilidad y flexibilidad

Esté preparado para ajustar el plan de control en función de la evolución de las circunstancias. Por ejemplo, si aparece una nueva tecnología no letal, considere integrarla en el plan para mejorar su eficacia.

Paso 11: Consideraciones legales y éticas

Asegúrese de que el plan de control cumple la normativa local y nacional. Considere las implicaciones éticas de los métodos de control y esfuércese por utilizar enfoques que minimicen el daño a los depredadores y a las especies no objetivo.

Paso 12: Documentación e informes

Mantenga registros detallados de las actividades de control, los resultados y cualquier consecuencia inesperada. Informe regularmente de los resultados a las partes interesadas, a los organismos de financiación y a los órganos reguladores para mantener la transparencia.

Seguir estos pasos y adaptar cada aspecto a las circunstancias específicas puede permitirle elaborar un plan de control de depredadores y abordar eficazmente los retos sin dejar de tener en cuenta las implicaciones éticas de la gestión de depredadores. La clave está en lograr un equilibrio que proteja los intereses humanos y la conservación de la fauna salvaje.

Estrategias no letales de control de depredadores

Mejora del vallado

Refuerce el vallado existente o instale barreras específicas para depredadores que impidan el acceso al ganado. Se trata de un método humanitario, ya que mantiene alejados a los depredadores sin dañarlos. La instalación de estas vallas no será un problema para las autoridades locales y es un método mínimo que ayuda a la conservación del hábitat.

Animales guardianes

Introduzca animales adiestrados como perros, llamas o burros para disuadir a los depredadores de acercarse al ganado. Su ganado no será molestado ya que estos animales tienen instintos naturales de disuasión para impedir que los depredadores se acerquen. Conseguir perros adiestrados para la protección no será un problema. Este enfoque positivo del control de depredadores fomenta la coexistencia sin dañar directamente a los depredadores.

Dispositivos disuasorios

- Utilice dispositivos que emitan sonidos, luces u olores para disuadir a los depredadores de entrar en una zona. Con estos artilugios no perjudicará a los depredadores y, al mismo tiempo, se asegurará de que los animales domésticos permanezcan protegidos. Sin embargo, antes de utilizar cualquiera de estos dispositivos, póngase en contacto con las autoridades locales, ya que existen restricciones para el uso de dispositivos disuasorios específicos. Aunque este método mantiene eficazmente a raya a los depredadores, estos dispositivos también pueden crear molestias a otros animales salvajes.

Prácticas de gestión ganadera

Aplique estrategias como cambiar los patrones de pastoreo o proporcionar corrales nocturnos para reducir el riesgo de depredación. Ejecutar este método será posible mediante un cambio en las prácticas de gestión ganadera en las que reduzca la exposición de las presas a los depredadores.

Estrategias letales de control de depredadores

Trampeo selectivo

Utilice trampas para capturar depredadores específicos, permitiendo su liberación o eutanasia. Existen opiniones encontradas sobre el trampeo, y en la mayoría de las regiones deben seguirse las normativas.

Sacrificio

Se trata de la reducción controlada de las poblaciones de depredadores mediante su eliminación selectiva. Es una práctica controvertida y debe llevarse a cabo de forma ética con la participación de las autoridades pertinentes. Si el depredador es una especie silvestre, revise las leyes de gestión de la fauna silvestre y las normas que debe cumplir. Erradicar las poblaciones de depredadores en una zona específica puede alterar potencialmente el equilibrio del ecosistema.

Tiro aéreo

Emplee aviones para disparar a los depredadores desde el aire. Este método se utiliza principalmente para los grandes depredadores cuando fracasan los intentos de captura en tierra. Se utiliza una pistola de dardos para inyectar un sedante en el animal, dejándolo inconsciente y permitiendo su captura segura. Antes de utilizar este método, necesitará un permiso especial o un aviso de las autoridades locales.

Químicos/venenos

También puede utilizar sustancias químicas para envenenar a los depredadores. Este método se considera inhumano y controvertido, ya que mata a los depredadores de forma inhumana, expone a otros animales a un mayor riesgo de envenenamiento secundario y puede alterar significativamente el ecosistema.

Seguimiento y gestión adaptativa

Evalúe regularmente la eficacia de las estrategias de control y ajústelas en función de los resultados. Con un seguimiento regular, minimizará de forma natural el riesgo potencial y mejorará las estrategias existentes si surge alguna discrepancia.

Educación pública y divulgación

Informe e implique al público sobre los fundamentos y métodos del control de depredadores. Puede educar a sus vecinos y a los miembros de la comunidad sobre los métodos de control de depredadores, establecer su necesidad y determinar los efectos positivos que tendrán sobre todas las especies implicadas cuando se hagan de la forma correcta.

Poner en práctica una combinación de estas estrategias al tiempo que se consideran cuidadosamente los factores éticos, legales y medioambientales puede contribuir a un control eficaz y responsable de los depredadores al tiempo que se minimizan los impactos negativos sobre los ecosistemas y la vida salvaje. La evaluación periódica, la implicación de la comunidad y el cumplimiento de las normas éticas son esenciales para el éxito de cualquier programa de control de depredadores.

Gestión integrada de predadores

La gestión integrada de predadores (GIP) es un enfoque holístico que combina diversas estrategias para gestionar y mitigar el impacto de los predadores sobre el ganado, la fauna salvaje y los ecosistemas. El principio clave de la GIP es utilizar una combinación de métodos letales y no letales de forma integrada y adaptativa, teniendo en cuenta los aspectos ecológicos, económicos y éticos del control de depredadores. Este enfoque pretende lograr la máxima eficacia en la reducción de la depredación, minimizando al mismo tiempo los daños a las especies no objetivo y manteniendo un equilibrio en el ecosistema.

Ejemplos reales de éxito de la gestión integrada de depredadores

Parque Nacional de Yellowstone, EE. UU.

La reintroducción de lobos grises en Yellowstone en 1995 provocó un cambio en el ecosistema. Para abordar los conflictos con los ganaderos locales, se empleó una combinación de jinetes de pradera, animales guardianes (como perros y llamas) y un control letal selectivo. La integración de medidas letales y no letales contribuyó a reducir la depredación del ganado y facilitó la coexistencia de los lobos y las comunidades ganaderas.

Reserva Natural de NamibRand, Namibia

En NamibRand, donde los guepardos depredaban el ganado, se aplicó una combinación de perros guardianes, vallado mejorado e iniciativas de participación comunitaria. Las medidas no letales redujeron significativamente las pérdidas de ganado y fomentaron una relación más positiva entre la comunidad local y la población de guepardos.

Francia - Pirineos

En las regiones donde los osos pardos se cebaban con las ovejas, se aplicó un enfoque integrado que incluía perros guardianes, vallado eléctrico y programas de compensación para los ganaderos afectados. Resultados: Las medidas combinadas condujeron a una reducción de las pérdidas de ganado provocadas por los osos, contribuyendo tanto a la conservación de los depredadores como a la protección del ganado.

Australia - Perros guardianes de ganado

Los perros guardianes de ganado, como las razas Kangal y Maremma, se emplean para proteger el ganado de zorros y dingos. Estos perros han logrado reducir la depredación de ovejas y otro ganado sin recurrir al control letal, lo que demuestra la eficacia de los métodos no letales.

La gestión integrada de plagas reconoce la importancia de mantener el equilibrio ecológico teniendo en cuenta los efectos más amplios de las medidas de control sobre las especies no objetivo y la salud del ecosistema.

Con su enfoque polifacético y adaptativo, la gestión integrada de depredadores demuestra que se puede lograr un control eficaz de los depredadores al tiempo que se promueve la coexistencia y se minimizan los impactos negativos sobre los depredadores y los ecosistemas. Las historias de éxito de varias regiones subrayan la importancia de adaptar las estrategias a las circunstancias locales y de implicar a las comunidades para obtener resultados sostenibles y responsables.

Capítulo 3: Elegir el animal de guarda adecuado

Una evaluación exhaustiva de las necesidades de protección es un punto de partida fundamental para salvaguardar el ganado y la propiedad. Este capítulo fundacional pretende ilustrarle sobre la importancia de esta evaluación, destacando su papel en la toma de decisiones informadas a la hora de seleccionar animales de guarda y elaborar estrategias de protección.

Antes de explorar los animales de guarda y las estrategias de protección, es imprescindible reconocer la esencia de llevar a cabo una evaluación exhaustiva. Este proceso sirve de base sobre la que se construye una protección adecuada. Implica tener en cuenta factores como el tipo de ganado, la ubicación geográfica, las amenazas prevalentes y las vulnerabilidades específicas propias de la propiedad. La protección no es una tarea de talla única. Cada especie ganadera exige un enfoque a medida. Comienza con una evaluación que incluya la comprensión de estas amenazas, ya sea que la fauna depredadora, los ladrones oportunistas o los desafíos medioambientales sean primordiales. La geografía también desempeña un papel fundamental a la hora de determinar las necesidades de protección. Los retos a los que se enfrentan el ganado y la propiedad en las distintas regiones varían significativamente.

Este capítulo sienta las bases, desarrollando la comprensión del papel fundamental que desempeña una evaluación exhaustiva en la elaboración de planes de protección eficaces. Armado con estos conocimientos básicos, estará mejor equipado para navegar por el matizado mundo de la protección del ganado y la propiedad a medida que avance en el libro.

Comprender la dinámica del ganado

Para comprender exhaustivamente las necesidades de protección de su ganado, empiece por diseccionar los comportamientos, hábitos y requisitos específicos de cada especie. El ganado vacuno, por ejemplo, funciona dentro de una jerarquía social y puede requerir medidas de protección que tengan en cuenta su dinámica de rebaño. Las ovejas y las cabras, conocidas por su mentalidad de rebaño, pueden necesitar estrategias diferentes. Las aves de corral, con diversas razas y hábitos de forrajeo, exigen un enfoque matizado. Profundice en los entresijos de sus rutinas diarias, hábitos alimentarios e interacciones para adaptar una protección que se ajuste perfectamente a sus necesidades únicas.

El ganado funciona dentro de una jerarquía social y puede requerir medidas de protección[44]

Dimensiones de la propiedad

Más allá de las características específicas del ganado, la disposición física de su propiedad desempeña un papel fundamental a la hora de diseñar una protección adecuada. Evalúe el tamaño de su propiedad, tomando nota de características como barreras naturales, espacios abiertos y zonas aisladas. Identifique posibles escondites para los depredadores o zonas donde pueda congregarse el ganado. Este escrutinio permite la colocación estratégica de los protectores y ayuda a diseñar un vallado que complemente el trazado existente. Una evaluación en profundidad de estas dimensiones físicas sienta las bases para un plan de protección que armonice con el terreno.

Perspectivas geográficas

La geografía forma el lienzo sobre el que se pintan sus estrategias de protección. Evalúe el terreno: si su propiedad abarca paisajes accidentados, llanuras planas o incluye elementos acuáticos. Considere el clima, comprendiendo los rangos de temperatura, los niveles de precipitación y las variaciones estacionales. Tenga en cuenta los matices regionales, como la fauna salvaje cercana o los retos medioambientales predominantes. Este conocimiento exhaustivo orienta las decisiones sobre la protección de la selección de animales y la implantación de una infraestructura de protección que se integre perfectamente en el entorno natural.

Consideraciones sobre el microclima

La identificación de microclimas añade otra capa de precisión a su plan de protección. Identifique las zonas de su propiedad que puedan experimentar patrones climáticos o variaciones de temperatura únicos. Reconozca los puntos que pueden ser más propensos a condiciones extremas. Adaptar la protección a estos microclimas garantiza que sus estrategias sean prácticas y adaptables a los matices específicos del clima de su propiedad. Este enfoque granular mejora el bienestar de su ganado al reconocer y adaptarse a las variaciones localizadas.

Documentar las vulnerabilidades

Analice su propiedad de forma crítica para identificar las vulnerabilidades de sus medidas de protección actuales. Busque posibles puntos débiles en el vallado, zonas propensas a la erosión o puntos de acceso para los depredadores. Documentar estas vulnerabilidades le servirá de hoja de ruta para una fortificación estratégica. Este enfoque proactivo minimiza los riesgos, ya se trate de reforzar las vallas, implantar elementos disuasorios o rediseñar zonas específicas. Refuerza la solidez general de su plan de protección.

Evaluación de sus medidas de protección actuales

A la hora de salvaguardar su ganado y su propiedad, es imprescindible realizar una evaluación rigurosa de sus medidas de protección actuales. Este proceso reflexivo garantiza que sus estrategias actuales sean prácticas y se ajusten a las necesidades y retos cambiantes de su entorno. He aquí una guía paso a paso para ayudarle en esta autoevaluación crítica:

Infraestructura de cercado

Comience examinando de cerca su infraestructura de vallado. Evalúe su integridad, altura y material. Identifique cualquier signo de desgaste, daños o posibles puntos débiles. Evalúe si el vallado se ajusta a las necesidades específicas de su ganado y a la disposición de su propiedad. Considere el tipo de depredadores de su región y evalúe si su vallado actual es suficientemente disuasorio. Realice comprobaciones periódicas para garantizar una eficacia continua.

Sistemas de iluminación

Evalúe los sistemas de iluminación implantados en su propiedad, especialmente en las zonas cruciales para la protección del ganado y la propiedad. Una iluminación adecuada no solo disuade de posibles amenazas, sino que también ayuda en la vigilancia. Evalúe la cobertura, luminosidad y fiabilidad de sus instalaciones de iluminación actuales. Considere si iluminan eficazmente las zonas vitales y los posibles puntos ciegos. Una iluminación óptima mejora la seguridad general y puede ser un valioso elemento disuasorio durante las horas nocturnas.

Sistemas de alarma

Si dispone de sistemas de alarma, examine su funcionalidad y cobertura. Pruebe las alarmas periódicamente para asegurarse de que funcionan correctamente. Evalúe si los sistemas de alarma cubren las zonas críticas y si están equipados para detectar posibles amenazas con prontitud. Evalúe la capacidad de respuesta de sus mecanismos de supervisión o respuesta vinculados a estas alarmas. Un sistema de alarma robusto sirve como mecanismo de alerta temprana, proporcionando una capa crucial de protección.

Vigilancia y supervisión

Considere cualquier sistema de vigilancia o supervisión integrado en sus medidas de protección. Esto podría incluir cámaras de seguridad, sensores de movimiento u otras ayudas tecnológicas. Evalúe la cobertura y la claridad de sus sistemas de vigilancia. Asegúrese de que la vigilancia es coherente y de que se abordan los posibles puntos ciegos. Adopte los avances tecnológicos que se ajusten a sus necesidades de protección, mejorando su capacidad para detectar y responder a las amenazas con eficacia.

Integración de animales de guardia

Para quienes incorporen animales guardianes a su plan de protección, evalúe la eficacia de su presencia. Evalúe si las especies seleccionadas se ajustan a las amenazas específicas de su región. Observe su comportamiento y sus interacciones con el ganado. Evalúe si contribuyen a una sensación de seguridad y actúan como elemento disuasorio para los depredadores potenciales. La relación simbiótica entre los animales guardianes y otras medidas de protección es fundamental para una estrategia de defensa holística.

Protocolos de respuesta

Evalúe los protocolos de respuesta vigentes. Valore si dispone de planes de acción claros y bien comunicados en caso de que se produzca una violación de la seguridad. Revise la coordinación entre las personas implicadas en la respuesta a las amenazas. Asegúrese de que todas las personas de su propiedad conocen sus funciones y responsabilidades durante este tipo de situaciones. Realice simulacros con regularidad para practicar los protocolos de respuesta y abordar cualquier aspecto que necesite mejorar.

Mantenimiento regular

Por último, tenga en cuenta el aspecto del mantenimiento de sus medidas de protección, las inspecciones programadas con regularidad y las comprobaciones de mantenimiento del vallado, el alumbrado, los sistemas de alarma y otros componentes. Aborde el desgaste con prontitud y sustituya o mejore los equipos según sea necesario. Un enfoque proactivo del mantenimiento garantiza que sus medidas de protección sigan siendo fiables y eficaces a lo largo del tiempo.

Análisis de ruidos y molestias

Considere el impacto potencial del ruido y las perturbaciones en la funcionalidad de sus medidas de protección. El ruido, ya sea de construcciones cercanas, maquinaria o elementos naturales como tormentas, puede comprometer la eficacia de las alarmas o la vigilancia de los animales guardianes. Evalúe los niveles de decibelios y la frecuencia de estas perturbaciones y elabore estrategias para mitigar su impacto en sus sistemas de seguridad.

Gestión de la vegetación

Evalúe el papel de la vegetación en su infraestructura de protección. Los arbustos o árboles demasiado crecidos pueden comprometer la visibilidad de las cámaras de seguridad y proporcionar escondites a posibles amenazas. Evalúe y pode regularmente la vegetación para mantener líneas de visión claras y eliminar posibles puntos ciegos, asegurándose de que el crecimiento natural no obstaculiza sus medidas de protección.

Enfoque en varios niveles

Evalúe hasta qué punto sus medidas de protección funcionan juntas en un enfoque sinérgico de varios niveles. Asegúrese de que los distintos elementos -vallado, iluminación, alarmas y animales de guardia- se complementan entre sí para crear un sistema de defensa sólido. Considere las posibles lagunas o solapamientos en la cobertura y afine su estrategia para lograr una sinergia óptima entre las distintas capas de protección.

Colaboración vecinal

Explore la colaboración con las propiedades vecinas para mejorar la seguridad colectiva. Evalúe la posibilidad de compartir una red de comunicación o de coordinar los esfuerzos de protección. La comunicación abierta con los vecinos puede fomentar un sentimiento de protección comunitaria, permitiendo una respuesta más rápida y eficaz a las amenazas potenciales que trascienden los límites de la propiedad.

Adaptabilidad a las amenazas emergentes

Anticipe y evalúe la capacidad de adaptación de sus medidas de protección a las amenazas emergentes. Manténgase informado sobre las nuevas especies de depredadores de la región, la evolución de las condiciones medioambientales y los avances tecnológicos que podrían afectar a sus estrategias de defensa. Desarrolle una mentalidad proactiva que permita la evolución continua de su plan de protección para abordar eficazmente los retos emergentes.

Accesibilidad para los servicios de emergencia

Evalúe la accesibilidad de su propiedad para los servicios de emergencia. Asegúrese de que las entradas están señalizadas y los caminos son fácilmente transitables. Esta consideración es crucial para facilitar una respuesta rápida de los servicios de emergencia en caso de incidentes que requieran su intervención, contribuyendo así a la seguridad y el bienestar general de su ganado.

Medidas de identificación del ganado

Evalúe la idoneidad de las medidas de identificación de su ganado. Esto incluye crotales, microchips u otros métodos de identificación. Una identificación clara y convincente es esencial para la gestión de su ganado. Desempeña un papel crucial en los esfuerzos de recuperación en el desafortunado caso de robo o pérdida.

Medidas favorables a la fauna salvaje

Evalúe si sus estrategias de protección tienen en cuenta el bienestar de la fauna local. Aplique medidas que disuadan de las amenazas al ganado y, al mismo tiempo, minimicen los daños a las especies autóctonas. Esto podría implicar el uso de vallas respetuosas con la vida salvaje o elementos disuasorios que se dirijan específicamente a los depredadores potenciales sin causar daños a la fauna no amenazante.

Medidas de ciberseguridad

Si dispone de sistemas de protección tecnológicamente avanzados, evalúe su vulnerabilidad a las ciber amenazas. Implemente medidas de ciberseguridad sólidas para protegerse contra el acceso no autorizado o la manipulación. Actualice regularmente el software y el firmware para hacer frente a posibles vulnerabilidades y mantenerse a la vanguardia de las ciber amenazas en evolución, ya que los sistemas digitales utilizados para la gestión del ganado y los sistemas de seguridad pueden ser un objetivo potencial.

Cumplimiento legal

Asegúrese de que sus medidas de protección cumplen las normativas locales y las leyes de zonificación. Esto incluye adherirse a cualquier restricción sobre la altura del vallado, la iluminación o el uso de animales de guardia. El cumplimiento legal evita posibles problemas jurídicos y garantiza que sus medidas de protección se ajustan a las normas y reglamentos de la comunidad.

Explorando meticulosamente estas facetas con extremo detalle, usted recopila información y desarrolla una comprensión exhaustiva, que es la base de unas estrategias de protección informadas y adaptadas. Esta profundidad de conocimiento le posiciona para navegar por las complejidades de la protección del ganado y la propiedad con precisión y adaptabilidad.

Aclarar las necesidades específicas de protección

En la búsqueda de una estrategia de defensa sólida, la claridad de las necesidades específicas de protección se convierte en primordial. Cada paso de este proceso requiere una comprensión matizada, que permita la adaptación precisa de las defensas para mitigar los riesgos identificados. Profundicemos en los detalles:

Priorizar las áreas críticas

Comience por identificar meticulosamente y priorizar las áreas críticas de su propiedad. Estas podrían ir desde puntos de entrada vulnerables hasta zonas con alta concentración de ganado o áreas susceptibles de riesgos medioambientales. Esta priorización estratégica constituye la base para la asignación selectiva de recursos. Para las zonas críticas priorizadas, eleve la fortificación del vallado y las barreras físicas. Elija materiales y diseños que se ajusten con precisión a las amenazas identificadas. Eleve la estructura a un nivel que actúe como un elemento disuasorio eficaz contra los depredadores.

Evalúe la concentración de ganado

Identifique las zonas donde la concentración de ganado es pronunciada. Estos espacios exigen medidas de protección reforzadas. Considere estrategias como el vallado reforzado, el aumento de la iluminación o la vigilancia avanzada para fortificar estas zonas contra amenazas potenciales.

Identifique las zonas de alto riesgo

Escudriñe el paisaje para identificar las zonas de alto riesgo basándose en las vulnerabilidades previamente evaluadas. La vegetación densa, el terreno irregular o la proximidad a hábitats naturales podrían elevar los riesgos. Adapte las defensas en estas zonas empleando estrategias como el desbroce de la vegetación y el vallado especializado.

Personalizar la protección para un ganado específico

La precisión es fundamental a la hora de personalizar la protección para cada tipo de ganado. Reconozca las vulnerabilidades y comportamientos únicos asociados a las distintas especies. Elabore estrategias a medida que aborden los distintos retos que plantea cada categoría de ganado.

Emplee una vigilancia avanzada en las zonas de alto riesgo

Las zonas de alto riesgo exigen un enfoque de vigilancia sofisticado. Despliegue tecnologías avanzadas como cámaras de infrarrojos o sensores de gran alcance. Esta inversión tecnológica mejora la vigilancia y proporciona capacidades de detección precoz, especialmente en zonas susceptibles de sufrir problemas medioambientales.

Integrar estratégicamente a los animales de guardia

Coloque estratégicamente los animales de guardia en función de las zonas críticas priorizadas. Optimice sus ubicaciones para cubrir las zonas con eficacia. La rotación de los animales de guardia puede ser necesaria para maximizar su impacto en la disuasión, alineándose con el panorama siempre cambiante de las amenazas potenciales.

Vigilar los cambios medioambientales

Mantenga una actitud vigilante ante los cambios medioambientales que puedan afectar a las necesidades de protección. Las variaciones estacionales, los patrones migratorios de las amenazas potenciales o las alteraciones en la vegetación deberían provocar ajustes adaptativos en su estrategia de defensa.

Invierta en tecnologías específicas

Invierta estratégicamente en tecnologías diseñadas específicamente para contrarrestar los riesgos identificados. Esto puede incluir alarmas especializadas, dispositivos de rastreo para el ganado de alto valor o tecnologías adaptadas para mitigar los riesgos medioambientales. La precisión en las inversiones tecnológicas garantiza una utilización óptima de los recursos.

Evaluar las barreras naturales

Realice una evaluación exhaustiva de las barreras naturales presentes en su propiedad, como ríos, acantilados o bosques densos. Comprenda su potencial como elementos disuasorios para entradas no autorizadas o depredadores. Simultáneamente, evalúe cómo estas características pueden crear desafíos u oportunidades para su ganado, así como amenazas potenciales. Considere factores como la facilidad de acceso para la fauna salvaje o el impacto del terreno en la visibilidad.

Implemente medidas de bioseguridad

Integre un sólido sistema de bioseguridad para prevenir la introducción y propagación de enfermedades en su ganado. Esto implica aplicar protocolos estrictos de cuarentena para los animales nuevos, realizar controles sanitarios periódicos y garantizar prácticas adecuadas de eliminación de residuos. Evalúe la eficacia de estas medidas para mantener la salud y el bienestar de su ganado teniendo en cuenta factores como la prevalencia de enfermedades en su región.

Mejore los sistemas de comunicación

Mejore sus sistemas de comunicación para garantizar una coordinación rápida y eficaz durante las emergencias. Esto puede implicar invertir en radios bidireccionales fiables, teléfonos móviles con cobertura constante o sistemas de alerta comunitarios. Evalúe el alcance y la fiabilidad de estos sistemas teniendo en cuenta factores como el terreno y las posibles interferencias.

Utilice tecnologías inteligentes

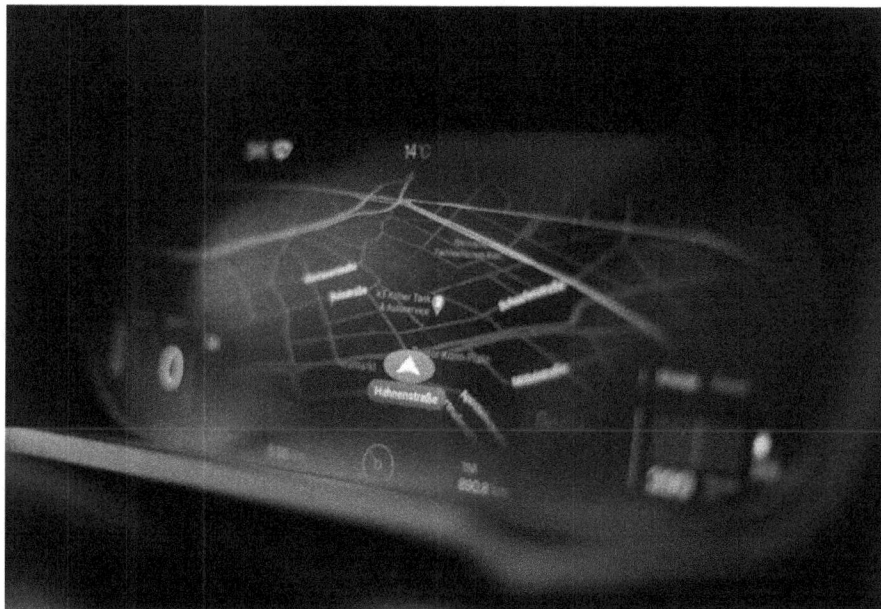

Un dispositivo de seguimiento GPS puede ayudarle a controlar los movimientos de su ganado[35]

Explore la integración de tecnologías inteligentes para mejorar sus medidas de seguridad generales. Considere la posibilidad de emplear dispositivos de seguimiento GPS para su ganado con el fin de controlar sus movimientos en tiempo real. Además, evalúe la viabilidad de utilizar drones para la vigilancia aérea, que le proporcionen una vista de pájaro de su propiedad. Evalúe la viabilidad y eficacia de estas tecnologías en su contexto específico.

Investigue los patrones de la fauna local

Adquiera un conocimiento profundo de los patrones y comportamientos de la fauna local de su zona. Este conocimiento es crucial para elaborar defensas, teniendo en cuenta las interacciones entre los animales domésticos, la fauna salvaje y los depredadores potenciales. Evalúe cómo los comportamientos de la fauna salvaje podrían afectar a su ganado y adapte sus medidas de protección en consecuencia. Considere factores como los patrones de migración, los hábitos de alimentación y los conflictos potenciales.

Establezca un almacenamiento seguro

Cree instalaciones de almacenamiento seguras para el equipo valioso, el pienso y otros elementos esenciales. Evalúe el diseño y la construcción de estos almacenes, teniendo en cuenta factores como la durabilidad, la accesibilidad y la resistencia a la manipulación. Evalúe cómo contribuyen estos espacios de almacenamiento seguro a la seguridad de la propiedad y a la protección contra robos o daños.

Participe en la formación continua

Promueva programas de formación continua y exhaustiva para las personas implicadas en la gestión del ganado. Esto incluye educarles sobre los protocolos de respuesta y proporcionarles formación continua sobre la identificación de riesgos potenciales y la aplicación de medidas preventivas. Evalúe la eficacia de los programas de formación mediante evaluaciones periódicas y mecanismos de retroalimentación.

Investigue las medidas de prevención del robo de animales

Si el robo de ganado es motivo de preocupación, adopte medidas específicas para prevenir este tipo de incidentes. Esto podría implicar la aplicación de métodos de identificación, como microchips o marcas únicas, para que los animales robados sean fácilmente rastreables. Evalúe el éxito de estas medidas de prevención haciendo un seguimiento de los incidentes y las tasas de recuperación.

Desarrolle relaciones con las autoridades

Establezca y fomente las relaciones con las fuerzas de seguridad locales y las autoridades de control animal. Evalúe la eficacia de estas relaciones a la hora de crear un enfoque de colaboración para abordar los problemas de seguridad. Evalúe el apoyo y los conocimientos que proporcionan las autoridades para mejorar la seguridad general del ganado y de la propiedad.

Supervise los riesgos relacionados con el clima

Considere y supervise los riesgos relacionados con el clima que puedan afectar a su ganado y a su propiedad. Desarrolle estrategias para protegerse contra las inundaciones o los fenómenos meteorológicos extremos, incluyendo plataformas elevadas para refugiarse o recintos resistentes a las inundaciones. Evalúe la capacidad de recuperación de estas estrategias ante condiciones meteorológicas variables.

Invertir en formación para los animales de guardia

Proporcione adiestramiento especializado y continuo a los animales de guardia para mejorar su eficacia como protectores. Esto podría incluir adiestramiento de obediencia, exposición a diversas condiciones ambientales y refuerzo de los comportamientos protectores deseados. Evalúe el impacto del adiestramiento en el comportamiento y el rendimiento de los animales de guardia mediante evaluaciones periódicas.

Explore las opciones de seguro

Investigue opciones de seguros que cubran las pérdidas relacionadas con el ganado y la seguridad de la propiedad. Evalúe los términos y la cobertura que ofrecen los diferentes planes de seguros, teniendo en cuenta factores como el impacto financiero de los posibles incidentes de seguridad. Evalúe la fiabilidad y capacidad de respuesta de los proveedores de seguros tras las pérdidas relacionadas con la seguridad.

Comprender estos factores le permitirá conocer a fondo los matices y entresijos de la aplicación de estas medidas de protección. Esta evaluación detallada constituye la base de una estrategia de defensa completa y adaptable, adaptada a su contexto y requisitos únicos.

Capítulo 4: Perros guardianes del ganado: razas y rasgos

Este capítulo le presenta a los perros guardianes de ganado, explorando las diferentes razas y los rasgos que los hacen eficaces en la protección del ganado y la propiedad. Explica por qué estos animales son excelentes guardianes del ganado, por qué la selección de la raza es crucial a la hora de elegir perros guardianes del ganado y cómo ciertas razas se adaptan mejor a entornos y ganado específicos. El capítulo también ofrece una lista de las razas de guarda más conocidas utilizadas como guardianes del ganado (junto con su carácter y temperamento) y consejos para elegir la raza adecuada en función de las necesidades específicas, el clima, el ganado, etc.

El perro como guardián[86]

La importancia de los perros guardianes de ganado

Utilizar perros guardianes para salvaguardar el ganado es la forma más eficaz de mantener a raya a depredadores como los carnívoros (tanto cuadrúpedos como alados) u otros perros. En la práctica, los perros se suelen utilizar para vigilar animales más pequeños, como las aves de corral, y rumiantes, como cabras y ovejas, ya que éstos son más vulnerables a los depredadores debido a su tamaño. Sin embargo, algunas razas de perros también pueden trabajar con ganado de gran tamaño, como caballos y vacas.

Los perros guardianes de ganado tienen algunas características en común, como vivir y moverse alrededor del rebaño o manada. También son de mayor tamaño y fáciles de trabajar, lo que significa que se llevan bien con los animales que vigilan, con sus dueños y con otros perros guardianes, si los hay (las grandes explotaciones suelen necesitar más de un perro guardián de ganado). Han sido criados para proteger y evitar hacer daño a los animales que vigilan, incluso si están hambrientos o son atacados por ellos. Al mismo tiempo, suelen ser poco amistosos con otros animales, incluidos los perros callejeros y guardados que deambulan por su territorio. Un buen perro guardián mantiene alejados incluso a los perros y gatos del vecino, lo que es especialmente bueno para proteger a las aves de corral. También vigilan el comportamiento del ganado, lo que puede alertarles de la presencia de depredadores y otras amenazas.

Aunque tenga visitantes no deseados que no dañen a los animales de su granja, pueden dañar su propiedad y robar la comida de sus animales. Los perros guardianes de ganado evitarán que esto ocurra. Son pensadores independientes, lo que significa que no buscarán órdenes, sino que emprenderán la acción para la que han sido adiestrados inmediatamente después de advertir una amenaza potencial.

Otras ventajas de utilizar perros como guardianes del ganado son el aumento de los beneficios (con menos pérdidas debidas a los depredadores, la cría de animales resulta más rentable), la protección proactiva en lugar de mitigar los daños, la eliminación de la necesidad de otras medidas de control más costosas, como las trampas y la caza, la reducción de la probabilidad de que el ganado entre en contacto con animales salvajes portadores de enfermedades y una mayor eficacia con una menor inversión en mano de obra y tiempo.

Los perros guardianes de ganado son especialmente eficaces con rebaños y manadas grandes (mantenerlos para grupos pequeños puede no ser tan rentable) en zonas con altos índices de depredación. Cuando se les adiestra y cuida adecuadamente, los guardianes caninos representan una excelente inversión, especialmente para salvaguardar a los animales pequeños.

Las razas de perros guardianes de ganado más populares

No todos los perros pueden convertirse en guardianes del ganado. Las distintas razas poseen rasgos específicos de depredador que las hacen más eficaces para disuadir a determinados tipos de depredadores. A continuación encontrará las razas de perros guardianes de ganado más populares, sus características principales e información sobre socialización, compatibilidad con el ganado y salud.

Gran Pirineo

El Gran Pirineo es una de las razas de perro más grandes[87]

Una de las razas de perros guardianes más grandes es el Gran Pirineo, originario de las cortes reales francesa y española. Debido a su comportamiento tranquilo y regio, este can se utiliza sobre todo para proteger a las ovejas. Sin embargo, como siempre está buscando acción, también puede trabajar bien con animales más pequeños: cuanto más tenga que andar siguiéndolos, mejor. Al mismo tiempo, los grandes pirineos son perros increíblemente mansos y pacientes, por lo que no tendrá que preocuparse de que pisoteen a las aves de corral y al ganado joven. También son perfectos para las granjas familiares, ya que se llevan muy bien con los niños.

Alto y construido como un caballo en miniatura, este perro tiene un pelaje largo, blanco y esponjoso de doble capa y dobles garras de rocío en sus extremidades traseras. Prosperan en climas más fríos y no soportan temperaturas más altas debido a su pelo fino y lanoso. También son propensos a la displasia de cadera (crecimiento anormal de los tejidos), especialmente si uno o ambos progenitores padecían esta enfermedad.

Pastor de Anatolia

Los pastores de Anatolia son conocidos por su inteligencia y lealtad[88]

Conocidos por su inteligencia y lealtad, los pastores de Anatolia son la encarnación del perro guardián perfecto. Son independientes y tranquilos por naturaleza, pero tienden a ladrar en exceso cuando perciben una amenaza. Esto suele ocurrir cuando los depredadores se acercan demasiado; de lo contrario, estos canes no llamarán la atención. Si lo hacen, puede estar seguro de que están haciendo su trabajo de proteger a sus animales y propiedades. Pueden emparejarse con ganado de todos los tamaños, y puede estar seguro de que los mantendrán a salvo mientras usted atiende sus otras responsabilidades en su granja/casa.

Los anatolios son perros grandes y musculosos con pelaje corto, lo que significa que se desenvuelven bien en climas cálidos. Puede dejarlos solos con el rebaño o manada durante varios días y estarán bien. Tienen muy pocos problemas de salud, pero requieren un adiestramiento intensivo. Hay que ser asertivo al adiestrarlos para que aprendan lo que se requiere de ellos. De lo contrario, actuarán de forma independiente y, aunque es poco probable que hagan daño al ganado, podrían dañar su propiedad en su intento excesivamente entusiasta de ahuyentar una amenaza percibida.

Komondor

Los komondor son caninos musculosos[89]

Al igual que los anatolios, los komondor son caninos musculosos, lo que los hace perfectos para vigilar grandes rebaños o utilizarlos en zonas donde los depredadores de mayor tamaño representan una amenaza frecuente. En lugar de ladrar, se lanzan a la acción y ahuyentan a los depredadores u otros intrusos que deambulan por su propiedad. Solo su tamaño puede bastar para disuadir a las pequeñas molestias y para que el ganado les respete. Son muy enérgicos, por lo que se recomiendan para territorios más grandes donde puedan corretear y salvaguardar activamente rebaños o manadas más grandes de animales de granja.

Los komondors tienen un pelaje espeso y blanco que es propenso a enredarse. Aun así, les mantiene calientes en los fríos inviernos de los climas más fríos (son originarios de Hungría). El aspecto único de su pelaje también les ayuda a mimetizarse bien con las ovejas, por lo que son los más utilizados para proteger a estos rumiantes. Los komondor requieren un adiestramiento intensivo y una socialización con el ganado antes de que se pueda confiar en ellos para salvaguardarlo. Una vez que el Komondor se familiariza con el rebaño o manada que se le ha encomendado proteger, junto con el territorio, se forma un fuerte vínculo y harán todo lo posible por protegerlos. Se caracterizan por una salud fuerte y una vida larga y activa.

Perro pastor del Cáucaso

Los perros de pastor del Cáucaso se utilizaban para salvaguardar el ganado[40]

Procedente de Rusia, el perro pastor del Cáucaso se utilizaba antiguamente para salvaguardar el ganado de grandes depredadores como lobos y osos. Se trata de canes cada vez más territoriales con un instinto de guarda excepcional. En cuanto perciban una amenaza, se enfrentarán a ella con confianza, por lo que usted no tendrá que preocuparse por la seguridad de su ganado mientras está ocupado con otras tareas.

Con su espeso pelaje de doble capa, estos perros prosperan en climas más fríos y no están hechos para estar al sol todo el día cuando hace calor. Tienen un cuerpo fuerte, lo que les convierte en una excelente protección contra los depredadores, pero son lo suficientemente mansos como para no dañar al ganado pequeño. Aun así, en la práctica, suelen utilizarse para vigilar rumiantes de cuerpo grande o mediano. Tienen pocos problemas de salud y pueden vivir entre 10 y 11 años.

Perro pastor de Maremma

Los perros pastor de Maremma tienen una constitución musculosa[41]

El perro pastor de Maremma es una raza de pelaje abundante y blanco y constitución musculosa destinada a salvaguardar el ganado de depredadores de todos los tamaños. A la vez que protege a los animales de la granja y se vincula con ellos muy fácilmente, este can no dudará en atacar a los intrusos. Se les conoce por ser especialmente protectores con los animales jóvenes, e incluso desconfían de las acciones de su dueño cuando están cerca de ellos. Son la opción perfecta para protegerse de los depredadores de cuatro patas, como coyotes y zorros, porque no se dejarán burlar por estas astutas criaturas. Los Maremmas también son desconfiados y percibirán una amenaza observando el comportamiento de los animales de granja. Alertan a los intrusos ladrando con fuerza, asegurándose de que se les oye y disuadiéndoles de avanzar en su territorio.

Son los guardianes perfectos para las ovejas, especialmente si los animales se mantienen en el exterior durante inviernos suaves y moderados. También les gusta trabajar en grupo, ya que son muy sociables, por lo que pueden emplearse junto a otros perros guardianes de ganado. Tienen pocos problemas de salud, pero son propensos a la displasia de cadera hereditaria.

Kuvasz

El Kuvasz tiene orígenes húngaros[48]

Al igual que el Komondor, el Kuvasz también tiene orígenes húngaros. Son caninos feroces y fuertes, siempre dispuestos a proteger su territorio y rebaño/manada. Forman fuertes lazos con el propietario y el ganado. Aunque no dudarán en actuar ante una amenaza percibida, no son completamente independientes. Prosperan con orientación y órdenes regulares. Al mismo tiempo, son algo más difíciles de adiestrar porque tienden a establecer una posición de liderazgo a una edad temprana. Por la misma razón, es mejor emplearlos solos (sin otros perros guardianes) o con canes con los que hayan sido socializados desde cachorros.

Los Kuvasz son excelentes opciones para ranchos y granjas con razas de ganado mayor. No toleran el comportamiento agresivo de otras especies, incluidos los animales de granja como las aves de corral, pero no les harán daño inadvertidamente. Tienen un pelaje blanco acordonado desarrollado específicamente para mimetizarse con las cabras y las ovejas que se han utilizado para vigilar desde la antigüedad. Toleran bastante bien todas las temperaturas y suelen gozar de buena salud.

Akbash

El Akbash es más pequeño que la mayoría de los caninos utilizados para la protección del ganado[48]

Como muchos otros perros guardianes de ganado, el Akbash tiene el pelaje blanco, aunque de longitud variable. También son más pequeños que la mayoría de los caninos utilizados para la protección del ganado, a menudo más esbeltos que robustos. Aun así, son conocidos por ser excelentes guardianes contra carnívoros depredadores como los lobos. Junto con su nombre, que se traduce como "cabeza blanca", estos perros proceden de Turquía.

Son independientes pero requieren bastante socialización antes de convertirse en guardianes eficientes y buenos compañeros de su rebaño o manada. Mantendrán una vigilancia atenta una vez que se familiaricen con su territorio y sus compañeros. No son pastores, lo que los hace adecuados para salvaguardar el ganado vacuno y ovino en un territorio más pequeño. No tienen muchos problemas de salud y pueden servir durante mucho tiempo en la mayoría de los climas.

Tosa Inu

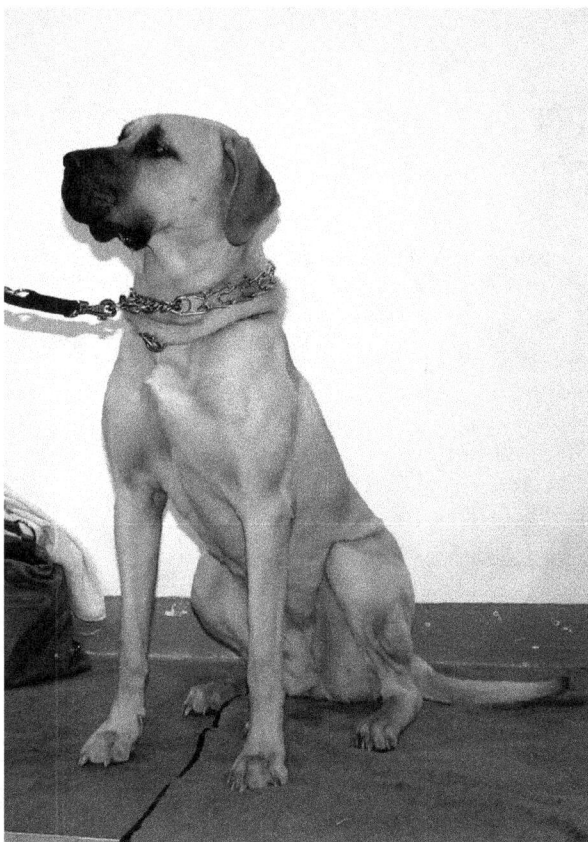

Los Tosa Inu pueden llegar a pesar hasta 130 libras"

A diferencia de la raza anterior, el Tosa Inu es mucho más grande y puede alcanzar hasta 130 libras de peso. Una de las mayores ventajas de un perro de este tamaño es que pueden llegar a ser más vigilantes, ya que no requieren tanto ejercicio como las razas más pequeñas. A pesar de su intimidante presencia (útil cuando necesitan ahuyentar a los intrusos), son mansos con su manada o rebaño. Al mismo tiempo, su instinto de presa excepcionalmente elevado garantizará que ningún depredador ponga en peligro su ganado o su propiedad. Además, requieren dirección y, a pesar de que les encanta vigilar pasivamente, no les gusta quedarse sin tarea.

A diferencia de otras razas guardianas, el Tosa Inu no es agresivo con las personas. Su pelaje corto y de color marrón claro les hace adecuados para todos los climas. Sin embargo, son propensos a desarrollar problemas articulares y enfermedades óseas, además de cáncer.

Mastín del Tíbet

El mastín tibetano tiene una presencia imponente"

Con un peso corporal que alcanza la asombrosa cifra de 160 libras, el Mastín Tibetano tiene una presencia imponente. Al igual que la anterior raza canina de gran tamaño, esta también tiene un pelaje y una cola cortos. Al requerir niveles moderados de ejercicio, son excelentes perros de rebaño para manadas y rebaños de todos los tamaños. Prosperan en climas más fríos porque, a pesar de ser cortos, su pelaje es relativamente denso. Sin embargo, pueden soportar temperaturas moderadamente cálidas siempre que no necesiten correr todo el día.

Los mastines tibetanos son increíblemente territoriales, lo que los convierte en el perro guardián perfecto. Percibirán a los intrusos desde muy lejos y se lanzarán a la acción para proteger a sus animales de granja y su propiedad si es necesario. A pesar de su gran instinto de presa, son gigantes mansos cuando se trata de su rebaño o manada, y socializan bien con sus dueños (incluidos los niños pequeños). Son propensos a tener problemas oculares y afecciones hereditarias como la displasia de cadera y de codo.

Cómo elegir la raza de perro guardián de ganado adecuada

Si se pregunta cómo elegir la raza adecuada en función de sus necesidades, el ganado y el clima, he aquí algunos consejos que le ayudarán a tomar una decisión informada.

Determine sus necesidades

El primer paso para encontrar un perro guardián adecuado es determinar sus necesidades en función de los animales que tenga y dónde los tenga. ¿Tiene predominantemente ganado mayor, como vacas o caballos? Si es así, necesitará un perro poco energético. Sin embargo, suponga que tiene animales más pequeños o que necesitan ser pastoreados. En ese caso, un can de alta energía prosperará correteando. Por el contrario, estos perros no encajarán bien en la vigilancia de interiores, ya que se aburrirán, se mostrarán desatentos o agresivos. Considere también cuánto espacio necesitarán cubrir los guardianes caninos. Si tiene una granja grande con varios pastos, es probable que necesite varios perros; en ese caso, opte por los que trabajen bien en grupo. Responder a estas y otras preguntas sobre sus requisitos y condiciones le ayudará a encontrar el can que mejor se adapte a ellos.

Piense en las necesidades de su perro guardián

Otro aspecto crucial a tener en cuenta son todas las necesidades de su perro guardián. Aunque la mayoría de los perros guardianes de ganado prosperan siendo trabajadores independientes, algunos requieren más atención y cuidados que otros. Algunos perros pueden quedarse solos vigilando durante días, y necesitará proporcionarles suficiente comida y agua durante este tiempo. Son ideales si vive lejos de su granja y solo puede visitarla ciertos días. Otros perros son más sociables y prosperan mejor si interactúan con su dueño a diario. Piense en su clima. Los perros guardianes viven en el exterior, pero si vive en un clima inestable o con temperaturas excesivamente cálidas, su protector canino necesitará algún tipo de refugio contra los elementos.

Investigue las posibles razas y perros

Una vez que tenga claras sus necesidades y la condición, puede investigar las distintas razas de perros guardianes para acotar su elección. En este punto, tenga en cuenta el *adiestramiento*. Algunos criadores adiestran a los perros guardianes con fines precisos. Sin embargo, aún tendrá que ocuparse de socializar a su can en su propiedad y con los animales a los que vigilará y junto a los que trabajará (si tiene varios perros guardianes). Dependiendo del tipo de animales que tenga, puede que también tenga que pensar en un adiestramiento especializado para tareas como el pastoreo, por ejemplo. Considere cuánto está dispuesto a invertir en adiestramiento (algunos perros requieren mucho más adiestramiento que otros) antes de decantarse por una raza u otra. Cuando encuentre la raza adecuada, puede proceder a buscar los perros individuales. Recuerde que no todos los perros serán adecuados para convertirse en guardianes del ganado a pesar de que su raza sea conocida como protectora.

¿Es la itinerancia una opción?

Aunque los perros guardianes del ganado pueden adiestrarse para ceñirse a un territorio vallado, algunos son más propensos a vagabundear. Los perros con mucha energía preferirán cubrir una distancia mayor cuando busquen presas y, si tiene una granja pequeña, esto podría llevarlos fuera de su propiedad. Además de causar posibles problemas con los vecinos, esto también puede ser problemático si se niegan a permanecer dentro de la pequeña zona en la que los ha colocado junto al rebaño o manada que deben vigilar. Si desea que sus guardianes caninos permanezcan en pequeños pastos, opte por una raza no errante que se conforme con medidas de protección pasiva, como la vigilancia de señales de depredadores por el comportamiento del ganado.

Considere el temperamento del can

Aunque la mayoría de los guardianes del ganado se caracterizan por un temperamento tranquilo, los que requieren mayores niveles de actividad podrían volverse ansiosos o agresivos en espacios reducidos. Al mismo tiempo, no querrá que su perro guardián sea tímido o se acobarde ante otros animales, sobre todo si necesita que le proteja de los depredadores. *El instinto de pres* a es la característica instintiva de un perro para encontrar, perseguir y capturar a otro animal. La mayoría de los perros guardianes de ganado se crían para que no tengan un fuerte instinto de presa, de modo que puedan vigilar a los animales de granja en lugar de cazarlos y hacerles daño. Sin embargo, algunos guardianes caninos seguirán persiguiendo instintivamente a otros animales que invadan o amenacen con invadir su territorio. Esto puede ser positivo para mantener a raya a los carnívoros depredadores. En este caso, investigar si existe una amenaza (como hacen la mayoría de los caninos con poco instinto de presa) no es suficiente. Necesitan enfrentarse activamente a los intrusos. Si vive en una zona con una alta prevalencia de depredadores, necesitará un perro con un elevado instinto de presa, pero que no dañe a su ganado. En este caso, el objetivo es encontrar un equilibrio entre la calma y el estado de alerta. Sin embargo, si no tiene muchos depredadores en la zona y su principal preocupación es tener un perro de pastoreo que acabe ahuyentando a los bichos que puedan dañar su propiedad y portar enfermedades, entonces necesitará un perro más tranquilo con un menor instinto de presa para evitar que muerda o persiga a los animales de la granja.

Los ladridos son otro factor a tener en cuenta. ¿Quiere que su guardián canino le alerte de una amenaza para su ganado con ladridos intensos, pero que luego espere sus órdenes a menos que el intruso ataque? Si no es así, entonces necesita un pensador independiente que salte a la acción en lugar de limitarse a alterarse con ladridos o aullidos. Además, los ladradores pueden no llevarse bien con ciertos tipos de animales y agitarse y confundirse aún más. Aunque ser alertado de una amenaza es beneficioso para el perro guardián, crear confusión puede hacerles más vulnerables a los depredadores (por ejemplo, podrían correr en dirección contraria a la que se supone que deben correr y acabar en una zona donde los depredadores puedan alcanzarles).

Examine las interacciones del perro con el ganado

Considere cómo quiere que los guardianes caninos interactúen con su ganado. ¿Quiere que su ganado siga las indicaciones del perro cuando pastoree, pero que no le tenga miedo? En caso afirmativo, busque una raza con un comportamiento naturalmente imponente sin ser excesivamente dominante. Deben ser cautelosos, pero es fácil socializarlos con los animales de granja. Algunas razas prefieren vigilar desde lejos y no dejarse coger o pisar accidentalmente por el ganado. Si tiene que guardar animales más grandes, no querrá un perro que los muerda si accidentalmente lo pican. Asimismo, algunas razas de perro prefieren correr por el territorio ganadero, mientras que otras pasean tranquilamente con su ganado, observando en silencio su comportamiento. Estos últimos también dormirán de buena gana junto a los animales, así que si esto es algo que necesita, busque razas a las que no les importe interactuar y socializar con su rebaño.

Capítulo 5: Adiestramiento, alimentación y cuidados

Este capítulo le guiará a través de los fundamentos del adiestramiento de los LGD. Entenderá qué es el adiestramiento de obediencia o comunicación y por qué es un precursor esencial de la socialización. También encontrará consejos para el adiestramiento del LGD, trucos, órdenes básicas y otras órdenes que podrá enseñar a su perro. A continuación, conocerá las distintas opciones de nutrición entre las que puede elegir y comprenderá los factores que determinan el tipo y la cantidad de comida que su perro necesita para prosperar. Por último, aprenderá sobre cuidados veterinarios y dentales, vacunas, detección de signos de enfermedad, control de parásitos y acicalamiento.

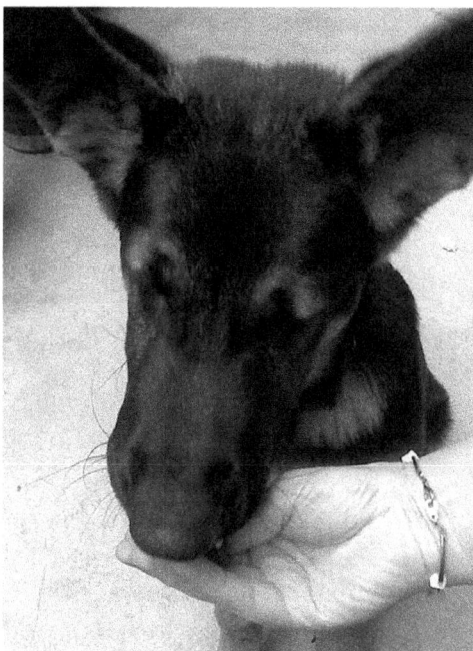

Los perros guardianes requieren unos cuidados adecuados[46]

Adiestramiento de su perro guardián de ganado

La creencia de que los perros guardianes no necesitan interactuar y establecer vínculos con los humanos es un error muy común. Como todos los demás, los perros guardianes de ganado ansían establecer lazos de compañerismo con sus humanos. Aunque los LGD (perros guardianes de ganado) son muy inteligentes y capaces de proteger el ganado, incluso sin supervisión constante, siguen acudiendo a sus dueños en busca de apoyo, orientación, aprobación y, lo que es más importante, compañerismo.

Adiestrar a los LGD es un proceso largo. Sin embargo, no debería ser demasiado difícil de llevar a cabo con las técnicas y herramientas adecuadas. Si elige la raza adecuada para la persona a la que va dirigida, esta debería responder a sus esfuerzos siempre que las sesiones de adiestramiento sean divertidas, ligeras e interesantes.

Adiestramiento en obediencia (comunicación)

Cuando adiestre a un LGD, debe comenzar con el adiestramiento de obediencia antes de presentarlo al ganado que protege. Esto lo preparará para el éxito en su papel de perro guardián y garantizará que responda a sus órdenes y adopte comportamientos deseables. El adiestramiento en obediencia es esencial para unas relaciones e interacciones sanas y para la seguridad de su perro, del ganado y de las personas.

Los perros guardianes suelen ser muy grandes y poderosos. Si no están adiestrados en obediencia, cualquier movimiento o acción repentina que realicen podría poner en peligro a los demás. Imagine a su gran mastín saltando sobre un niño (incluso con la intención de jugar con él). Si no consigue que el perro le haga caso, probablemente haría daño a ese niño.

También podría ponerse en peligro a sí mismo si no escucha sus órdenes. Por ejemplo, si el perro ataca a un depredador y usted observa que el animal intenta huir, el perro no responderá si usted le ordena que "venga" o que lo suelte. El depredador, en ese caso, podría herir a su perro. En algunos casos, los GDL que nunca han presenciado un parto podrían matar al ganado recién nacido, confundiéndolos con fuentes potenciales de peligro. Esta es otra situación en la que el adiestramiento en obediencia resulta útil.

Crear un vínculo fuerte es tanto una base como un resultado del adiestramiento en obediencia. Si quiere que su perro le haga caso, debe invertir tiempo y esfuerzo en construir una relación sólida con él. Debe crear una asociación en la que ambos se cuiden, respeten y cuiden el uno del otro. Su perro corresponderá a cómo lo trata y a lo que siente por él.

Muchos adiestradores de perros sugieren que "el adiestramiento de obediencia es un término anticuado, y que la palabra 'obediencia' debería sustituirse por 'comunicación'". Nunca debe acercarse a su perro desde un lugar de poder y control. Por el contrario, considérelo una forma de enseñar a su perro a trabajar con usted y una oportunidad de aprender a trabajar con él. Manteniendo la mentalidad de asociación y comunicación, acabará consiguiendo que el perro le obedezca.

Técnicas de adiestramiento en positivo

Los métodos de adiestramiento en positivo requieren que usted refuerce los comportamientos deseables en lugar de utilizar el castigo y la vergüenza para disuadir a su perro de comportamientos indeseables. Utilizar palabras de elogio, pausas para jugar y golosinas y hacer que las sesiones de adiestramiento se parezcan más a un juego permitirán que su perro perciba el adiestramiento y la obediencia como algo divertido y gratificante en lugar de obediente y dominante.

Al adiestrar a su perro, debe tener en cuenta sus necesidades y comportamientos. Por ejemplo, si tiene comportamientos inusuales o ladra más de lo habitual, debe mostrar preocupación. Compruebe si hay algo a lo que ladra, acarícielo y tranquilícelo. Responder a las necesidades y preocupaciones de su perro se percibirá como un signo de atención y respeto, lo que reforzará aún más su vínculo y aumentará la eficacia de sus esfuerzos de adiestramiento. Utilizar métodos de adiestramiento en positivo no solo es muy eficaz, sino que además es la única forma ética y humana de tratar a su perro.

Consejos y trucos para adiestrar a su perro

1. **Libere toda la energía acumulada.** Si su perro está excitado y todo exaltado durante la sesión de adiestramiento, tendrá dificultades para enseñarle nada. Asegúrese de que ha tenido tiempo suficiente para hacer ejercicio y jugar, de modo que esté más tranquilo y menos hiperactivo cuando empiece.

2. **Cree una zona libre de distracciones.** La mayoría de los perros se distraen muy fácilmente con cualquier sonido, objeto o incluso

olor que les resulte interesante. A los perros, sobre todo a los que nunca han sido adiestrados, suele costarles aprender cosas nuevas. Adiestrarlos en un lugar donde es probable que se encuentren con diversos estímulos externos no se lo pone nada fácil. Elija un entorno libre de distracciones para sus sesiones de adiestramiento para obtener experiencias de aprendizaje más fructíferas.

3. **Lo más importante: disfrute.** Los perros son criaturas juguetonas por naturaleza. Responden y se involucran con cosas que perciben como divertidas. Sus sesiones de adiestramiento deben ser divertidas y sentirse como un juego y no como una tarea. Aproveche esta oportunidad para establecer un vínculo con su perro y pasar juntos un rato divertido y de calidad.

4. **Establezca un sistema** de recompensas. Debe utilizar recompensas para reforzar el buen comportamiento dando al perro algo que desee cada vez que responda a una de sus señales. Conocer a su perro le permitirá determinar qué recompensa desea más. Algunos perros prefieren las golosinas, a otros les encanta jugar con su juguete favorito durante unos minutos y, para otros, las palmaditas, las caricias en el vientre y unas palabras de elogio bastarán.

5. **Sepa cuándo son necesarias las pausas** Lo más probable es que sus esfuerzos resulten contraproducentes si reanuda el adiestramiento de su perro cuando ambos están claramente frustrados. A veces, ambos deben tomarse un descanso durante unos días. Sin embargo, cuando esté de descanso, evite dar señales u órdenes a su perro; si no responde, tendrá que volver a adiestrarlo. También debe intentar siempre terminar la sesión con éxito.

6. **Pruebe sus órdenes en diferentes escenarios.** Si ha conseguido que su perro "venga", por ejemplo, en el patio trasero, debe intentar que responda a la orden en el parque, en el porche o dentro de casa. Algunos perros no entienden que su respuesta a una orden determinada no depende del contexto o el entorno, por lo que debe probar sus respuestas en lugares diferentes.

7. **Introduzca distracciones.** Si su perro responde con éxito a sus órdenes en diferentes entornos, debe introducir gradualmente distracciones en el contexto. Debe asegurarse de que su perro le escucha incluso cuando encuentre algo más interesante que hacer

o explorar. Recuerde que, como guardián del ganado, su perro estará rodeado de múltiples distracciones, por lo que este paso es esencial. Una vez que haya completado su adiestramiento de obediencia básica, deberá trabajar para adiestrarlo en un parque concurrido, rodeado de otras personas y animales, y cerca del ganado. También debe adiestrarlo incluso cuando aún esté hiperactivo y no haya tenido la oportunidad de liberar su exceso de energía. Su adiestramiento tendrá éxito cuando su perro le responda independientemente de cómo se sienta y del entorno.

La duración del adiestramiento depende de lo receptivo que sea su perro. Sin embargo, en la mayoría de los casos, tendrá que adiestrar constantemente a su perro durante varios meses antes de que esté preparado para vigilar el ganado. No se rinda y recuerde que, por imposible que le parezca, todos los perros son adiestrables si invierte el tiempo, el esfuerzo y la constancia que necesitan.

Espere que el ritmo de aprendizaje de su perro varíe según las distintas órdenes. Puede que capte algunas en solo unos días y tarde semanas en aprender otras. Evitar la frustración y ser paciente es la clave. También debe ser consciente de cuándo detiene o disminuye las recompensas. Debe hacerlo cuando esté seguro de que no perderá el control.

Las 6 órdenes principales

Varias órdenes resultan útiles para un perro guardián de ganado; sin embargo, las 6 más importantes son:

1. **Mírame** Esta orden es muy útil y suele ser fácil de aprender para los perros. Puede prepararle para el éxito en el resto del adiestramiento porque anima a su perro a mirarle y a centrarse en lo que usted tiene que decir. Puede utilizar esta orden como distracción si necesita que deje de hacer algo que no debe. También le permite (normalmente) llamar su atención independientemente de la situación.

2. **Sentarse.** Es necesario que su perro aprenda esta orden antes de que pueda enseñarle a "quedarse". Es más fácil que los perros aprendan a quedarse cuando ya están sentados.

3. **Quedarse.** Enseñar a su perro a quedarse es crucial porque, en muchos casos, es la única forma de conseguir que retroceda por su seguridad o de evitar que haga daño a otras personas.

4. Venir. Al igual que la orden "quieto", "ven" puede utilizarse para impedir que su perro se haga daño a sí mismo o a otros. También suele ser una solución más segura al problema.

5. Déjelo. Esta es otra orden que puede proteger tanto a su perro como al ganado. Si observa que un depredador intenta huir o su perro ataca por error al ganado (recién nacido o nuevo), puede pedirle con seguridad que deje en paz al animal.

6. Apagado. Otra orden fácil que puede enseñar a su perro es pedirle que se baje si salta sobre usted u otras personas. Muchos perros dejan de saltar sobre la gente por completo si sus dueños les repiten esta orden lo suficiente para que comprendan que es algo que no deben hacer.

Otras órdenes útiles, aunque no esenciales, son levantarse, agacharse y sacudirse. Algunas personas también piden a sus perros que ladren a demanda mediante la orden "hablar". En realidad, esta orden puede ayudar a potenciar los instintos protectores del perro, animándole a ladrar cuando algo va mal.

Duración y desafíos

Aunque existen pautas generales que debe seguir al adiestrar a su LGD, debe tener en cuenta que el proceso de adiestramiento no es único. Al igual que los humanos, cada perro tiene una personalidad única que lo hace más receptivo a ciertos tipos de adiestramiento a la orden. Mientras que algunos perros más amistosos y protectores por naturaleza son más proclives a establecer vínculos con el ganado y vigilarlo, otros pueden necesitar más tiempo para comprender lo que se les pide. Esto también se aplica a su ganado. Algunos se adaptarán fácilmente y responderán bien a la presencia del perro. Por el contrario, otros mostrarán inicialmente signos de agresividad hacia el perro.

Cada propietario de ganado y de LGD experimenta retos únicos a lo largo del proceso porque la situación depende únicamente de cómo se relacionen los animales entre sí. El proceso de socialización es el paso más crucial. Es donde surgen la mayoría de los problemas y cuando hay que ser más paciente y creativo para encontrar soluciones. También debe saber que el proceso de adiestramiento requiere mucho ensayo y error hasta que descubra qué funciona mejor para su perro.

Lo mejor es que si decide adquirir y adiestrar más perros más adelante, se enfrentará a muchos menos retos. Usted tendrá más experiencia y estará más preparado, y los cachorros responderán mejor porque modelarán de forma natural los comportamientos del LGD adiestrado. En muchos casos, los LGD mayores corrigen a los cachorros más jóvenes, con lo que su única responsabilidad será supervisar y vigilar el proceso.

Cuando piense en adquirir un LGD, también debería considerar la posibilidad de tener más de un perro. Los LGD funcionan mejor en manada, es probable que muestren muchos menos problemas de comportamiento y experimenten retos de adiestramiento cuando trabajan en grupo. Y lo que es más importante, un solo perro no puede controlar eficazmente a los depredadores y proteger todo su rancho. No obstante, el número exacto de animales de guarda que necesita depende del tamaño de su rancho, del número y tipo de ganado que posea y de la naturaleza de los depredadores circundantes.

Alimentar a su LGD

Supongamos que lleva un tiempo leyendo sobre el cuidado y la alimentación de los LGD. En ese caso, probablemente se habrá dado cuenta de que el mayor debate en relación con la nutrición de los LGD es si debe optar por alimentos comerciales o crudos. Muchos profesionales sugieren que los LGD deben alimentarse con comida cruda, ya que descienden de los lobos. Por el contrario, otros argumentan que los perros domesticados tienen necesidades dietéticas y sistemas digestivos totalmente diferentes, lo que exige una dieta más variada y equilibrada. No existe un enfoque sólido correcto o incorrecto sobre cómo debe alimentar a su perro, siempre que esté sano y reciba todos los nutrientes que necesita para prosperar.

Comida comercial para perros

La mayoría de los propietarios de LGD prefieren alimentar a sus perros con comida comercial de alta calidad (algunos recomiendan también los tipos sin cereales), ya que contiene el equilibrio adecuado de proteínas, grasas, carbohidratos, vitaminas y minerales. Este es un buen punto de partida, y siempre puede cambiar de opinión y probar dietas diferentes más adelante. Asegúrese, no obstante, de consultar a un veterinario antes de hacer diferencias sustanciales.

Existen numerosas marcas comerciales de comida para perros en el mercado, desde opciones muy asequibles a otras extremadamente caras. Por desgracia, los propietarios de perros han comprobado una y otra vez que se obtiene lo que se paga en términos de calidad y valor nutricional. Las marcas baratas no satisfarán las necesidades nutricionales de su perro, dejándole siempre hambriento y fatigado. Acabará teniendo que alimentarlo más, lo que puede provocar el sobrepeso del perro. Incluso cuando esto ocurra, su perro seguirá teniendo carencias nutricionales. Utilice cuencos muy grandes y duraderos para alimentar a su perro.

Cantidades de comida

Puede alternar entre varias marcas de alta calidad para que su perro no se aburra al cabo de un tiempo. Por lo general, los perros adultos deben alimentarse dos veces al día, mientras que los cachorros requieren una comida adicional. Dicho esto, algunos propietarios de perros prefieren alimentar a los cachorros unas 4 veces al día hasta que tengan al menos tres meses. Aunque se trata de indicaciones genéricas, debe consultar a su veterinario porque comprenderá mejor las necesidades únicas de su perro. La cantidad exacta de comida que necesita un perro depende de su peso y sus niveles de actividad. Las perras mayores, preñadas y lactantes, así como las que padecen problemas de salud, también requieren una alimentación específica.

Si tiene muchos perros en su rancho, alimentar a cada uno de ellos dos veces al día puede ser una tarea desalentadora. Por ello, muchos propietarios de ranchos prefieren alimentar a sus LGD en libertad. Si también debe hacerlo, intente vigilar los hábitos alimenticios de sus perros, así como su peso, para asegurarse de que no engordan más de lo que se considera saludable.

Si planea someter a su perro a una dieta cruda, también debe consultar a su veterinario sobre cómo aplicarla con seguridad y asegurarse de que su perro satisface sus necesidades nutricionales. Algunas marcas ofrecen opciones de alimentos crudos congelados, secos y deshidratados para perros, que se consideran cómodos y fáciles de servir.

Cuidados sanitarios y de rutina

Cuidados veterinarios

- Los perros adultos deben someterse a un examen veterinario anual (como mínimo).

- Los cachorros (hasta los 4 meses de edad) deben acudir al veterinario cada 3 o 4 semanas.

- Los perros de más de 7 años deben someterse al menos a 2 exámenes veterinarios al año.

Signos de enfermedad

Los propietarios de perros pueden detectar fácilmente signos de enfermedad observando cambios en el comportamiento de su perro. Debe llevar a su perro al veterinario si observa cambios en el apetito, los niveles de actividad, la frecuencia de micción, picores, cojera o signos más evidentes de enfermedad.

Vacunas

Los perros deben vacunarse igual que las personas. Haga un seguimiento con su veterinario para estar al día de las vacunas rutinarias de su perro para protegerlo contra las enfermedades. La rabia, el moquillo y el parvovirus se consideran vacunas esenciales. Sin embargo, dependiendo de las circunstancias ambientales y regionales, su perro podría necesitar vacunas adicionales.

Control de parásitos

Tenias, ascárides, tricocéfalos y anquilostomas son algunos de los principales parásitos intestinales que pueden desarrollar los perros. Estos parásitos pueden dañar gravemente el sistema digestivo del animal y dificultar su capacidad para absorber los nutrientes que necesita. La mejor forma de detectar si su perro tiene un parásito intestinal es hacer analizar una muestra de heces al menos una vez al año. Asegúrese de limpiar con frecuencia las heces de su perro, ya que algunos parásitos pueden transmitirse a los humanos y a otros animales.

Algunos parásitos, como los gusanos del corazón, que suelen ser mortales, se transmiten a través de las picaduras de mosquitos. Los perros también pueden contraer parásitos externos como los ácaros de la sarna, las pulgas y las garrapatas. Puede utilizar aerosoles corporales especializados como medidas preventivas para proteger a su perro.

Cuidado dental

Alimentar a su perro con comida seca, ofrecerle ciertos juguetes para masticar y cepillarle los dientes con regularidad le ayudará a mantener sanas sus encías y dientes.

Aseo

Debe cepillar el pelo de su perro con regularidad para deshacerse de los enredos, retirar pequeños objetos que pudieran haberse enredado accidentalmente en él y eliminar el pelo desprendido. Los mechones y enredos pueden irritar la piel de su perro, haciéndolo más propenso a desarrollar infecciones. También debe bañar a su perro con champú para mascotas periódicamente. Consulte a su veterinario sobre la frecuencia con la que debe bañar a su perro, ya que un lavado excesivo puede irritar la piel.

Este capítulo sirve de miniguía sobre cómo adiestrar, alimentar y cuidar a los perros guardianes del ganado para garantizar su bienestar y eficacia en la protección de su ganado. Ahora que lo ha leído, comprenderá por qué el adiestramiento, la alimentación y los cuidados son cruciales para el éxito de su perro en su papel de guardián.

Capítulo 6: Solución de problemas de comportamiento del LGD

En este capítulo fundamental, explorará los comportamientos del perro guardián del ganado (LGD), reconociéndolos como el eje para proteger adecuadamente el ganado y la propiedad. El énfasis aquí se extiende más allá de abordar los desafíos de comportamiento únicamente para la funcionalidad de los LGD; resuena con la comprensión fundamental de que su bienestar está inexorablemente ligado a su competencia como guardianes. Este capítulo navega por la identificación y comprensión de los problemas de comportamiento. Esboza intrincadamente métodos para abordar y resolver eficazmente estos desafíos.

Tómese el tiempo necesario para comprender el comportamiento de su perro guardián[47]

Realización de una evaluación exhaustiva

A la hora de abordar los comportamientos del perro guardián de ganado, es crucial llevar a cabo una evaluación. Este proceso multifacético implica una observación aguda, el establecimiento de una línea de base, la identificación de los factores desencadenantes, la evaluación de la salud y el análisis de las interacciones tanto con los humanos como con el ganado. He aquí los pasos que puede dar para llevar a cabo una evaluación exhaustiva.

Técnicas de observación

Para iniciar este proceso, observe al LGD en su entorno natural. Sea testigo de la intrincada danza de sus interacciones con el ganado, tomando nota de su comportamiento y sus acciones. Observe cómo responde a las amenazas potenciales, mostrando alerta, agresividad o miedo. Documente las pautas de comportamiento habituales, incluido el marcaje territorial, las rutas de patrulla y las interacciones sociales con humanos y otros animales.

Establecer comportamientos de referencia

La creación de una línea de base es fundamental para identificar desviaciones que puedan ser señal de problemas subyacentes.

Documente las actividades diarias típicas del LGD, incluyendo el patrullaje, el descanso y la interacción con el ganado y los humanos. Comprenda el sentido del territorio del perro, observando sus comportamientos territoriales y cómo marca y defiende su espacio. Esta línea de base sirve como punto de referencia para reconocer los cambios de comportamiento.

Identificar los desencadenantes

Los desencadenantes desempeñan un papel importante a la hora de influir en el comportamiento del LGD. Identifique los cambios ambientales que puedan actuar como desencadenantes, como la aparición de nueva fauna, construcciones o alteraciones en el paisaje. Registre las reacciones del LGD ante estos desencadenantes potenciales, anotando si responde con calma o muestra signos de estrés o agresividad. Este conocimiento ayuda a abordar las causas profundas de los comportamientos indeseables.

Salud y examen físico

La integración de la salud en el proceso de evaluación es crucial. Colabore con los profesionales veterinarios para llevar a cabo un examen físico completo, asegurándose de que el LGD goza de una salud física óptima. Aborde cualquier problema de salud que pueda influir en su comportamiento, reconociendo que el dolor o el malestar pueden manifestar cambios de comportamiento. Un enfoque holístico abarca tanto el bienestar físico como el mental.

Analizar las interacciones

Evalúe cómo interactúa el LGD tanto con los humanos como con el ganado. Evalúe la calidad del vínculo entre el LGD y sus cuidadores, garantizando una comunicación coherente y positiva. Examine las interacciones del LGD con el ganado, buscando signos de estrés o agresividad y evaluando su eficacia en la protección del rebaño. La dinámica de estas interacciones proporciona una visión profunda del rendimiento y los retos del LGD.

Desviaciones del comportamiento

Identificar las desviaciones de las líneas de base establecidas es vital. Registre cualquier cambio en el comportamiento, como el aumento de la agresividad, el retraimiento o la alteración de los patrones de patrulla. Documente cuándo se producen estas desviaciones del comportamiento, ya estén relacionadas con momentos concretos del día, estaciones o acontecimientos. Esta comprensión matizada ayuda a identificar los retos y a adaptar las estrategias de intervención específicas.

Desarrollar un plan de intervención personalizado

Tras identificar los retos, empodérese para desarrollar un plan de intervención a medida. Aborde cada reto identificado individualmente, centrándose en los desencadenantes y las causas subyacentes. Haga hincapié en las intervenciones graduales para evitar abrumar al LGD, garantizando la coherencia en el refuerzo de los comportamientos positivos. Este enfoque personalizado reconoce la singularidad de cada perro y situación.

Bienestar holístico

Reconozca la importancia del bienestar holístico para los LGD. Considere la estimulación mental como un componente vital, incluyendo actividades que comprometan su inteligencia y sus instintos. Cree un entorno que fomente la realización emocional, asegurando un LGD contento y equilibrado. El bienestar holístico contribuye a una protección adecuada y a la calidad de vida general del LGD.

Seguimiento continuo

Destaque la naturaleza dinámica de los comportamientos del LGD y la necesidad de una supervisión continua. Fomente la evaluación continua para hacer un seguimiento de la eficacia de las intervenciones y tomar nota de cualquier patrón de comportamiento en evolución. Destaque la importancia de la adaptabilidad de las estrategias, ya que los comportamientos de la LGD pueden evolucionar, lo que requerirá ajustes en el plan de intervención. Este enfoque cíclico garantiza una eficacia sostenida y un tutor receptivo.

Problemas de comportamiento comunes

• Agresión hacia los humanos

Instintos territoriales

Los perros guardianes de ganado (LGD) muestran un fuerte instinto territorial arraigado en su historia evolutiva como protectores. Este comportamiento se manifiesta como agresividad hacia los humanos percibidos como intrusos en su territorio designado. Este instinto es vital para su naturaleza protectora, pero requiere un manejo cuidadoso para garantizar unos límites adecuados.

Miedo o ansiedad

La agresividad derivada del miedo o la ansiedad es un aspecto complejo del comportamiento de los LGD. A menudo se remonta a una socialización insuficiente durante las etapas críticas del desarrollo. Los LGD no expuestos a diversos entornos, personas y estímulos pueden percibir a los humanos como amenazas, desencadenando una agresión defensiva. Comprender estas respuestas basadas en el miedo es crucial para abordar la causa raíz.

Proteger los recursos

La protección de los recursos, incluida la agresión para proteger recursos valiosos, está arraigada en los LGD. Esto puede extenderse a la comida, el refugio y las zonas favorecidas dentro de su territorio. Reconocer y gestionar la agresión basada en los recursos implica crear un entorno que minimice la competencia y el estrés y desarrolle una coexistencia armoniosa entre el LGD y los humanos.

• Agresión hacia el ganado

Socialización deficiente

Una socialización inadecuada durante las etapas formativas de la vida de un LGD puede provocar agresividad hacia el ganado. Sin exposición a diversos animales durante su desarrollo temprano, los LGD pueden ver al ganado como algo desconocido y potencialmente amenazador. Abordar la socialización deficiente implica introducciones graduales y refuerzos positivos para generar confianza.

Estrés o miedo

Los cambios en el entorno, los procedimientos de manejo o los acontecimientos inesperados pueden inducir estrés o miedo en los LGD, provocando agresiones hacia el ganado. Comprender los factores desencadenantes y las fuentes de estrés es esencial para desarrollar estrategias que alivien la ansiedad, creando un entorno en el que el LGD se sienta seguro en su papel de guardián.

Instintos maternales

Las hembras LGD pueden mostrar agresividad protectora, especialmente durante las épocas de cría o cuando salvaguardan a sus crías. Este instinto maternal es un comportamiento natural arraigado en garantizar la seguridad y el bienestar de la manada. Gestionar la agresividad relacionada con el instinto maternal implica proporcionar un entorno de apoyo para que la LGD pueda cumplir su función protectora sin comprometer la seguridad.

• Comportamiento de ladrido

Defensa territorial

El ladrido excesivo es una herramienta de defensa territorial, un aspecto fundamental del papel de un LGD. Comprender que el ladrido es una forma de comunicación para establecer y defender el territorio es crucial. Las intervenciones eficaces permiten al LGD cumplir con sus deberes protectores y minimizar el ruido excesivo en entornos residenciales o compartidos.

Falta de estimulación

El aburrimiento es un desencadenante común de los ladridos excesivos en los LGD. Estos perros inteligentes y activos requieren estimulación mental y física. La puesta en práctica de actividades de enriquecimiento, juegos interactivos y estímulos variados puede aliviar el aburrimiento, abordar la causa fundamental de los ladridos excesivos y promover un LGD más contento.

Comunicación

El ladrido es un medio natural de comunicación para los LGD. El aumento de los ladridos puede significar una mayor conciencia de las amenazas percibidas o una necesidad de comunicarse con los humanos o con otros animales. Descifrar los matices de sus señales de comunicación permite a los propietarios responder adecuadamente, fomentando un entendimiento más profundo entre los humanos y los LGD.

• Apatía por los depredadores

Falta de adiestramiento

La apatía hacia los depredadores potenciales puede deberse a un adiestramiento insuficiente. Los LGD necesitan ser adiestrados para reconocer y responder a amenazas específicas. La aplicación de técnicas de adiestramiento coherentes y de refuerzo positivo mejora su capacidad para discernir entre amigo y enemigo, garantizando un control eficaz de los depredadores.

Problemas de salud

El malestar físico o los problemas de salud pueden comprometer la capacidad de un LGD para desempeñar eficazmente sus funciones de guardián. La apatía puede ser un síntoma de un problema de salud subyacente. Las revisiones veterinarias regulares, la pronta solución de los problemas de salud y el ajuste de las responsabilidades del LGD durante la enfermedad contribuyen al bienestar general.

Familiaridad excesiva con el ganado

Los LGD criados junto al ganado desde una edad temprana pueden volverse menos sensibles a las amenazas potenciales, especialmente si perciben al ganado como parte de su grupo social. La sobre familiaridad implica equilibrar el compañerismo con una postura vigilante frente a los depredadores potenciales, preservando los instintos protectores del LGD.

• Comportamiento errante

Falta de límites

El comportamiento errante suele ser consecuencia de un vallado inadecuado o de unos límites territoriales poco claros. Establecer límites claros mediante un vallado seguro es crucial. La creación de un territorio definido ayuda al LGD a comprender sus límites, reduciendo la probabilidad de vagabundeo y fomentando un control territorial eficaz.

Influencias hormonales

Los LGD no castrados o no esterilizados pueden vagabundear en busca de pareja durante las épocas de cría. Abordar las influencias hormonales mediante la esterilización/castración es una medida proactiva para mitigar el comportamiento errante, asegurando que el LGD permanezca centrado en sus responsabilidades protectoras.

Problemas de socialización

Los perros que carecen de una socialización adecuada pueden vagabundear en busca de compañía o estímulos. Introducir experiencias positivas de socialización y asegurarse de que el LGD tiene una interacción adecuada con humanos y otros animales ayuda a abordar los problemas de socialización, reduciendo la motivación para vagabundear en busca de satisfacción social.

• Comportamiento temeroso

Falta de socialización

El comportamiento temeroso o tímido suele deberse a una exposición insuficiente a diversos entornos, personas y estímulos durante el período crítico de socialización en los primeros años de vida del perro. La exposición gradual a experiencias positivas y a un entorno de apoyo ayuda a desarrollar la confianza y a abordar la causa fundamental de los comportamientos basados en el miedo.

Experiencias traumáticas

Los encuentros negativos en el pasado, los malos tratos o las experiencias traumáticas pueden provocar un miedo persistente y un comportamiento tímido. La rehabilitación implica reconstruir la confianza a través de interacciones pacientes y positivas. La creación de un entorno seguro y predecible favorece el bienestar emocional de los LGD que se recuperan de experiencias traumáticas.

Predisposición genética

Algunos LGD pueden tener una predisposición genética a la timidez. Aunque los factores genéticos desempeñan un papel, la socialización proactiva y el refuerzo positivo pueden ayudar a mitigar las tendencias inherentes. Comprender la interacción entre la genética y los factores ambientales es esencial para adaptar las intervenciones conductuales.

Ansiedad o estrés

Los cambios en el entorno, la rutina o la introducción de nuevos elementos pueden inducir ansiedad o estrés, provocando un aumento del comportamiento de marcaje. Abordar la causa raíz implica identificar los factores desencadenantes del estrés y aplicar medidas para crear un entorno estable y seguro, que promueva el bienestar emocional.

Influencias hormonales

Los machos intactos pueden presentar un comportamiento de marcaje más frecuente, especialmente durante las épocas de cría, influidos por los cambios hormonales en las actividades reproductivas. La esterilización/castración puede mitigar las influencias hormonales, proporcionando un patrón de comportamiento más consistente y controlable.

Comprender estos problemas de comportamiento comunes y sus matizadas causas profundas es fundamental para aplicar estrategias de intervención eficaces. Adaptar las soluciones para abordar los problemas específicos subyacentes contribuye a la modificación del comportamiento y al bienestar general y la eficacia de los perros guardianes de ganado en sus funciones protectoras.

Técnicas de modificación del comportamiento

El inicio de la modificación del comportamiento comienza con una evaluación exhaustiva. Observe los comportamientos específicos que causan preocupación, identificando los factores desencadenantes, los contextos y los patrones. Documentar estas observaciones proporciona una línea de base para abordar los desafíos.

Entrenamiento con refuerzo positivo

Utilice el refuerzo positivo para fomentar los comportamientos deseados. Recompense al LGD por mostrar respuestas adecuadas a estímulos o situaciones. La coherencia a la hora de recompensar los comportamientos positivos fomenta una comprensión más profunda de las expectativas.

Desensibilización

Exponga gradualmente al LGD a los estímulos que desencadenan comportamientos no deseados - empareje la exposición con experiencias positivas o recompensas para crear asociaciones positivas. Aumente lentamente la intensidad o la proximidad a medida que el LGD se sienta más cómodo, reduciendo así las reacciones adversas.

Establezca una comunicación clara

Las señales verbales y visuales coherentes son esenciales para una comunicación eficaz. Refuerce las órdenes de forma constante, asegurándose de que el LGD las entiende y responde de forma fiable. Una comunicación clara mejora el vínculo entre el propietario y el LGD.

Socialización controlada

La exposición gradual a nuevas personas, animales y entornos ayuda a desarrollar la confianza y a reducir el miedo. Facilite las interacciones positivas durante la socialización para crear asociaciones positivas. Supervise las reacciones y ajuste el ritmo de socialización en función del nivel de comodidad del LGD.

Enriquecimiento ambiental

Proporcione estimulación mental y física mediante juguetes, rompecabezas y actividades interactivas. Rote los juguetes con regularidad para mantener la novedad y evitar el aburrimiento. Realice actividades que simulen los instintos del LGD, como el trabajo con olores o la resolución de rompecabezas.

Límites coherentes

Defina claramente y refuerce los límites territoriales. Utilice vallas y señales visuales para ayudar al LGD a comprender sus límites. Recompense el cumplimiento de los límites con un refuerzo positivo, reforzando la sensación de seguridad.

Abordar los comportamientos basados en el miedo

Identifique y evite los desencadenantes que inducen miedo. La exposición gradual a los estímulos que inducen miedo y la tranquilización y recompensas por un comportamiento calmado reducen los comportamientos basados en el miedo. Un entorno de apoyo es crucial para abordar el miedo.

Orientación profesional

Buscar ayuda de adiestradores o conductistas experimentados para retos específicos es valioso. Los profesionales pueden proporcionar estrategias a medida basadas en las necesidades del LGD, garantizando un enfoque completo e informado de la modificación del comportamiento.

Análisis del comportamiento

Realice un análisis detallado del comportamiento del LGD, teniendo en cuenta experiencias pasadas, traumas o cambios ambientales. Comprender la causa raíz facilita las intervenciones específicas.

Uso de elementos disuasorios

Introduzca elementos disuasorios para los comportamientos indeseables, como el ladrido excesivo. Los dispositivos que emiten sonidos o vibraciones pueden desalentar comportamientos sin causar daño.

Juegos de adiestramiento interactivos

Incorpore juegos de adiestramiento interactivos para estimular mentalmente al LGD. Los juguetes rompecabezas o los juegos que requieren la resolución de problemas estimulan sus capacidades cognitivas.

Variedad de órdenes

Introduzca una variedad de órdenes para mantener interesantes las sesiones de adiestramiento. Esto evita la monotonía y garantiza que el LGD permanezca atento y receptivo.

Tiempo de juego programado

Designe periodos específicos para el tiempo de juego y la interacción. El juego estructurado ayuda a liberar el exceso de energía y refuerza el comportamiento positivo.

Técnicas tranquilizadoras

Aprenda y ponga en práctica técnicas tranquilizadoras, como un masaje o caricias suaves, para calmar al LGD durante situaciones estresantes.

Medidas preventivas

Comience la socialización durante el período crítico de desarrollo. Presente al LGD a diversos entornos, personas y animales para evitar que se desarrollen comportamientos basados en el miedo.

Evaluaciones del entorno

Evalúe regularmente el entorno vital del LGD para detectar posibles factores de estrés o cambios. Reducir al mínimo los factores estresantes del entorno contribuye a un comportamiento estable.

Eventos de socialización supervisados

Organice eventos de socialización supervisados con otros perros o animales. Las interacciones controladas proporcionan experiencias positivas y mejoran las habilidades sociales.

Exposición constante

Exponga regularmente al LGD a diversos sonidos, vistas y olores para evitar el miedo o la ansiedad asociados a la novedad.

Técnicas de manejo positivo

Aplique técnicas de manejo positivo para generar confianza. La aclimatación gradual al manejo garantiza que el LGD se sienta cómodo en diversas situaciones.

Desafíos mentales rutinarios

Cree retos mentales rutinarios, como esconder golosinas o juguetes, para estimular la capacidad de resolución de problemas y la agilidad mental del LGD.

Intensidad de adiestramiento ajustable

Modifique la intensidad del adiestramiento en función de la capacidad de respuesta y los niveles de energía del LGD. Adaptar el régimen de adiestramiento evita la fatiga y mantiene el entusiasmo.

Equipos de juego diversificados

Introduzca una variedad de equipos de juego, como obstáculos de agilidad, para mantener las actividades físicas diversas y agradables para el LGD.

Refuerzo verbal coherente

Utilice el refuerzo verbal constante a lo largo del día para reconocer el comportamiento positivo. Las señales verbales contribuyen a reforzar las órdenes establecidas.

Estimulación sensorial

Incorpore la estimulación sensorial a través de diferentes texturas, superficies y entornos. La participación de múltiples sentidos enriquece la experiencia global del LGD.

Periodos de descanso estructurados

Establezca períodos de descanso estructurados dentro de la rutina diaria. Un descanso adecuado favorece el bienestar mental y la estabilidad del comportamiento.

Horario de entrenamiento flexible

Mantenga la flexibilidad en el horario de adiestramiento para adaptarse a los niveles de energía y adaptabilidad del LGD. Un enfoque flexible garantiza que el entrenamiento siga siendo agradable.

Ejercicio regular

Proporcione amplias oportunidades para el ejercicio físico con el fin de evitar el aburrimiento y el exceso de energía. Un LGD bien ejercitado tiene menos probabilidades de incurrir en comportamientos indeseables.

Revisiones médicas

Programe revisiones veterinarias periódicas para tratar cualquier posible problema de salud. El malestar físico puede contribuir a los problemas de comportamiento, por lo que mantener una buena salud es esencial.

Consulta con profesionales

Consulte a adiestradores o conductistas experimentados para que le orienten. Los profesionales pueden ofrecer ideas y estrategias personalizadas basadas en las características únicas del LGD, garantizando un enfoque holístico de la gestión del comportamiento.

La aplicación de estas técnicas de modificación del comportamiento y medidas preventivas crea una estrategia global para fomentar un comportamiento positivo en los perros guardianes de ganado. Reconocer la individualidad de cada LGD y realizar ajustes en función de sus respuestas y progresos es esencial para el éxito de la modificación del comportamiento. Buscar orientación profesional añade una capa adicional de experiencia para abordar eficazmente los desafíos específicos.

Responsabilidad ética

Los perros guardianes de ganado (LGD) son protectores indispensables, pero su bienestar y trato humano son igualmente primordiales. La tenencia responsable de LGD conlleva un compromiso de cuidados de por vida. Reconocer las responsabilidades éticas de la propiedad de LGD garantiza un enfoque holístico y humano.

Compromiso con el bienestar de por vida

Ser propietario de un LGD es un compromiso para toda la vida. Como guardianes, los propietarios deben comprometerse a un cuidado continuo, atendiendo a la evolución de las necesidades físicas y emocionales de sus compañeros a lo largo de toda su vida.

Prácticas de cría éticas

Es esencial apoyar las prácticas de cría éticas. Esto implica priorizar la salud y el temperamento por encima del beneficio y evitar ser condescendiente con los criadores que comprometen el bienestar de sus perros.

Condiciones de vida adecuadas

Proporcionar unas condiciones de vida adecuadas es fundamental. Los LGD merecen un refugio, una cama cómoda y un espacio designado que satisfaga sus necesidades, fomentando una sensación de seguridad.

Nutrición equilibrada

Dé prioridad a una dieta equilibrada y nutritiva. Colabore con los veterinarios para determinar la dieta óptima en función de su edad, tamaño y nivel de actividad, garantizando así su salud general.

Atención veterinaria regular

Las revisiones veterinarias programadas no son negociables. Las visitas regulares permiten una atención preventiva y una intervención precoz, salvaguardando la salud y el bienestar del LGD.

Estimulación mental

Reconozca su inteligencia y su naturaleza trabajadora. Proporcione estimulación mental mediante actividades, juguetes e interacciones, evitando el aburrimiento y fomentando el bienestar mental.

Socialización y refuerzo positivo

Dé prioridad al refuerzo positivo y a las técnicas de adiestramiento suaves. Los esfuerzos continuos de socialización contribuyen a un LGD bien adaptado y seguro de sí mismo, mejorando su bienestar general.

Prevención de la crueldad y el abandono

Mantenga una política de tolerancia cero frente a la crueldad y el abandono. Los propietarios de LGD deben informar activamente de los signos de maltrato o negligencia dentro de la comunidad para proteger el bienestar de todos los perros.

Respeto de los comportamientos naturales

Reconozca y respete los comportamientos naturales del perro. Evite medidas punitivas que puedan comprometer su bienestar, fomentando una relación armoniosa y ética entre propietario y perro.

Adaptación a las necesidades individuales

Reconozca que cada LGD es un individuo con necesidades únicas. Adapte los cuidados y las estrategias de adiestramiento a sus distintas personalidades, garantizando un enfoque personalizado de su bienestar.

Consideración de la jubilación

Planifique la jubilación del LGD. Garantice una transición cómoda y tranquila a medida que envejecen, reconociendo sus contribuciones y atendiendo a sus necesidades cambiantes.

Integración en la vida familiar

Integrar a las LGD más allá de sus obligaciones laborales en la vida familiar. Fomentar un vínculo basado en el compañerismo y el respeto mutuo mejora su bienestar general.

Decisiones humanas al final de la vida

Afronte las decisiones sobre el final de la vida con compasión. Tome decisiones priorizando la comodidad del LGD, minimizando el sufrimiento durante sus etapas finales y garantizando una despedida digna.

La propiedad ética de LGD abarca un profundo compromiso con el bienestar, la salud y la felicidad de estos extraordinarios animales. Los propietarios responsables son fundamentales a la hora de establecer normas éticas dentro de la comunidad de LGD en general.

Capítulo 7: Las llamas como guardianas

Si alguien le dijera que una llama vigila a sus ovejas, podría pensar que se trata de un chiste seco y absurdo de padre. No hay necesidad de forzar una risita porque probablemente lo dicen en serio, pero puede esperar al remate si lo desea. No se deje engañar por el atractivo mono y torpe de la llama porque estos animales son unos guardianes brillantes. No son lo que usted suele creer que es un animal guardián porque son herbívoros, no depredadores. Sin embargo, las llamas son criaturas poderosas y territoriales que forman profundos vínculos con el ganado que protegen. Además, como las llamas no son depredadoras, no tiene que preocuparse de que mutilen a su ganado como los gatos o los perros.

Las llamas pueden pastar junto a muchas especies, aumentando el tiempo que pasan bajo su atenta mirada. En las condiciones adecuadas, las llamas son las cuidadoras perfectas. Las llamas no son excesivamente caras y son relativamente fáciles de mantener. Teniendo en cuenta su eficacia como guardianas contra numerosas especies depredadoras, sus bolsillos le sonreirán. Su voluminoso cuerpo de 400 libras, cubierto de pelo, que se eleva sobre el resto de sus animales, es como un puesto de batalla andante dispuesto a morder, patear y pisotear a cualquier intruso que se cruce en su camino. Esta perseguidora de zorros hará que los indeseados merodeadores corran hacia las colinas a toda velocidad para evitar su ferocidad.

Las llamas pueden ser guardianas[48]

Por lo general, las llamas son tranquilas y adiestrables, por lo que puede tenerlas cerca de los niños si tiene cuidado, está alerta e informado. Pueden desarrollar mal genio si se las maltrata, por lo que debe cuidarlas éticamente por su seguridad y su bienestar. Las llamas, sobre todo cuando son jóvenes, son susceptibles de contraer muchas enfermedades, por lo que debe asegurarse de tomar las precauciones médicas adecuadas permaneciendo atento a los signos de infección. Su peludo compañero puede mantenerle entretenido durante horas con su buen aspecto y su afecto como animal de carga mientras permanecen de servicio, manteniendo vigilado su ganado. Así que, dé una oportunidad a estas monadas con sus cortes de pelo a la moda porque su competencia como guardián puede sorprenderle.

Características físicas y de comportamiento

Ver una llama en una foto y ver una en la vida real son dos experiencias diferentes. El cuerpo de una llama mide alrededor de un metro y medio de altura, pero su largo cuello las lleva hasta los dos metros. Pueden pesar entre 250 y 450 libras, pero por lo general, como ocurre con muchas otras especies de mamíferos, las hembras son más pequeñas. Por eso la gente opta por machos esterilizados, porque son más grandes y menos agresivos que un gigante lleno de testosterona.

Las llamas son brillantes guardianas del ganado porque son agresivas por naturaleza con los zorros, los coyotes y los perros, enemigos habituales de las aves de corral, las ovejas y las cabras. El hecho de tener los ojos a los lados de la cabeza les proporciona una visión de 360º que les permite detectar a un depredador que se acerca desde lejos. Prosperan en entornos de gran altitud gracias a los niveles de hemoglobina de su sangre y pueden correr hasta 65 km/h, por lo que no les ganará en una carrera a pie. Las enfermedades que desarrollan suelen tener su origen en la nutrición, ya que poseen un sistema inmunológico fuerte para combatir muchos patógenos contagiosos. Por lo tanto, lo que les dé de comer es crucial para sacar el máximo partido a sus llamas.

Las llamas son conocidas por escupir, pero rara vez apuntan a las personas. Este comportamiento suele producirse como competición por el establecimiento de la dominancia entre machos que intentan ser el alfa o cuando están irritados. Las llamas no intentan escapar de sus recintos; comen lo mismo que las ovejas o las cabras. También prefieren los refugios estructurados, como los de las ovejas. Las llamas se utilizan en las montañas de Sudamérica porque pueden transportar mucho peso por colinas empinadas. Sus patas acolchadas tienen dos dedos que no causan tanto daño como las pezuñas de los caballos o los burros.

Viven entre 15 y 20 años, por lo que puede confiar en que estarán cerca y activos durante mucho tiempo. No tiene que preocuparse de sustituirlas constantemente ni de criarlas. A pesar de su aspecto bobalicón, las llamas son atléticas y pueden perseguir fácilmente a un depredador cuando lo necesitan. Tienen unas orejas largas y puntiagudas que utilizan para escuchar atentamente los ligeros cambios de su entorno, así como para comunicar sus emociones o temperamento.

Las llamas tienen un pelaje resistente que las protege contra heridas y ataques de depredadores más pequeños. Aunque su aspecto es similar al de las alpacas, no son tan mansas y además son más grandes. Los granjeros de Sudamérica suelen mantener algunas llamas en su rebaño de alpacas para combatir a los huéspedes no bienvenidos. Se enfadan más rápido que las alpacas y no huyen de una confrontación. A diferencia de los perros, las llamas asumen de forma natural el papel de guardián. A los perros hay que adiestrarlos para que no ataquen al rebaño, pero las llamas simplemente se ponen en fila sin ninguna instrucción. Cuando nacen los corderos, notará que su llama asumirá el papel de niñera sin que nadie se lo pida. Son animales de rebaño, por lo que se esperan estos comportamientos colectivos.

No hay muchos animales tan singularmente adecuados para el papel de guardián como las llamas. Su estructura física, unida a su mentalidad, las convierte en superdotadas como guardianas. Tienen seis dientes afilados y angulosos que pueden hacer un daño horrible si penetran en la carne. Sus largas patas mantienen a los depredadores alejados de sus órganos vitales y pueden pisotearlos rápidamente antes de que intenten atacar. Son valientes y, en algunos casos, incluso cargarán contra animales más grandes, ahuyentándolos con pura audacia.

Papel como guardianas del ganado

Las llamas tienen dos armas principales de defensa: sus enormes cuerpos y sus chillidos estridentes. Por muy fuertes, rápidas y ágiles que sean las llamas, simplemente no pueden luchar contra todo. Sin embargo, incluso en los casos en los que ven venir una clara derrota, relincharán ruidosamente, alertando a cualquiera que esté al alcance de su oído del acuciante peligro. Su elegante juego de pies hace fácil el trabajo de zorros y coyotes, mientras que su naturaleza protectora garantiza que nadie se quede atrás.

No se puede negar la eficacia de las llamas como guardianes. La Universidad Estatal de Iowa realizó un estudio en 145 granjas de ovejas de Estados Unidos (Franklin et al., 2012). El estudio midió la eficacia de introducir llamas como animales guardianes. Hubo una diferencia significativa entre cuando llegaron las llamas y antes de que llegaran. El número de ataques a ovejas descendió del 11% al 1%, y el 50% de los ganaderos afirmaron que no habían sufrido ningún ataque (Franklin et al., 2012). Las llamas utilizaron diversas estrategias, como arrear a las ovejas lejos del peligro o cargar contra los depredadores, que incluían coyotes, perros, zorros e incluso osos.

El papel de una llama guardiana es detectar el peligro, advertir al rebaño de que se acerca una amenaza, alejar al rebaño del peligro y, si es necesario, luchar contra el depredador. Tienen una dieta similar a la de las ovejas, por lo que se alimentarán junto a sus animales. Pueden sacarse a los pastos para que pasten con su rebaño. A diferencia de los perros guardianes que no se convierten en parte del rebaño, como pastora que es, la llama se insertará en el grupo como una especie de figura paternal, protegiendo a sus hijos más débiles.

Con su visión panorámica, su potente olfato y su asombroso oído, la llama está ahí para vigilar a los depredadores. Son más eficaces contra amenazas de tamaño medio como perros, zorros y coyotes, pero no les va bien contra depredadores más grandes como osos y leones. Su estatura de dos metros también es una ventaja porque pueden ver más lejos que las ovejas y cabras que suelen proteger.

Como pasarán mucho tiempo alimentándose y en la misma zona que su ganado, establecerán una conexión natural con ellos difícil de romper. No tiene que adiestrarlos como haría con un perro, pero puede tomar algunas medidas para maximizar su eficacia. Por ejemplo, para asegurarse de que establecen un vínculo con su ganado, lo que las convierte en protectoras, debe colocarlas primero en un recinto adyacente y luego introducirlas gradualmente en su rebaño.

Los mejores animales con los que emparejar llamas son ovejas o cabras. No se llevan bien con las vacas porque los depredadores contra los que luchan no son una gran amenaza para las vacas mayores y normalmente tendrían como objetivo a los terneros. Una vaca puede proporcionar la misma protección a sus crías que una llama. Todavía pueden ayudar ahuyentando a los depredadores y actuando como alarma vigilante. Aun así, son más adecuadas para el ganado más pequeño. Las ovejas son herbívoros de estrato bajo, que se adentran en el suelo para comer lo que el ganado pueda dejar atrás, mientras que las llamas son herbívoros de estrato medio que toman la mitad superior de la hierba, así como ramoneadores que comen de árboles y arbustos, por lo que no están en competencia directa por la comida con las ovejas.

Cuidar de su llama le ayudará a convertirse en el mejor protector que pueda ser. Por ejemplo, las llamas son sensibles al calor excesivo, por lo que debe asegurarse de que haya muchas zonas de sombra para que descansen y de que dispongan de agua para refrescarse. Debe recortarles los dedos de los pies para que no se les pudran las pezuñas, y requieren esquilas regulares, que también ayudan a controlar el calor. Las llamas son susceptibles a muchos parásitos, por lo que debe tomar las precauciones necesarias para evitar infecciones. También necesitan vacunas anuales contra la enfermedad clostridial, suministradas como una dosis cinco en uno. El gusano meníngeo es mortal para las llamas, por lo que debe desparasitarlas con regularidad. Este parásito se encuentra en los ciervos, por lo que si tiene una gran población de ciervos en su zona, las llamas pueden ser la elección equivocada, a menos que tome precauciones para mantenerlos alejados.

Pros y contras del uso de llamas como guardianes

El análisis del entorno es la primera etapa para determinar si las llamas son los animales guardianes para usted. Debe pensar qué tipo de animales tiene y cómo funcionaría la llama dentro de ese entorno. Una región elevada y montañosa es una baza a favor de la llama porque sobreviven bien en altitudes elevadas. Las llamas se encariñan con los animales que protegen porque les mueve un impulso natural. Sin embargo, lo que consideran peligroso puede afectar a lo apropiadas que sean para los servicios que usted necesita. Por ejemplo, las llamas ahuyentarán a los zorros y coyotes, pero ignorarán a los mapaches, mofetas y comadrejas, mucho más pequeños, lo que es terrible si usted cría gallinas. Por lo tanto, uno de los principales inconvenientes de tener una llama como guardián es que no se llevan bien con todo tipo de ganado. Los perros pueden comerse a las gallinas, pero puede adiestrarlos para que las dejen en paz y las proyecten, mientras que una llama se limitará a ignorar las amenazas a las gallinas sin darse cuenta de que está poniendo en peligro al rebaño.

Una gran ventaja de tener llamas en su granja es que se adaptan a multitud de climas. Estos resistentes animales no se hieren con facilidad y no sucumben a los cambios climáticos. Esta resistencia al clima, unida a su longevidad, significa que la hermosa bestia estará en servicio durante muchos años. Las llamas más jóvenes no son adecuadas como animales de guarda, por lo que debe conseguir una que tenga al menos más de dos años. Preferiblemente, debe ser un macho que esté castrado. Las llamas funcionan mejor como guardianes cuando están solas, pero dependiendo del tamaño de su rebaño, puede que necesite más de una.

Las llamas son una opción ética para el control de predadores. Quizá se pregunte qué sentido tiene esto, ya que las llamas matarán zorros, perros y coyotes sin dudarlo. Sin embargo, la presencia de una llama suele bastar para mantener a la fauna alejada de sus animales, lo que significa que matará muchos menos zorros que si hubiera utilizado medidas menos éticas como el veneno. Además, el veneno puede dañar inadvertidamente a criaturas que usted no desea dañar, y algunos zorros se han vuelto tan listos que evitan los cebos envenenados. Además, el veneno puede deteriorar el suelo, lo que, con el tiempo, afectará a la vida vegetal autóctona de su granja, desequilibrando el delicado equilibrio del ecosistema natural.

La similitud de la dieta de la llama con la de una oveja o una cabra significa que puede introducirlas sin problemas en su rebaño sin mucho mantenimiento en lo que se refiere a consideraciones nutricionales. Sin embargo, debe asegurarse de que tengan suficiente cobre, zinc y vitamina D en su dieta si no quiere que desarrollen enfermedades relacionadas con la desnutrición. Las llamas no contraen fácilmente infecciones contagiosas, por lo que alimentarlas adecuadamente es la mitad de la batalla. Además, siempre deben tener acceso a un amplio suministro de agua para evitar obstrucciones o infecciones urinarias.

Restricciones legales y normativas

Las llamas, al igual que los perros, son uno de los animales domesticados más antiguos. En Sudamérica, hay quien afirma que existen pruebas de que estos magníficos animales han convivido con los humanos durante más de 4.000 años. Por eso las llamas se consideran animales domesticados, como las ovejas y las vacas, en su mayor parte. Sin embargo, es importante tener en cuenta lo que es legal en su región. Según el país o estado en el que viva se aplican leyes y normas éticas diferentes. Familiarizarse con estas normas reguladoras le asegurará mantener a raya a las autoridades y no tener que pagar multas, perder a sus animales o incluso pasar un tiempo en prisión.

A veces, las leyes y normativas que se le imponen cuando tiene animales pueden parecerle demasiadas. Sin embargo, es esencial recordar que los organismos que crean y hacen cumplir las normas están ahí para protegerle a usted y a sus animales. Contar con normativas estandarizadas garantiza que los animales recibirán los cuidados adecuados al tiempo que se protege a los humanos de una serie de peligros, como las enfermedades zoonóticas. Las normas éticas de las personas difieren en función de su moral, sus valores, su educación y su cultura. Por lo tanto, la gente traza la línea de lo que es apropiado, seguro y cruel en diferentes puntos. Los individuos no pueden funcionar con sus propias percepciones y base de conocimientos porque podría conducir a prácticas peligrosas y al maltrato animal. Por ello, los organismos gubernamentales existen para que las normas y reglamentos sean claros para todos.

Las normas se basan en la bioseguridad y la ética. Estas normas cambiarán según el lugar en el que se encuentre. Por ejemplo, en Australia Occidental, debe registrar a sus animales y clasificar si los utiliza con fines comerciales. En Nueva Zelanda, las preocupaciones éticas recogidas en su normativa exigen que proporcione a sus llamas un suministro constante de agua y que disponga de un sistema de alimentación que reduzca los residuos. Además, debe asegurarse de que sus llamas no tienen acceso a materiales que puedan ingerir por error y que les causarían daño, como cables sueltos, papel de construcción, accesorios eléctricos o fragmentos de plástico. En el Reino Unido, necesitará un número CPH y una marca HERD, y también tendrá que registrarse en la Sociedad Británica de Llamas si quiere tener estos animales legalmente. En Australia necesitará un registro NLIS, el Sistema Nacional de Identificación del Ganado.

También tendrá que considerar el uso que hará de las llamas en un sentido más amplio, ya que en algunos lugares no se permiten los animales con los que mejor funcionan las llamas, como en Arizona, donde no se permite la cría de ovejas. En Estados Unidos, las normativas de los distintos estados varían mucho, por lo que debe actuar con la debida diligencia y llevar a cabo una investigación exhaustiva para asegurarse de que actúa dentro de las barreras de la ley. En Colorado y Georgia, puede tener llamas y animales de compañía. En Idaho, las barreras para tener llamas son mínimas porque no necesita ningún permiso para animales domésticos. Por lo tanto, revise lo que puede hacer en su región para determinar si las llamas como animales de guarda son la mejor opción para usted en el contexto legal en el que se encuentra.

Pastoreo de especie múltiple y cuándo debe aplicarse

El pastoreo multi especie se produce cuando usted mantiene dos o más animales diferentes en el mismo pasto. No tienen que estar pastando necesariamente al mismo tiempo, pero si comparten la tierra en intervalos cortos, sigue contando como pastoreo multi específico. Utilizar el pastoreo multi especie puede ser bueno para el medio ambiente porque los diferentes hábitos de las distintas especies contribuyen a la biodiversidad de la zona. Lo más probable es que empareje llamas con ovejas o cabras porque comparten dieta y se protegen mutuamente de sus enemigos naturales comunes.

La susceptibilidad de las llamas a los parásitos le obliga a utilizar el pastoreo rotativo. El ciclo de vida de los parásitos, desde los huevos hasta que crecen completamente, se prolonga durante cierto tiempo. El pastoreo rotativo consiste en llevar a sus animales a diferentes pastos en distintas épocas del año para que su tierra tenga tiempo de recuperarse y usted pueda evitar las partes peligrosas del ciclo vital de los parásitos. Las distintas regiones tienen parásitos diferentes, por lo que debe investigar los parásitos comunes en su zona y el mejor calendario de rotación que puede utilizar para que sus ovejas, cabras o llamas no enfermen.

Los caballos y las vacas comparten parásitos, mientras que las ovejas y las cabras comparten parásitos. Por lo tanto, cuando aplique el pastoreo multi especie, debe emparejar ovejas con vacas y cabras con caballos. En el caso de las llamas, este tipo de gestión de los parásitos no es posible porque son animales guardianes. Debe vigilarlos para ver si están débiles o fatigados porque podría ser un signo de infección parasitaria. Si siente que sus animales están enfermos, asegúrese de llamar al veterinario inmediatamente porque si espera demasiado, podría acabar siendo fatal.

Como guardianas protectoras, las llamas se llevan bien con las ovejas. También puede utilizarlas para las gallinas, pero no serán tan eficaces. Son incluso menos útiles para las vacas porque una de sus mayores ventajas es su tamaño, y las vacas son más grandes que las llamas. Además, serían incapaces de luchar contra los animales que se dirigen a las vacas. Introducir llamas en un sistema complejo de múltiples animales recrea las condiciones del mundo natural, y es estupendo para su vida vegetal y la biodiversidad del ecosistema que habita. El uso de llamas obliga al pastoreo multi específico porque solo son eficaces si pasan mucho tiempo con el rebaño que vigilan. Por lo tanto, además de ser uno de los animales guardianes más cautivadores, las llamas son una opción ecológica.

Capítulo 8: Cómo adiestrar a su llama

Ahora que entiende cómo funcionan las llamas como guardianes del ganado, necesita algunos detalles más sobre cómo adiestrarlas para que pueda maximizar su eficacia. Las llamas están hechas para el papel de guardianas, pero unos pocos pasos en falso pueden disminuir radicalmente su funcionalidad. Por lo tanto, debe estar informado sobre cómo tratar exactamente a su llama para que pueda integrarse sin problemas en su rebaño y en las rutinas diarias de su granja o granja familiar.

Las llamas pueden ser amables, pero también tienen una terrible vena malvada. Gran parte de su adiestramiento se centrará en controlar sus tendencias agresivas y sus cambios de humor. Las llamas escupen, muerden y patean cuando están enfadadas, lo que le pone en peligro a usted, a otras personas de su granja y a sus animales. Instaurar los protocolos y las intervenciones correctas puede garantizar que su llama permanezca tranquila y que todos los demás seres vivos de su propiedad estén a salvo, salvo los depredadores.

Desde elegir la llama adecuada, teniendo en cuenta factores como el tamaño, la edad, el sexo, el temperamento y la personalidad, hasta encontrar la forma de introducir a su animal en su rebaño, se cubren todos los pasos del adiestramiento de una llama. Estos consejos prácticos le proporcionarán los conocimientos necesarios para ser un experto adiestrador de llamas guardianas y sacar el máximo partido de su animal. El rendimiento de su llama depende exclusivamente del trabajo que dedique a su adiestramiento. Puede parecer intimidante al principio, pero comprendiendo unos pocos principios básicos, puede ponerse en la vía rápida para convertirse en un profesional.

Conseguir que su llama esté en la misma página que usted requiere respeto y comprensión mutuos. Profundizará en la psicología de su llama para erigirse en el líder de su rebaño. Además, potenciará al máximo sus cualidades protectoras y territoriales para que pueda servirle bien como guardiana. Las llamas ya son guardianes naturales, por lo que no hace falta mucho para que estén en plena forma para desempeñar a la perfección sus funciones. Solo tiene que guiar a su llama en la dirección correcta hacia su destino como animal guardián de élite que mantendrá a su ganado a salvo de muchos tipos de depredadores como zorros, perros y coyotes.

Cómo elegir una llama

Elegir la llama adecuada es el principio del adiestramiento. El temperamento, el tamaño y la personalidad adecuados descartarán a las candidatas inadecuadas. Si usted fuera entrenador de baloncesto, elegiría a las personas más altas, fuertes, rápidas y atléticas para formar parte de su equipo si todas ellas no tuvieran experiencia previa en baloncesto. También pondría a prueba su coordinación mano-ojo y sus reflejos. Del mismo modo, deberá elegir la llama que mejor se adapte a su papel de guardiana. Este proceso de selección de la llama determinará el nivel de dificultad que experimentará cuando entrene a su llama para el papel de guardiana.

La edad de una llama es muy importante a la hora de hacer su selección inicial. Lo ideal es un macho de entre 18 meses y dos años. Una vez que haya encontrado un macho de la edad adecuada, observe cómo se comporta. La llama debe estar acostumbrada a que la manipulen las personas porque tendrá que recortarle los dedos de los pies, transportarla, así como esquilarla. Pida al criador que pasee a la llama y, si es posible, lleve un perro para ver cómo reacciona ante él. Las llamas odian instintivamente a los perros, pero algunas que han crecido rodeadas de perros domesticados no los verán como un enemigo, solo como un blanco para los invasores desconocidos.

Muchas llamas se tienen como mascotas. Esto significa que la llama que desea comprar puede haberse criado sola y a biberón. Este tipo de llamas son terribles como guardianas porque se vinculan más con los humanos que con otros animales. Los comportamientos de manada de las llamas, que las convierten en tan brillantes guardianas, se aprenden en los primeros meses de pasar tiempo con su madre. Por lo tanto, su llama debe estar en la teta de su madre al menos seis meses antes de comprarla. Las llamas afinan sus instintos protectores pasando tiempo con otras llamas o animales del rebaño. Una gran señal de que una llama no está apegada a las personas es si muestra una curiosidad mínima al verle y actúa de forma distante.

El macho que elija debe estar castrado. Es más seguro trabajar con machos castrados porque no le desafiarán como líder. Además, no intentarán montar a sus otros animales, lo que podría causarles lesiones. La llama debe ser castrada antes de ser criada porque hacerlo después no elimina la amenaza para usted y sus animales. Los machos llenos de testosterona que no han sido castrados pueden convertirse en un gran problema por su temperamento impredecible.

Observe cómo se mueve e interactúa la llama. Usted quiere una llama sensata que no sea demasiado conflictiva. Por lo tanto, la llama que elija no debe gritar ni escupir a la gente. Las llamas asertivas intentarán darle un cabezazo en el pecho o se mantendrán firmes en lugar de apartarse cuando usted se acerque a ella. Cuando una llama muestra estos comportamientos testarudos, es mejor seguir buscando. Más señales de que está tratando con un alfa que desafiará su posición es si la llama protege agresivamente su comida y se niega a que la gente limpie su estiércol.

Es aconsejable recurrir a un criador reputado porque es más probable que sea honesto y le proporcione una llama fuerte y sana. Los criadores suelen tener que registrarse en varios organismos reguladores. Averigüe qué organizaciones rigen la industria en su región y busque criadores que estén alineados con ellas. Si puede encontrar un criador que se dedique estrictamente a la cría de llamas guardianas, opte por esa opción porque el dinero adicional que pague merecerá la pena. Una llama guardiana le costará entre 500 y 1.500 dólares.

Si hay otros animales en la propiedad del criador, observe atentamente cómo interactúa la llama con ellos. Una llama guardiana debe mostrarse alerta y curiosa ante los cambios en su entorno. Debe ser amable con los animales que la rodean. Si tiene perros de compañía, asegúrese de que se sienten cómodos a su alrededor porque los perros son enemigos naturales. Observe si la llama intenta romper la valla o traspasarla porque no necesita un animal propenso a escaparse. Compruebe si la llama es protectora con los miembros jóvenes del rebaño. Una llama guardiana se incrustará en medio del rebaño o caminará hacia un terreno más elevado para ver mejor, por lo que cualquiera de estos comportamientos es una gran señal para un candidato idóneo.

Principios fundamentales del adiestramiento de llamas

El adiestramiento de llamas guardianas no es extenso porque usted está aprovechando sus patrones naturales de comportamiento para satisfacer sus necesidades. Al igual que las personas, las llamas son individuos. Lo que funciona para una llama puede no tener el mismo impacto en la siguiente. Pasar tiempo con sus animales le permite conocerlos.

Aprenderá qué le gusta a su llama, cómo responde a diferentes órdenes y qué le causa incomodidad o estrés. Las llamas son animales de presa, por lo que pueden ser nerviosas y asustarse con facilidad. Sea delicado y muévase deliberadamente para no asustar a su animal. Saque a pasear a su llama para que se familiarice con la propiedad y se sienta cómoda con usted como su cuidador.

Las llamas aprenden rápido, lo que puede ser un don y una maldición. Debe tener cuidado con las acciones que realiza al adiestrar a su llama. Será muy difícil deshacer el impacto si crea inadvertidamente una connotación negativa hacia algo, ya sea un objeto o un animal. Trabaje con su llama todos los días porque la repetición arraigará el comportamiento y aprenderá mejor la personalidad de su llama. Una vez que comprenda la individualidad de su llama, podrá adaptar su adiestramiento para que esté personalizado a aquello a lo que responda.

Paciencia y calma son los nombres del juego. Las llamas son asustadizas y pueden sobresaltarse con facilidad. No querrá asustar a su llama para que se muestre desobediente. Además, las prisas en el adiestramiento pueden hacer que pase por alto detalles clave. Por lo tanto, tómese su tiempo cada día y establezca hitos alcanzables. Su llama solo será tan buena como el adiestramiento al que esté dispuesto a dedicarle. Por suerte, las únicas áreas en las que debe centrarse son el transporte del animal, la integración de sus llamas en el rebaño y la reducción de comportamientos agresivos que puedan herir a las personas o a su ganado. Estos apartados del adiestramiento pueden abordarse fácilmente con la información adecuada y un esfuerzo mínimo.

Instrucciones paso a paso para desarrollar comportamientos protectores

1. Empareje a su llama con los animales adecuados. Las llamas guardianas se adaptan mejor a ovejas o cabras. Su ventaja de tamaño sobre los depredadores no se aplica a las vacas porque son más grandes. Además, comen una dieta similar a la de las ovejas y las cabras, lo que es importante porque para que la llama establezca un vínculo con un rebaño, debe pasar tiempo con él. Las llamas no se emparejan bien con las gallinas porque suelen ignorar a los depredadores peligrosos para las aves, como las comadrejas y las mofetas.

2. Asegúrese de que la llama establece un vínculo con su rebaño. Para establecer un vínculo o introducir a su llama en su rebaño, puede colocarla en un recinto adyacente. El periodo de vinculación dura entre unos días y un par de semanas.
3. Utilice una sola llama. El problema de utilizar varias llamas es que se volverán protectoras entre sí en lugar de crear lazos afectivos con su ganado. Una llama puede cubrir 300 acres y vigilar 300 ovejas. Si tiene demasiada tierra o demasiados animales para que una sola llama sea eficaz, debe asegurarse de que sus guardianes no se encuentren.

Técnicas de refuerzo positivo

Las llamas, como muchos otros mamíferos, están motivadas por la comida. El mejor refuerzo positivo que puede adoptar es utilizar la comida como herramienta de manipulación. Como llama guardiana, es posible que tenga que conducir a su animal a varias secciones de su granja. Por lo tanto, necesitará entrenar a su llama para que se sienta cómoda siendo conducida a diferentes lugares. Utilizar refuerzos positivos al transportar a su llama garantizará que el proceso se desarrolle sin problemas. Recompense inmediatamente a su llama con una golosina deliciosa y dulce, como manzanas o zanahorias, cuando muestre un comportamiento que a usted le guste. Esto creará una conexión positiva con el comportamiento, lo que hará que la llama siga repitiendo la acción deseada.

El refuerzo positivo funciona mejor cuando se combina con un horario regular. Alimente y acicale a su llama a la misma hora todos los días. Esta rutina refuerza los comportamientos deseados con la repetición. Así, saque a su llama al prado por la mañana y tráigala de vuelta a última hora de la tarde, dándole una golosina cuando entre y salga del recinto. De este modo, creará un refuerzo positivo de su rutina diaria. Las llamas pueden ser testarudas, por lo que conseguir que disfruten siendo transportadas le ayudará a largo plazo, ya que el animal no se resistirá a ser trasladado.

Integrar a una llama guardiana

Integrar a su llama significa acostumbrarla al entorno único de su granja. En su granja puede haber una gran variedad de animales y otras personas con los que su llama entrará en contacto. Su llama necesita acostumbrarse a todas las partes interconectadas de su tierra, incluidos otros humanos que trabajen con los animales. Por lo tanto, si hay personas que interactúan con su llama, deben pasar tiempo con ella para que la llama se familiarice bien con la persona con la que estará regularmente en contacto. Para reducir el comportamiento agresivo, la llama debe saber que usted o cualquier otra persona con la que trabaje forma parte del rebaño. Intente limitar la interacción humana porque quiere que la llama proteja a los animales y no forme vínculos poderosos con las personas; de lo contrario, acabará reconociendo a los humanos como los que necesitan protección.

Las llamas son extremadamente territoriales, ya que son animales de rebaño que suelen tener que competir por los recursos. Su naturaleza territorial puede hacer que hiera a miembros de su rebaño a patadas o mordiscos. Pueden ser especialmente violentas con otras llamas, sobre todo si ambos son machos. Solo debe tener un guardián en su propiedad a la vez para detener la violencia llama contra llama. Para evitar que la llama ataque a su rebaño, debe introducirla lentamente. Mantenga a la llama en un corral adyacente donde pueda ver e interactuar con el rebaño sin entrar en contacto directo con ellos. Su llama debe alimentarse al mismo tiempo que su rebaño para que pueda establecer la conexión de que forma parte de ellos. Comience gradualmente a permitirles interactuar. En las primeras semanas, debe vigilarlos de cerca para poder intervenir si hay algún problema.

Otra forma de evitar peleas o ataques es mantener a sus ovejas o cabras en un área grande con su llama. Los espacios confinados son caldo de cultivo para la agresividad. Si su llama dispone de suficiente espacio abierto, la probabilidad de que ataque a su rebaño disminuye considerablemente. Las llamas también tienen un fuerte sentido del olfato que guía sus acciones. Puede utilizar el olfato a su favor cuando integre a su llama. Coloque heno u otros objetos con el olor de su oveja en el corral temporal de su llama. Esto hará que su llama se acostumbre al olor del animal, lo que facilitará el proceso de integración cuando les permita empezar a pasar tiempo juntos.

Su llama necesita saber dónde tiene permiso para ir y las fronteras donde termina su territorio. Pasee a su llama a lo largo de la valla de sus pastos y recintos para su rebaño. Corrija el comportamiento negativo de intentar cruzar la valla tirando de la correa y gritando una orden de "¡No!". Introducir a la llama en su espacio es tan importante como introducirla en su rebaño. Además, como guardiana, su llama debe estar familiarizada con su entorno para que pueda detectar más fácilmente el peligro.

Las llamas y los perros son enemigos naturales, por lo que si tiene canes, debe mantenerlos separados de sus llamas o introducirlos para que estas acepten a su mascota como parte de su rebaño. Permita que su perro y su llama se encuentren bajo una cuidadosa supervisión para que usted tenga control sobre ambos animales. Corrija el comportamiento si alguno de ellos muestra signos de agresividad. Puede que tenga que repetir este proceso varias veces porque está intentando anular un miedo natural, lo que podría llevarle mucho tiempo y esfuerzo.

Soluciones prácticas para afrontar los retos más comunes durante el adiestramiento de llamas

Algunos de los principales retos que pueden surgir al adiestrar a sus llamas son el comportamiento agresivo, como desafiarle o escupirle, la angustia, que se sobresalten con facilidad y que olviden parte del adiestramiento que ya ha realizado. Todos estos factores pueden remediarse con una intervención inmediata. Las llamas, como los perros, pueden adiestrarse con una combinación de señales manuales y órdenes de voz. La mejor forma de conseguir que la llama interiorice estas órdenes es utilizar la comida como recompensa. El refuerzo positivo, al igual que las recompensas de comida, funciona a la hora de conseguir que su llama muestre un comportamiento que a usted le gusta, pero puede resultar un poco complicado cuando se quiere acabar con un comportamiento negativo.

El reto de los comportamientos agresivos de una llama empieza con el proceso de selección, cuando elige una llama según su temperamento. Sin embargo, las llamas que parecen sensatas al principio pueden volverse más agresivas debido a un cambio ambiental o a un acontecimiento traumático. A la hora de combatir acciones agresivas como escupir, gritar o darse golpes en el pecho, el principio fundamental es abordar el comportamiento inmediatamente cuando se produzca. No puede dejar pasar esta negatividad ni una sola vez porque hará creer a la llama que su forma de actuar está bien. Las llamas aprenden mediante gestos y órdenes con la mano, así que puede levantar la mano y gritar severamente "no". Otra opción que puede aplicar es empujar firmemente contra su pecho mientras grita "no". Algunas personas utilizan una pistola de agua o una botella de spray como repelente. Debe repetir su orden de "no" cada vez que su animal se muestre agresivo para recordarle constantemente que ese comportamiento es inaceptable.

A veces, no es la ira lo que provoca un comportamiento indeseable, sino la angustia. Puede sujetar suavemente a su llama para calmarla cuando se sienta conmocionada, ansiosa o estresada. Controlar las respuestas de estrés consiste en ser consciente y no asustar al animal nervioso. Recuerde que una vez que se establece una conexión negativa con un objeto, será casi imposible romperla. Por lo tanto, durante los momentos clave, como el transporte y la alimentación, debe ser extremadamente cuidadoso y evitar que su llama se sobresalte en esos momentos cruciales.

La terquedad es otro rasgo de comportamiento común entre las llamas. Todo puede ir bien en un momento y, al minuto siguiente, obtener un cero por ciento de cooperación. Este es el escenario perfecto para ejercitar la paciencia. En primer lugar, investigue qué ha ido mal. La llama puede haber visto algo que la incomodó, como un perro o un depredador. Si ha evaluado que no hay peligro percibido para la llama, puede que necesite emplear un poco de fuerza. De ningún modo eso equivale a herir a su animal de ninguna manera. Los métodos de adiestramiento que causan daño están completamente fuera de la mesa porque tratar éticamente a sus guardianes es esencial. Simplemente tire de su correa y grite la orden que haya elegido, como "¡Sí!" o "¡Vamos!". A veces, puede necesitar que su llama se mueva inmediatamente, por lo que acostumbrarla a esa orden es crucial.

Las estaciones de su granja pueden requerir la adopción de rutinas diferentes según la época del año. Es posible que su llama olvide lo que se le enseñó en la estación anterior, por lo que quizá deba volver a adiestrarla. La repetición es lo que permite a la llama interiorizar horarios y órdenes, por lo que cuando se rompe la repetición, puede perder fácilmente lo que había aprendido antes. Esta es la razón por la que adiestrar llamas requiere que usted tenga mucha paciencia. Es posible que tenga que volver a adiestrar a su animal varias veces al año, dependiendo de cómo cambien sus horarios. Prevea un periodo de adaptación cuando vaya a hacer cambios. Los cambios radicales pueden causar mucho estrés a su llama, así que asegúrese de responder en función de su estado emocional.

Las llamas son tan aptas para el puesto de animales guardianes que no requieren mucho entrenamiento. Mientras mantenga un estado físico y mental saludable para su animal, no debería haber problemas. Puede hacer algunas correcciones por comportamiento agresivo y por introducir a la llama en su rebaño, pero en su mayor parte, su llama se lanzará automáticamente a sus funciones.

Capítulo 9: Asnos de guardia

Para dejar una cosa clara, no todos los burros son como *Eeyore*. Son criaturas sociables y divertidas, aunque un poco testarudas. También son animales de guardia que pueden proteger a su ganado. Estos animales de aspecto agradable tienen una naturaleza agresiva que suele salir cuando se ven amenazados, lo que los convierte en los guardianes ideales. Una vez que su ganado vea cómo los burros les protegen de cualquier daño, gravitarán a su alrededor para sentirse seguros.

Este capítulo cubre las características únicas de los burros, su naturaleza protectora, lo que los convierte en grandes animales guardianes y las ventajas de los burros guardianes.

El burro como guardián[60]

Características únicas de los burros

Cada animal es único a su manera. La mayoría de la gente le contaría docenas de datos sobre gatos y perros, pero si les pregunta por los burros, no tendrán mucho que decir. Los burros son muy poco apreciados, pero son animales asombrosos con algunas cualidades interesantes que hacen que sea divertido criarlos.

Tienen orejas grandes por una razón

¿Se ha preguntado alguna vez por qué los burros tienen las orejas grandes? Muchos de ellos evolucionaron en condiciones secas, como en Asia y África. Sus grandes orejas expulsan el calor del interior de su cuerpo para regular su temperatura, de modo que puedan soportar el clima caluroso y mantenerse frescos durante el verano. También aumentan su capacidad auditiva para que puedan captar las llamadas de apareamiento y cuando se acerca un depredador.

Algunos burros son muy pequeños

¿Ha visto alguna vez burros diminutos? Son ridículamente monos, ¿verdad? Algunos tipos de burros son realmente pequeños. Miden alrededor de un metro y son muy comunes en Cerdeña y Sicilia. Curiosamente, el burro más bajo del mundo mide 25,29 pulgadas. Aunque muchos animales pequeños se reproducen, el pequeño tamaño del burro es natural.

Los burros son testarudos

Los burros son animales muy testarudos. A veces, plantan sus patas firmemente en el suelo y se niegan a moverse de su sitio. Aunque intente tirar de ellos, no se moverán. Comprenda que no están siendo imbéciles ni tontos, como algunas personas suponen. De hecho, son animales muy inteligentes. Si los burros se sienten amenazados o en peligro, se quedarán quietos para darse tiempo a pensar si es seguro seguir moviéndose. Son muy listos, ¿verdad? A diferencia de los caballos, que huyen cuando tienen miedo.

Son criaturas muy sociables

Rara vez verá a un burro solo en la naturaleza. Los burros son criaturas sociales a las que les gusta estar en grupo. Está en su naturaleza, ya que suelen vivir en manadas y forman amistades fuertes y duraderas con otros animales. Dos burros pueden formar un estrecho vínculo, que se denomina "vínculo de pareja". Se apegan mucho el uno al otro y sufrirían estrés, ansiedad, pérdida de apetito e incomodidad si fueran separados. Por ello, es mejor adoptar dos burros para que mantengan el ánimo y se hagan compañía.

Son criaturas peludas

Algunas razas de burros son muy peludas y tienen un aspecto muy bonito. Uno de los tipos más populares es el burro Poitou, originario de la ciudad francesa de Poitou. Estos burros tienen el pelo largo y espeso y suelen ser muy caros.

Voz única

Los burros tienen un sonido distintivo llamado "rebuzno". A diferencia de las cebras, los caballos y otros animales, los burros pueden emitir este sonido mientras respiran. Hacen el sonido "ji" al inhalar y el sonido "ja" al exhalar. Utilizan su vocalización única para comunicarse y conectar con otros burros. Suelen ser muy ruidosos, por lo que pueden llamar a otros animales a distancia.

Utilizan su vocalización única para proteger a otros animales, rebuznando con fuerza para alertarles de cualquier peligro potencial.

Más que animales de trabajo

Muchas personas tratan a los burros solo como animales de trabajo. Dependen de ellos para el transporte o para guardar su ganado debido a su resistencia, fuerza y capacidad para adaptarse a condiciones duras. Sin embargo, los burros son mucho más de lo que parece a simple vista. Son sociables, inteligentes, afectuosos, leales y pueden entablar relaciones profundas con sus dueños. Su burro se sentirá como en familia, no solo como un animal de guardia.

Se adaptan a condiciones secas

Los burros pueden sobrevivir y adaptarse fácilmente a condiciones climáticas duras y secas. Su cuerpo puede conservar el agua, ya que sus riñones extraen agua de diferentes órganos, por lo que pueden mantenerse hidratados durante largos periodos de tiempo.

Tienen el sueño ligero

La próxima vez que vea un burro durmiendo, póngase de puntillas a su alrededor o interrumpirá su sueño. Los burros tienen un sueño ligero y solo duermen la siesta un par de horas cada noche. Sin embargo, suelen ser cautelosos y estar alerta durante este tiempo, por lo que incluso mientras descansan permanecen vigilantes. Duermen de pie, pero se tumban de espaldas o de lado cuando necesitan descansar.

Los burros son animales de terapia

No solo los perros y los gatos pueden ser animales de terapia; los burros también pueden serlo gracias a su naturaleza intuitiva y amable. Ofrecen compañía y apoyo a pacientes de salud mental y personas con discapacidades. Pueden percibir cuándo se está pasando por momentos difíciles o se experimenta depresión o ansiedad.

Los burros aprenden rápido

Los burros son animales inteligentes, resistentes y pragmáticos con una gran memoria. Aprenden rápido y pueden comprender las instrucciones con rapidez.

Machos frente a hembras

Los burros machos y hembras tienen su propio estilo de lucha. Los machos patean a sus enemigos con las patas delanteras, mientras que las hembras utilizan las traseras.

Hormonas

Las burras hembras experimentan cambios hormonales cada mes, lo que puede dar lugar a problemas de comportamiento. Pueden ser muy enfadadas o super amistosas. Si planea criar a Jenny, debe ser comprensivo y paciente durante este tiempo. También debería anotar las fechas de su ciclo en su calendario para estar preparado cada mes. Sin embargo, algunas burras hembras no muestran ningún signo de cambios de comportamiento durante su ciclo y su temperamento sigue siendo el mismo.

Naturaleza protectora

La naturaleza del burro es proteger a otros animales, como cabras y ovejas, de los perros vagabundos, coyotes y otros depredadores. Son territoriales y atacarán a cualquier extraño que invada su espacio. Los burros también son muy fuertes y son capaces de enfrentarse a muchos animales fuertes. Sin embargo, son amistosos y afectuosos con los seres humanos.

Las burras hembras son más protectoras que sus compañeros machos, ya que su instinto maternal las impulsa a proteger a los animales más débiles y pequeños y mantenerlos a salvo.

Algunas personas creen que los burros no protegen deliberadamente a los animales de granja, sino que se protegen a sí mismos y a su territorio. Sean cuales sean sus intenciones, los burros protegerán a sus animales de cualquier daño.

Cómo protegen los burros a su rebaño

Los burros no siempre vienen a la mente cuando la gente piensa en animales guardianes. De hecho, probablemente se pregunte cómo puede un burro proteger al ganado. En primer lugar, los burros deben estar presentes con el rebaño en todo momento. No puede tenerlos con los animales solo unas horas al día porque nunca se sabe cuándo atacará un depredador. Los burros también necesitan pasar más tiempo con los animales de la granja para que puedan establecer lazos afectivos. Esto no será difícil para estas criaturas sociales que ansían relacionarse con otros animales.

Los burros confían en su capacidad auditiva única, que les permite detectar ruidos a distancia, y su potente vista les permite detectar a un depredador desde lejos y tomar las precauciones necesarias antes de que ataque. Las ovejas y otros animales de granja son muy inteligentes. Rápidamente se darán cuenta de que los burros son sus amigos y aliados y buscarán su protección cuando se vean amenazados.

Los burros asustan a sus depredadores lanzando rebuznos muy fuertes y persiguiéndolos para ahuyentarlos. Esta táctica también debería llamar su atención y alertarle de que algo no va bien para que pueda ir a ver cómo están sus animales. En la mayoría de los casos, no necesitará interferir, ya que los burros se enfrentarán solos al depredador.

Sin embargo, no todos los cánidos se retirarán de inmediato. En ese caso, el burro los atacará pateándolos con sus patas delanteras, hiriendo o matando al depredador. Los burros macho también pueden morder.

Los fuertes instintos de pastoreo del burro, su agresividad y su aversión natural a los depredadores los convierten en animales de guarda ideales.

Ventajas del uso de burros guardianes

Por desgracia, los burros no son tan populares como animales de guarda como lo son los perros. La gente piensa que no son lo bastante fuertes o inteligentes para proteger a su ganado. Sin embargo, hay muchas razones para considerar a los burros guardianes.

Los burros están siempre alerta

Gracias a sus grandes orejas y a su visión periférica, los burros son siempre conscientes de su entorno y están alerta ante cualquier peligro inminente. Incluso cuando duermen, siguen alerta y son capaces de captar cualquier ruido extraño cercano o lejano.

Comportamiento territorial

Los burros son muy territoriales y su instinto protector es el resultado de este comportamiento. En otras palabras, no protegen a la manada, sino su territorio. Si sienten que alguien invade su espacio, atacarán inmediatamente.

A diferencia de los perros, los burros no patrullan su zona. Ya están alerta y pueden sentir el peligro sin moverse.

Compatibilidad con el ganado

Los burros son compatibles con las ovejas y establecen fácilmente vínculos entre ellos. La mayoría de los burros protegen alegremente a las ovejas de los depredadores. Sin embargo, debe presentar a ambos animales desde el principio y criarlos juntos. Aunque no hayan crecido en el mismo lugar, puede enseñar a su burro a proteger al rebaño dejándoles vivir juntos durante dos semanas. Significativamente, el burro y la oveja son compatibles para evitar conflictos. No protegerán a un animal que no toleran. También son compatibles con caballos, alpacas, llamas, cabras, cerdos y otros burros.

Sin embargo, los burros no son compatibles con los perros de granja ni con ningún tipo de canino, por lo que debe tener mucho cuidado cuando los presente.

Los burros guardianes no son caros

Los burros guardianes inexpertos no son caros, pero debe adiestrarlos. Esto será fácil, ya que los burros son inteligentes y siguen órdenes. Algunos ni siquiera requerirán adiestramiento: solo tiene que dejar que socialicen con su rebaño y ellos seguirán su instinto protector. Puede comprar un burro bien adiestrado, pero son más caros.

Mejor que los perros

Adiestrar perros requiere más tiempo y esfuerzo que adiestrar burros. También pueden atacar a su ganado en lugar de protegerlo. Los perros guardianes tienden a ladrar mucho, a diferencia de los burros, que son bastante silenciosos a menos que se sientan amenazados. La mayoría de los propietarios de granjas prefieren vivir en un entorno tranquilo y los ladridos pueden resultar desagradables. Los perros también son considerados depredadores y no podrán relacionarse con los animales de granja. Los burros, por el contrario, pueden relacionarse con los animales de granja, ya que ambos son presas.

Los burros son independientes

Los burros de guarda son muy independientes; solo necesitan cobijo, comida y agua. No requieren cuidados ni atención constantes. Tampoco necesitarán costosos cuidados veterinarios, ya que no son propensos a las lesiones.

Protegen contra todos los animales

Los burros guardianes protegerán a casi todo el ganado, como cabras, ovejas e incluso gallinas. A diferencia de lo que ocurre con los perros guardianes, no tendrá que preocuparse de que sus burros ataquen o se coman a cualquiera de su ganado.

Tienen una larga vida

Su burro de guardia estará con usted durante treinta años o más. A diferencia de otros animales de guardia, los burros tienen una larga vida. También son rentables, ya que no necesitará comprar uno nuevo cada diez años.

Sin alojamientos separados

Al ser guardianes, los burros no atacarán a sus animales; puede mantenerlos en el mismo pasto con su ganado. Esta es otra ventaja que tienen sobre los perros, que requieren su propio alojamiento.

Son grandes

La mayoría de los burros son de gran tamaño (entre 300 y 500 libras), por lo que podrán hacer frente a diferentes depredadores como zorros y coyotes. Limítese a los burros grandes y evite los miniatura. Son agradables a la vista, pero no protegerán a su ganado de los depredadores.

Su rebuzno es útil

A diferencia de los perros, un burro no rebuznará toda la noche ni esperará que usted acuda en su ayuda. Sin embargo, su sonido "ji-ja" muy fuerte es una clara señal de que un depredador está cerca.

Poco amistosos con los caninos

Los burros no se llevan bien con los perros ni con ningún tipo de cánido, por lo que se pondrán en guardia si ven que se acerca alguno. Algunos burros no tienen problemas con los perros domésticos, pero muchos no aprecian su presencia.

Están preparados para una pelea

Los burros nunca huirán de una pelea: se mantendrán firmes. No se asustan fácilmente ni se ponen nerviosos en situaciones desconocidas. Son curiosos, confiados y valientes ante el peligro. De hecho, coyotes, zorros y otros pequeños depredadores evitan a toda costa los enfrentamientos con los burros porque saben que son duros luchadores.

Temperamento tranquilo

Los burros son animales muy tranquilos y no supondrán ninguna amenaza para usted, su familia, vecinos u otros animales.

Historia de la vida real

Amanda y su marido, Taylor, son aficionados a la ganadería. Adoran a sus animales y los consideran su familia. Entre sus vacas, paseando y rebuznando están sus queridos burros. Amanda dijo que su marido no quería perros ni caballos en su rancho. Decidió gastarle una broma y comprar burros en su lugar. Para su sorpresa, Taylor llegó a casa un día con tres burros. Se dio cuenta de que a su marido siempre le habían gustado los burros y que llevaba mucho tiempo planeando añadir unos cuantos a su rancho.

Amanda se enamoró inmediatamente de los burros porque eran muy cariñosos y amistosos. Sin embargo, no eran mascotas y debían mantenerse con el ganado para cuidarlo. Amanda dijo que criar a los burros fue fácil y que se llevaban muy bien con sus vacas. Seguían al rebaño a todas partes y comían y bebían con ellas. Los burros protegían a las vacas y a sus terneros de los perros vagabundos y los coyotes. Amanda y su marido están de acuerdo en que los burros son los animales guardianes perfectos. Llevan siete años con ellos y solo han perdido una vaca a manos de los coyotes.

Amanda y Taylor confían su ganado a los burros durante todo el día mientras están trabajando. Cada día aprecian más a sus pequeños ayudantes.

El cuidado de un burro guardián

Si quiere que sus burros se mantengan sanos y vivan con usted durante mucho tiempo, debe cuidarlos bien y prestar atención a su alimentación, cobijo y salud.

Alimentación y cuidados

Debe dejar agua fresca a sus burros durante todo el día. Revísela a lo largo del día y rellénela cuando sea necesario. Un burro necesita de 10 a

25 litros cada día. Debe añadir sal mineralizada a su dieta. Lea los ingredientes en el envase del pienso o consulte con el agrónomo del distrito para saber qué minerales faltan en su comida. Para proteger a sus animales de la carencia de minerales o vitaminas, busque formas de añadirlos a su dieta, como darles suplementos.

Durante el invierno, alimente a sus burros con heno de alta calidad. Evite el heno de leguminosas, ya que es rico en proteínas. El bromo y la hierba de los prados son sus mejores opciones. Alimente a las burras gestantes y lactantes con un 50 por ciento de alfalfa y un 50 por ciento de heno Timothy. Alimente a los burros guardianes machos con granos y deles suplementos para aumentar sus niveles de energía. Evite los suplementos hechos para aves de corral, cerdos o ganado vacuno, ya que pueden ser tóxicos para ellos.

Salud

Los burros requieren desparasitaciones y vacunaciones regulares. Desparasítelos de tres a seis veces al año. Puede hacerlo usted mismo utilizando un calentador de pasta o conseguir que un profesional lo haga por usted. Si sospecha que su burro tiene parásitos, llame inmediatamente a su veterinario para que le administre las vacunas adecuadas.

El cuidado adecuado de las pezuñas es necesario para los burros de guarda. Recórteles y límpieseles las patas todos los meses. Si descuida el cuidado de las pezuñas, estas crecerán hasta alcanzar un tamaño muy grande e incapacitarán a su animal.

Los burros también necesitan cuidados dentales, así que asegúrese de que les revisan los dientes dos veces al año.

Refugio

Los burros prefieren los climas cálidos, pero pueden adaptarse al frío si se les proporciona suficiente comida y un refugio cálido y seguro. Los burros no soportan la lluvia, ya que su pelaje no es impermeable, por lo que se quedan fríos y mojados, lo que puede provocarles diversas enfermedades como bronquitis y neumonía. Asegúrese de que su refugio les protege de la lluvia. También debería quitarles la nieve del pelaje durante el invierno. Mantenga a sus burros en el establo durante el invierno y sáquelos en los días cálidos. Cuando haga calor, solo necesitarán un cobertizo abierto con cama de paja seca.

Pastos

Deje que sus burros pasten en pastos más bastos, pero evite los exuberantes, ya que pueden aumentar su peso y causar otros problemas graves de salud. Asigne a sus burros un acre de pasto cada mes.

Los burros son animales inteligentes y fuertes que pueden proteger a su ganado de cualquier amenaza. Tienen habilidades únicas que pueden hacerles percibir a sus enemigos a distancia. Aunque existen diferentes animales de guarda, los burros tienen muchas ventajas que los convierten en una gran elección.

La humanidad ha dependido de los burros durante siglos. Los han utilizado para el transporte, para vigilar a sus animales e incluso para comer su carne y beber su leche. Estos fieles compañeros hacen la vida mucho más fácil, y nunca piden nada a cambio. Asegúrese de darles un hogar cariñoso y un refugio cálido durante el frío. Cuide de su salud y protéjalos igual que ellos le protegen a usted y a su ganado.

Aún hay más cosas que comentar sobre los burros, como por ejemplo cómo elegir el adecuado para usted y cómo adiestrarlos. Diríjase al siguiente capítulo para descubrir toda esta información y mucho más.

Capítulo 10: Elección y adiestramiento de su burro

Ahora que lo sabe todo sobre los burros de guarda, probablemente esté considerando traer uno a casa para proteger su ganado. Sin embargo, no puede elegir cualquier burro. Tiene que pasar por un proceso para encontrar el adecuado para usted. Después, tendrá que adiestrarlo para que se convierta en el mejor animal de guarda que exista. Comprensiblemente, esto es más fácil decirlo que hacerlo.

Este capítulo ofrece consejos de expertos y técnicas prácticas para el proceso de selección y adiestramiento del burro.

Adiestramiento del burro guardián[61]

Selección de burros guardianes

Hay algunas cosas a tener en cuenta antes de elegir un burro de guardia, como la edad, la raza, el temperamento y el sexo. No querrá traer un burro a casa solo para darse cuenta de que no es una buena opción. Siga estos consejos para seleccionar el burro de guarda ideal para usted.

Edad

Elija un burro que tenga -como máximo- tres años porque las ovejas y otro ganado se llevan mejor con animales más jóvenes. Recuerde que cuanto mayor sea el burro, más difícil será la introducción. También serán juguetones, corretearán con las ovejas y estrecharán lazos. Algunas personas prefieren burros de seis meses o menos para criarlos con el rebaño. Sin embargo, un animal de esa edad no será un buen guardián. El ganado mayor también puede intimidarlos o jugar bruscamente con ellos.

Género

Jenny y su potro (burro joven) son ideales para los burros guardianes. Las hembras tienen instintos maternales y son protectoras naturales. Sin embargo, la Jenny será suficiente si no quiere más de un burro. Los castrados también se han hecho muy populares en los últimos años por su temperamento tranquilo. Evite los machos intactos (machos sin castrar) por su naturaleza agresiva y su tendencia a ser violentos con las personas y el ganado. Las hembras preñadas no son una buena idea, ya que se centrarán más en sus recién nacidos e ignorarán al ganado. Si su rebaño es atacado, solo defenderán a sus recién nacidos sin preocuparse por la seguridad de los demás animales.

Tamaño

Opte por burros de tamaño grande o normal. Sin embargo, algunas personas no prefieren los burros muy grandes porque son difíciles de manejar. No se puede negar que ahuyentarán a los depredadores, pero debe considerar si merece la pena la molestia. Elija un tamaño de unas 44 pulgadas.

Evite los miniatura porque son demasiado pequeños y no tienen la fuerza física para vigilar un rebaño. Un burro pequeño no intimidará ni asustará a los depredadores. Su rebaño también puede ser atacado por una manada de animales, por lo que necesita un burro lo suficientemente grande como para luchar contra ellos y ahuyentarlos. Un burro miniatura seguirá luchando contra ellos porque es su naturaleza, pero resultará gravemente herido o incluso muerto.

Raza

Todas las razas de burros, como el Mamut, el Australiano y el Irlandés, pueden ser animales de guardia. Solo asegúrese de elegir uno sano y robusto.

Temperamento

Evite los burros de carácter agresivo, ya que no son fáciles de manejar. Recuerde: usted quiere un burro que proteja a sus animales, no uno que se agite fácilmente y pueda hacerles daño. Elija un burro de temperamento uniforme con el que se sienta seguro dejando a su rebaño todo el día.

Tamaño del rebaño

Los burros solo pueden vigilar un rebaño pequeño de unos 100 animales o menos si están dispersos por el terreno. Sin embargo, un burro puede cuidar unas 200 ovejas si su rebaño pasta en un solo pasto. Por lo tanto, debería plantearse adquirir más de un burro si tiene un rebaño grande.

Otras cosas en las que fijarse

- Buena actitud
- Patas rectas
- Buena conformación

Dónde encontrar un burro de guarda

- "Adopte, no compre" también se aplica a los animales de guardia. Encontrará muchos burros de rescate en organizaciones especializadas. Suelen ponerlos a prueba con cabras y ovejas para evaluar sus aptitudes como guardianes. Puede devolverles el burro si las cosas no funcionan. Sin embargo, si las cosas funcionan, estará dando a un burro digno un hogar cariñoso... ¡y un trabajo!

- También puede encontrar burros en subastas de ganado o en una asociación de cría de mulos y burros.

Adiestramiento de burros guardianes

Después de elegir a su burro y traerlo a casa, debería empezar a adiestrarlo. Puede conseguir un burro de guardia experimentado, pero suelen ser más caros. Si quiere ahorrar dinero, aprenda a adiestrar a su animal usted mismo. Por suerte, esto será fácil, ya que los burros son animales muy inteligentes.

Principios básicos del adiestramiento de burros de guardia

Los principios básicos del adiestramiento de animales son la corrección del comportamiento y el refuerzo positivo. El comportamiento negativo de su burro debe corregirse de inmediato para que entienda que sus acciones tienen consecuencias. El comportamiento positivo también debe ser recompensado.

El refuerzo positivo es una de las técnicas de adiestramiento más poderosas, ya que puede moldear o cambiar el comportamiento de su burro. Normalmente implica dar recompensas como elogios, golosinas o cualquier cosa que le guste a su burro. Lo más probable es que repita el comportamiento positivo para seguir recibiendo las recompensas.

Adiestrar a su burro o a cualquier animal requiere mucha paciencia. Usted está enseñando a su burro a adoptar nuevos comportamientos, pero seguramente cometerá errores y volverá a las andadas, por lo que debe ser paciente con él. Conseguir que su burro repita el mismo comportamiento no siempre es fácil, aunque sea inteligente. A veces puede sentirse aburrido o frustrado, pero debe ejercer autocontrol. Usted pierde el control cuando pierde los estribos, lo que confunde al burro. Manténgase siempre firme y tranquilo, y verá resultados reales en poco tiempo.

Técnicas de adiestramiento de obediencia

Instrucciones:

1. Si su burro es hiperactivo o se comporta mal, adiestrarlo será muy difícil. No serán capaces de concentrarse y aprender algo nuevo. Por lo tanto, antes de empezar, déjeles hacer un par de ejercicios para que entren en un estado mejor y más tranquilo.

2. Elimine todas las distracciones. Enseñar algo nuevo a un animal ya es complicado, así que intente eliminar cualquier cosa que pueda afectar a su concentración. Es mejor adiestrarlos en un entorno tranquilo.

3. Haga que la técnica sea divertida. Debe parecer un juego, no un trabajo. Disfrute del tiempo que pase con sus animales y aproveche la oportunidad para conocerlos mejor.

4. Decida un sistema de recompensa y asegúrese de que sea algo a lo que su burro responda bien, como golosinas o elogios.

5. Recompénselos con golosinas o elogios cuando sigan sus órdenes. Si no obedecen, tenga paciencia y siga intentándolo... al final lo conseguirán.

6. Tómese un descanso cada vez que empiece a sentirse cansado o frustrado. El descanso puede ser de un par de horas o de unos días. Tenga paciencia consigo mismo y con su burro.

Detener el mal comportamiento

- No castigue a su burro porque muchos animales no entienden el concepto de castigo. Puede hacer más daño que bien.

- Cuando su burro se porte mal, aléjese de él. Los burros que están unidos a sus dueños no querrán perder la atención que usted les presta. Intentarán rectificar su comportamiento para recuperar su vínculo y confianza.

- También puede negarles algo que les guste, igual que hace con un niño. Por ejemplo, si muerden o se pelean con el ganado a la hora de comer, reténgales la comida hasta que corrijan su comportamiento. Cuando lo hagan, recompénselos con un refuerzo positivo, como golosinas o comida.

Refuerzo positivo frente a golosinas

Las golosinas son eficaces, pero no puede recompensar a su burro por cada buen comportamiento. Esto les enseñará a actuar favorablemente solo para obtener algo a cambio. Llegarán a esperar golosinas cada vez y pueden portarse mal si no les da ninguna. Por lo tanto, utilice las golosinas solo en ocasiones y cuando quiera corregir un comportamiento muy malo, como morder. En su lugar, limítese al refuerzo positivo, como las caricias, los arañazos, los elogios o las charlas positivas.

Adiestre a su burro en un área pequeña

Adiestrar a su burro en un área pequeña le pondrá en control de la situación. Esto evitará que corra o se esconda. Hará las cosas más fáciles, ya que podrá limitar las distracciones, por lo que su burro solo se centrará en usted.

Más consejos de adiestramiento

- Su burro aprenderá algo nuevo cada vez que interactúe con él.

- Los burros no entienden la diferencia entre el buen y el mal comportamiento. Su comportamiento es eficaz o ineficaz para ellos.

- Los burros aprenden más rápido las actividades relacionadas con su comportamiento natural. Tardan más en aprender cosas que no son naturales para ellos y que están alejadas de su naturaleza, como viajar en un remolque, levantar las patas para limpiar las pezuñas, tirar de un carro y ser montados o conducidos.

- Empiece enseñando a su burro comportamientos con los que se pueda relacionar, como conseguir comida o caminar a su lado.

- Utilizar el refuerzo positivo cuando enseñe a su burro comportamientos naturales hará que sea más fácil enseñarle los no naturales.

- Nunca discipline a su burro ni lo castigue; se enfadará y dejará de cooperar.

- No utilice palos cuando interactúe con ellos; en su lugar, utilice zanahorias.

- Cuando no sigan las instrucciones, cambie a otra actividad que le resulte familiar.

Patrullando

Los burros no patrullan la zona, sino que suelen buscar cualquier amenaza dentro de su rebaño. Aunque este comportamiento no está en su naturaleza, puede adiestrarlos para que patrullen. Por ejemplo, puede llevarlos a pasear para que descubran la zona, de modo que se acostumbren a ella y sepan que es segura. También puede pedirle a alguien que haga un ruido en la distancia y llevar a su burro a investigar. Esto les enseñará a patrullar la zona cuando oigan un sonido extraño. Utilice refuerzos positivos o tetinas para recompensarles por patrullar.

Estar alerta y responder a las amenazas

Aunque los burros están alerta por naturaleza, puede adiestrarlos para potenciar este comportamiento. Recompense a su burro siempre que rebuzne o muestre cualquier comportamiento de guardia ante cualquier señal de peligro. Esto enseña a su burro a estar más alerta ante depredadores y amenazas.

Puede utilizar la misma técnica para entrenar a su burro a responder a las amenazas. Como los burros son territoriales, serán naturalmente protectores con el ganado. Utilice golosinas o refuerzos positivos siempre que su burro responda a las amenazas; esto fomenta más ese comportamiento.

Socialización de su burro con el ganado

Presente a su burro a su ganado enseguida para iniciar el proceso de vinculación. El burro solo mostrará un comportamiento protector cuando sienta que la oveja forma parte de su rebaño. Críe a Jenny y a su potro con el ganado. Los potros destetados pueden quedarse solos con el ganado.

Hay otros pasos que debe dar para ayudar a su burro a socializar con el ganado. Comprenda que no siempre será un proceso sencillo. Algunos burros son propensos al comportamiento territorial y puede llevarles un tiempo aceptar a otros animales. Dependiendo del burro, la introducción puede durar una hora o unos días. Sin embargo, el proceso de vinculación dura unas cinco semanas. Asegúrese de tener a alguien con usted mientras hace la introducción en caso de que el burro o la manada reaccionen desfavorablemente.

Instrucciones:

1. Deje que el burro permanezca en el mismo establo que su ganado durante dos semanas, pero sepárelos con una valla.

2. Después de las dos semanas, llévelos al mismo pasto y ponga una valla entre ellos. Deles tiempo y espacio para olfatearse mutuamente para que se familiaricen con el olor del otro, pero manténgalos vigilados.

3. Puede conducir al burro alrededor del rebaño con una cuerda para que puedan olerse el uno al otro. Repita esto hasta que se acepten y confíen el uno en el otro.

4. Alimente al burro con el ganado para que estrechen lazos. El burro también sentirá que es un miembro más del rebaño.

5. Una vez que se acepten mutuamente, deje que el burro corra por los pastos. Con el tiempo, el ganado buscará al burro siempre que se sienta amenazado.

Señales de que el burro no reacciona favorablemente

- Embestir
- Morder
- Orejas pegadas
- Cabeza gacha
- Perseguir
- Orejas echadas hacia atrás
- Fosas nasales abiertas
- Blancura alrededor de los ojos
- Dientes expuestos

Espere algunas peleas menores, pero esto no es motivo de alarma. Solo se están conociendo. Intervenga solo si empiezan a actuar con agresividad. Sin embargo, no se interponga entre ellos. Cree una distracción para que presten atención a otra cosa. No les presente el uno al otro justo después de la pelea. Deles más tiempo para que se acostumbren al olor del otro y vuelva a intentarlo. Recuerde: los burros son testarudos, así que puede que las cosas no salgan como usted había planeado. Sin embargo, no deje que esto le desanime. Puesto que los burros también son criaturas sociales y les encanta relacionarse con otros animales, acabarán llevándose bien. Solo hay que darles tiempo.

Consiga que su burro confíe en usted

No basta con que su burro confíe en el ganado - también debería confiar en usted. Crear un vínculo fuerte entre usted y su animal de guardia hará que el adiestramiento sea mucho más fácil.

Instrucciones:

1. Visite su zona varias veces al día.
2. Quédese allí y no se acerque a ellos.
3. Si se le acercan, acaríicielos o deles una golosina.

4. Intente situarse un poco cerca de ellos mientras vigila su lenguaje corporal.

5. Retírese si parecen incómodos.

6. Si vuelven a acercarse a usted, deles otra golosina.

7. Repita esto todos los días hasta que aprendan a confiar en usted.

Introducción de los burros a los depredadores

No puede traer un coyote a su granja y dejar que merodee alrededor de su ganado. Su opción más segura es un perro.

Instrucciones:

1. Ponga a su perro una correa y acérquelo al burro para hacer la introducción. El burro debe estar atado o sujeto.

2. Mantenga una distancia entre ellos, pero asegúrese de que aún pueden verse.

3. Acérquese al burro lentamente con el perro.

4. Utilice órdenes como quieto, espere, pare, siéntese, venga, etc., para controlar a su perro si el burro se porta mal.

5. Si el perro parece interesado o curioso por el burro, deje de acercarse y dele a su perro una golosina.

6. Dé otro paso mientras controla a su perro. Si permanece tranquilo, dele otra golosina. Si el perro o el burro parecen asustados, tranquilícelos.

7. Cuando ambos estén tranquilos, acérquese poco a poco sin dejar de vigilarlos.

8. Una vez que se acerque al burro, permita que se olisqueen. Haga esto durante un par de segundos, luego retírese y dé a cada animal una golosina.

9. Repita este proceso hasta que se familiaricen el uno con el otro. Asegúrese de llevar a ambos con correa para poder mantener el control y protegerlos de cualquier daño.

10. Una vez que parezcan sentirse cómodos, quíteles la correa y déjeles interactuar.

Consejos de seguridad

- Vigile sus interacciones en todo momento porque su perro puede morder al burro o acercarse demasiado a él, haciendo que el burro se sienta incómodo.

- Si el burro se irrita o se agita, podría patear al perro y herirlo gravemente. Vigilar a ambos garantizará la seguridad de todos.

Medidas de seguridad

Debe mantenerse seguro cuando adiestre a su burro. Los burros pueden no reaccionar favorablemente al adiestramiento, por lo que debe estar preparado para cualquier cosa.

Manejo de un burro

- Cuando se acerque a un burro, hable con voz tranquila para llamar su atención.

- No se acerque a ellos de frente o por detrás, o podrían considerarle una amenaza. En su lugar, acérquese por su hombro.

- Tóqueles suavemente el cuello y siga tocándoles para que sean conscientes de su ubicación.

- Colóquese a su lado para protegerse de las patadas.

- Llévelo con correa si es propenso a dar patadas o a la agresividad.

Precauciones de seguridad

- Vigile el lenguaje corporal de su burro durante las sesiones de entrenamiento y retroceda unos pasos siempre que parezca incómodo. Recuerde que los burros son animales astutos que pueden patearle o morderle por detrás para cogerle por sorpresa.

- Las sesiones de adiestramiento deben realizarse en zonas espaciosas para que pueda alejarse fácilmente siempre que muestren algún signo de agresividad.

- Evite los movimientos bruscos o levantar la voz. Hable con calma y utilice un tacto suave para evitar agitarlos.

- La agresividad es un signo de miedo, así que intente ser comprensivo.

Desafíos comunes

Cargar

Cuando un burro está enfadado o amenazado, puede cargar contra usted o contra otro animal. Si su burro está a punto de atacar, aléjese de él. Póngase al otro lado de la valla hasta que se calme y se dé cuenta de que usted no es una amenaza. Por suerte, embestir no es un comportamiento común entre los burros.

Patadas

Los burros tienen patadas muy fuertes, que es una de las razones por las que son grandes animales de guardia. Si le patean a usted o a un animal de su rebaño, pueden causarle heridas graves. Las patadas son un signo de agresividad, así que trate la situación con precaución.

- Déjelos solos durante unas horas hasta que se calmen.
- Averigüe qué desencadenó su agresividad y soluciónelo. Por ejemplo, si tienen miedo de otro animal o persona, sepárelos unos de otros.

Morder:

Morder es otro signo de agresividad o de miedo. Le morderán a usted o al rebaño al que se supone que protegen. Por ejemplo, pueden morder y tirar a animales más pequeños o a pájaros como cerditos, gallinas o patos. También pueden morderle si les obliga a hacer algo en contra de su voluntad. Puede cambiar este comportamiento siguiendo los consejos de este capítulo.

Resoplar

Resoplar es una señal de que su burro no quiere ser molestado hoy. O bien están enfadados por algo o quieren que se les deje en paz. Deles algo de espacio y luego compruebe cómo están.

Aleteo de las fosas nasales, orejas caídas y zarpazos en el suelo

Todos estos son signos de agresividad. Su burro puede actuar así porque se siente amenazado. Antes de reaccionar, asegúrese de que no hay depredadores cerca. Intente averiguar qué desencadena este comportamiento. Si tiene miedo de otro animal, sepárelos, espere a que se calmen y vuelva a hacer introducciones graduales.

La mayoría de las veces, la agresividad de su burro es un signo de miedo. Debe eliminar lo que desencadene estas emociones y hacer que se sientan seguros. Cuando se familiarice con su comportamiento, sabrá si están actuando o están asustados. Utilice cualquiera de los consejos de este capítulo para rectificar su comportamiento. Recuerde mantener siempre la calma y la paciencia con ellos y tratarlos como niños.

Conclusión

Ahora que ha explorado los detalles de los guardianes del ganado a todos los niveles, está listo para comenzar su viaje con estas bestias protectoras. No se apresure a tomar ninguna decisión. Tómese su tiempo y considere todos los aspectos de su tierra y de los animales que cría. El guardián adecuado puede mantener a salvo su ganado, pero una elección equivocada puede aumentar su estrés. Contratar a un guardián del ganado como parte de la familia de su granja no es una decisión fácil de tomar. Piense largo y tendido si está preparado para la responsabilidad y cómo le ayudará la introducción de este animal en su ganado. No se ponga gafas de color de rosa cuando evalúe su granja y sea completamente sincero consigo mismo para poder tomar la decisión más beneficiosa para usted y su ganado.

Tome las medidas calculadas para comprobar primero qué depredadores asolan sus tierras y cómo se comportan. A continuación, considere qué especie o raza de guardianes se ajusta mejor a su contexto individualizado. Ya elija perros, burros o llamas, todo dependerá de su entorno contextual específico. Considere el tamaño de los depredadores a los que se enfrenta y cómo responde el guardián ante ellos. Cuando haya repetido en su mente varias veces todos los escenarios posibles y haya mirado su granja con microscopio, estará listo para dar el siguiente paso e identificar un animal guardián.

Está creando un ecosistema artificial con los animales que introduce en su granja. Los animales que reúna deben crear una danza de cooperación sin fisuras. Puede haber contratiempos y conflictos por el camino, pero como jefe del ecosistema que ha creado, puede intervenir cuando sea necesario. Usted es el director del coro que crea la melodía de su granja. Analice cuidadosamente los pequeños detalles de su enfoque biodiverso de la agricultura para poder responder fácilmente a cualquier desafío o cambio necesario.

Sea consciente de su impacto medioambiental. La tierra, que incluye su granja, le proporciona literalmente todo. Deje el planeta en mejores condiciones de las que lo encontró para que las generaciones futuras puedan prosperar. Utilizar guardianes del ganado ya es un paso en la dirección correcta porque es superior a métodos más perjudiciales de control de depredadores, como el envenenamiento. No se trata de que el hombre conquiste la naturaleza, sino de construir un entorno en el que ambos puedan coexistir simbióticamente.

Criar un animal guardián es una gran responsabilidad. Debe tener en cuenta innumerables cuidados, como la nutrición, los parásitos y los problemas médicos. Su guardián está haciendo un trabajo importante, así que lo menos que puede hacer es asegurarse de que su bienestar es óptimo. Debe cuidar de sus guardianes para que puedan ayudarle a cuidar de sus otros animales en un bello acto de equilibrio de la naturaleza. Los depredadores pueden ser la perdición de una granja, por lo que un buen guardián está intrínsecamente ligado a su éxito como granjero. Por lo tanto, debe hacer todo lo posible para asegurarse de que estén emocional, física y mentalmente a gusto.

Vea más libros escritos por Dion Rosser

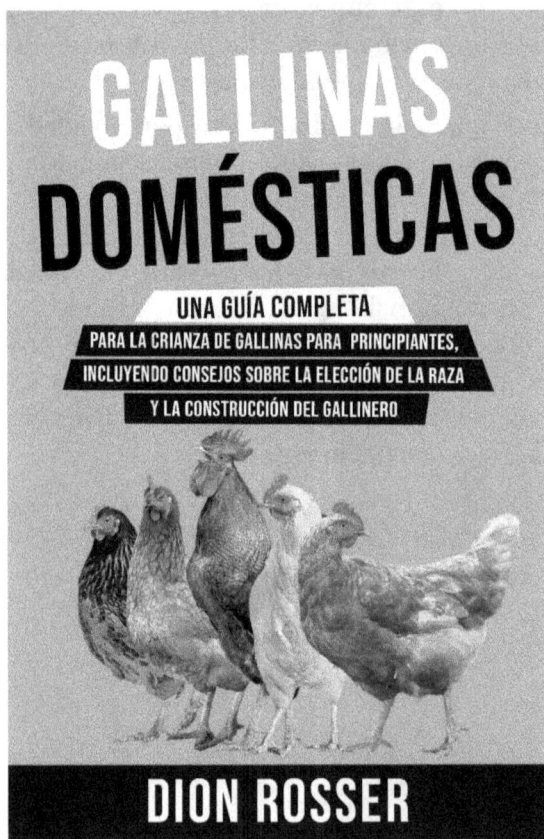

Referencias

10 Facts about Geese. (2019, April 9). FOUR PAWS International - Animal Welfare Organisation; #organization. https://www.four-paws.org/campaigns-topics/topics/farm-animals/10-facts-about-geese

10 Fun Facts about Chickens. (2022, March 26). BC SPCA. https://spca.bc.ca/news/fun-facts-about-chickens/

10 Incredible Duck Facts. (n.d).AZ Animals. https://a-z-animals.com/blog/incredible-duck-facts/

10 Turkey Facts. (2020, September 28). World Animal Protection. https://www.worldanimalprotection.us/blogs/10-turkey-facts

15 Management Tips for Better Poultry Performance Potential. (2018, June 21).Alltech. https://www.alltech.com/blog/15-management-tips-better-poultry-performance-potential

7 Benefits to Raising Backyard Chickens. (2022, October 31). Strombergs. https://www.strombergschickens.com/blog/7-benefits-to-raising-backyard-chickens/

7 Therapeutic Benefits of Birdwatching. (n.d.). Careuk.com. https://www.careuk.com/company/care-uk-campaigns/bird-watch/7-therapeutic-benefits-of-birdwatching

Ajaero, T. M. (2018, February 8). How to Care for Baby Chicks After they Hatch. ProfitableVenture; Profitable Venture Magazine Ltd. https://www.profitableventure.com/care-for-baby-chicks-hatch/

Amorvet is a Poultry Feed Supplement Manufacturer. (2023, July 27). Amorvet. https://www.amorvet.com/blogs/poultryfeedsupplement/

April. (2022, April 18). 5 Most Expensive Turkey Breeds. The Hip Chick. https://thehipchick.com/expensive-turkey-breeds/

Are Treats for Chickens Good for your Flock's Health? (n.d.). Raising Happy Chickens. https://www.raising-happy-chickens.com/treats-for-chickens.html

Atapattu, S., & Baker, A. (n.d.). SOLID BROILER MANAGEMENT Training Manual. https://pdf.usaid.gov/pdf_docs/pa00mgpt.pdf

Basic Duck Care. (2020, February 17). Cornell University College of Veterinary Medicine. https://www.vet.cornell.edu/animal-health-diagnostic-center/programs/duck-research-lab/basic-duck-care

Basic Poultry Nutrition. (n.d.). Extension.org. https://poultry.extension.org/articles/feeds-and-feeding-of-poultry/basic-poultry-nutrition/

Benefits of Poultry Feed Supplements. (2021, January 12). Shivam Chemicals Limited. https://www.shivamchem.com/blog/benefits-of-poultry-feed-supplements/

Berg, C. (2002). Health and Welfare in Organic Poultry Production. Acta Veterinaria Scandinavica, 43(Suppl 1), S37. https://doi.org/10.1186/1751-0147-43-s1-s37

bestnestbox.com. (2015, August 12). Interested In Raising Chickens? Here Are Some Common Myths About Chicken Farming, Debunked: Part 1. Bestnestbox.com. https://bestnestbox.com/blogs/news/common-myths-about-chicken-farming-debunked-part-1

bestnestbox.com. (2015, August 15). Interested In Raising Chickens? Here Are Some Common Myths About Chicken Farming, Debunked: Part 2. Bestnestbox.com. https://bestnestbox.com/blogs/news/interested-in-raising-chickens-here-are-some-common-myths-about-chicken-farming-debunked-part-2

Bird Food Guide: An Insider's Guide to the Ideal Avian Diet. (2012, April 7). Lafeber® Pet Birds.

Branaman, J. (2018). Cage-free vs. battery-cage eggs. The Humane Society of the United States. https://www.humanesociety.org/resources/cage-free-vs-battery-cage-eggs

Brian. (2015, March 11). 5 Common Misconceptions about Raising Chickens for Meat. Ferrin Brook Farm. https://ferrinbrookfarm.wordpress.com/2015/03/11/5-common-misconceptions-about-raising-chickens-for-meat-2/

British Hen Welfare Trust. (2022, September 21). A Guide to Chicken Treats; Everything in Moderation. British Hen Welfare Trust. https://www.bhwt.org.uk/blog/health-welfare/chicken-treats-guide/

Bronze, K. (2019, November 8). More than Just a Turkey - Kelly Bronze. KellyBronze. https://www.kellybronze.co.uk/more-than-just-a-turkey/

Bupp, J. (2022, November 13). Defending Our Chickens Against Four-Legged Thieves. Lancasterfarming.com. https://www.lancasterfarming.com/country-life/family/defending-our-chickens-against-four-legged-theives/article_82c4dd2a-6098-11ed-87af-8b31b24e30d2.html

Capps, A. (2014, November 21). These Amazing Conversations Between Turkeys & Humans may Change Your Mind about Eating Them. Free From Harm. https://freefromharm.org/videos/turkey-talk/

Carlson, R. E. (2023, October 11). Advantages and disadvantages of free range chickens: What you need to know. Homesteading Simple Self-Sufficiency Off-The-Grid | Homesteading.com. \

Chicken. (2016, April 25). Smithsonian's National Zoo; Smithsonian's National Zoo and Conservation Biology Institute. https://nationalzoo.si.edu/animals/domestic-chicken

Cole, T. (2019, February 22). Poultry houses: 197 designs, structures, plans & systems (PDF guide). The Big Book Project. https://thebigbookproject.org/agri/poultry-farming/houses-chicken/

Coogan, K. (2023, November 16). Four rare and threatened duck breeds. Backyard Poultry. https://backyardpoultry.iamcountryside.com/poultry-101/four-threatened-duck-breeds/

Country Smallholding. (2016, May 9). Chicken body language. Country Smallholding. https://thecountrysmallholder.com/country-smallholding/chicken-body-language-6260096/

Daniel. (2020, December 17). 7 Different Types of Poultry Birds. Agricfy.com. https://agricfy.com/types-of-poultry/

Daniels, T. (2012, May 8). The Beginner's Guide to Keeping Geese. Poultrykeeper.com; Tim Daniels. https://poultrykeeper.com/keeping-geese/beginners-guide-keeping-geese/

DeVore, S. (2019, April 5). Forage or Feed? Nutritional Benefits of Chickens that Forage. News From The Coop. https://newsfromthecoop.hoovershatchery.com/forage-or-feed-best-for-chickens-nutritional-benefits-of-chickens-that-forage/

Discover 11 Fascinating Pigeon Facts. (2022, March 9). Excel Pest Services. https://www.excelpestservices.com/11-fun-facts-about-pigeons/

Disease Control And Management. (n.d.). Tnau.Ac.In. http://www.agritech.tnau.ac.in/expert_system/poultry/

Diseases of poultry. (n.d.). Msstate.edu. https://extension.msstate.edu/agriculture/livestock/poultry/diseases-poultry

Duck. (2019, October 5). Animal Spot. https://www.animalspot.net/duck

Endangered. (2020, October 2). 10 Easy Things You Can Do to Save Endangered Species. Endangered Species Coalition.

https://www.endangered.org/10-easy-things-you-can-do-to-save-endangered-species/

Farhat, G. (2023, April 6). An Evaluation of Different Chicken Housing Systems. MonoGutHealth. https://monoguthealth.eu/an-evaluation-of-different-chicken-housing-systems-2/

Farm, R. (2023, November 6). Jersey Buff Turkey: Characteristics & Best 7 facts. ROYS FARM. https://www.roysfarm.com/jersey-buff-turkey/

Farm. (2018, April 2). 9 Basic Considerations for Backyard Poultry. Farm and Dairy. https://www.farmanddairy.com/top-stories/9-basic-considerations-for-backyard-poultry/478093.html

Feed Additives for use in Poultry Diets | Animal & Food Sciences. https://afs.ca.uky.edu/poultry/feed-additives-use-poultry-diets

Feed additives. (n.d.). Food Safety. https://food.ec.europa.eu/safety/animal-feed/feed-additives_en

Feed Ingredients. (n.d.). Poultry Hub Australia. https://www.poultryhub.org/all-about-poultry/nutrition/feed-ingredients

Flank, L. (2017, September 8). Chicken Behavior: The Politics of the Pecking Order. Hobby Farms. https://www.hobbyfarms.com/pecking-order-chicken-behavior-history-science/

Foie Gras: Cruelty to Ducks and Geese. (2010, June 22). PETA. https://www.peta.org/issues/animals-used-for-food/factory-farming/ducks-geese/foie-gras/

Freedomrangerhatchery. (2022, July 7). Raising Turkeys 101 | Freedom Ranger Hatcheries. https://www.freedomrangerhatchery.com/blog/raising-turkeys-101-how-to-grow-happy-healthy-poults/

Fromm, I. (2018, October 23). 15 Fun Facts about Chickens. Carolinacoops.com. https://carolinacoops.com/resources/15-fun-facts-about-chickens/

Garrigus, W. P. (2023). Poultry Farming. In Encyclopedia Britannica.

Goldman, J. G. (n.d.). Nothing To Gobble At: Social Cognition in Turkeys. Scientific American Blog Network. https://blogs.scientificamerican.com/thoughtful-animal/nothing-to-gobble-at-social-cognition-in-turkeys/

Gomez, M. (2023, July 30). 10 Quail Facts about the Stout Small Pheasants. TRVST. https://www.trvst.world/biodiversity/quail-facts/

Haberfield, J. (2021, August 3). Pigeon & Dove Care – Learn How To Take Care of These Birds. The Unusual Pet Vets. https://www.unusualpetvets.com.au/pigeon-and-dove-care/

Hayes, B. (2022, February 4). 11 Benefits of Raising Chickens You Didn't Know. Homesteading Where You Are. https://www.homesteadingwhereyouare.com/2022/02/03/benefits-of-raising-chickens/

Health and welfare. (2020, July 20). Agriculture Victoria. https://agriculture.vic.gov.au/livestock-and-animals/poultry-and-eggs/health-and-welfare

Hotaling, A. (2021, June 30). Common Myths About the Backyard Chicken Flock. Hobby Farms. https://www.hobbyfarms.com/common-myths-about-the-backyard-chicken-flock/

How To Deal With an Aggressive Rooster. (n.d.). Raising Happy Chickens. https://www.raising-happy-chickens.com/aggressive-rooster.html

How to Read Turkeys' Body Language. (2020). Montanadecoy.com. https://montanadecoy.com/blog/how-to-read-a-turkeys-body-language/

Identifying 12 Backyard Chicken Predators. (2018, September 19). Predator Guard. https://predatorguard.com/blogs/news/identifying-12-backyard-chicken-predators

Ingram, B. (2019, November 6).Meet the Alpha Hen: Every Flock Has One. Hobby Farms. https://www.hobbyfarms.com/meet-the-alpha-hen-every-flock-has-one/

Ito, D., & Hendrix, H. (2021, April 7). Changing poultry housing systems, having the right breed for the right system - Laying Hens. https://layinghens.hendrix-genetics.com/en/news/changing-poultry-housing-systems-having-the-right-breed-for-the-right-housing-system/

Jagdish. (2020, November 28). Poultry Housing – Types, Equipment, and Construction. Agri Farming. https://www.agrifarming.in/poultry-housing-types-equipment-and-construction

Johnsgard, P. A. (1968). The Evolution of Duck Courtship . University of Nebraska-Lincoln. https://digitalcommons.unl.edu/cgi/viewcontent.cgi?article=1030&context=biosciornithology

Kubala, J., MS, & RD. (2022, April 8). How To Raise Chickens: A Complete Beginner's Guide. Healthline. https://www.healthline.com/nutrition/how-to-raise-chickens

Kunzmann, P. (2011, September 7). Ethics in the Poultry Industry – Answering Moral Questions of Society.Lohmann Breeders. https://lohmann-breeders.com/lohmanninfo/ethics-in-the-poultry-industry-answering-moral-questions-of-society/

Lesley, C. (2020, August 9). The 9 Rarest Chicken Breeds In The World. Chickens And More. https://www.chickensandmore.com/rare-chicken-breeds/

Lie-Nielsen, K. (2017, November 17). Questions Before you Get Geese. Hostilevalleyliving. https://www.hostilevalleyliving.com/single-post/2017/11/17/questions-before-you-get-geese

LineaPoultry Predator Identification: A Guide to Tracks and Sign. (2015, March 15). Ouroneacrefarm.com. https://ouroneacrefarm.com/2015/03/15/poultry-predator-identification-a-guide-to-tracks-and-sign/

Livestock and Poultry Predator ID Guide. (n.d.). Benton County, Oregon.

Macer, D. (2019). Ethical Poultry and the Bioethics of Poultry Production.The Journal of Poultry Science, 56(2), 79–83. https://doi.org/10.2141/jpsa.0180074

Malnourished conure. (2012, September 3). Parrot Forum Parrot Owners Community. https://www.parrotforums.com/threads/malnourished-conure.22576/

Matthews, S. (2016, September 16). An Organic Chicken Farm in Georgia Has Become an Endless Buffet for Bald Eagles. Audubon. https://www.audubon.org/magazine/fall-2016/an-organic-chicken-farm-georgia-has-become-endless

Mental Well-being. (n.d.). Org.Nz. https://kids.spcaeducation.org.nz/animal-care/chickens/mental-wellbeing/

Mitchell, A. (n.d).A Simple Guide to the Nutritional Requirements of Poultry. Thepoultrysite.com. https://www.thepoultrysite.com/articles/a-simple-guide-to-the-nutritional-requirements-of-poultry

Nicolaides, C. (1932). Fertility and Hatchability Studies in Poultry. University of Massachusetts Amherst. https://doi.org/10.7275/8V9B-8506

Oloyo, A., & Ojerinde, A. (2020). Poultry Housing and Management. In A. A. Kamboh (Ed.), Poultry - An Advanced Learning. IntechOpen.

O'Connell, N. (2022, May 12). Improved Housing Standards for Commercial Poultry. Queen's University Belfast. https://www.qub.ac.uk/Research/case-studies/improving-housing-standards-commercial-poultry.html

Pecking Order: Understanding Chickens' Social Dynamics. (2022, October 31). Strombergs. https://www.strombergschickens.com/blog/pecking-order-understanding-chickens-social-dynamics/

Pierce, R. (2022, November 18). 15 Ways to Deal with Aggressive Ducks. The Happy Chicken Coop. https://www.thehappychickencoop.com/15-ways-to-deal-with-aggressive-ducks/

Poisbleau, M., Fritz, H., Guillon, N., & Chastel, O. (2005). Linear Social Dominance Hierarchy and Corticosterone Responses in Male Mallards and Pintails. Hormones and Behavior, 47(4), 485–492. https://doi.org/10.1016/j.yhbeh.2005.01.001

Poultry - Diseases and Treatment. (n.d.). Khamarguru.com.
https://khamarguru.com/poultry/en/diseases-treatment.html

Poultry Housing. (n.d.). State.Pa.Us.
http://www.phmc.state.pa.us/portal/communities/agriculture/field-guide/poultry-housing.html

Praharee, T. P. (2023, November 19). Importance of Conservation of Indigenous Breeds of Livestock and Poultry. Pashudhan Prahree.
https://www.pashudhanpraharee.com/importance-of-conservation-of-indigenous-breeds-of-livestock-and-poultry-2/

Predator Management for Small and Backyard Poultry Flocks. (n.d.). Extension.org. https://poultry.extension.org/articles/poultry-management/predator-management-for-small-and-backyard-poultry-flocks/

Predators of Poultry. (n.d.). Osu.edu. https://ohioline.osu.edu/factsheet/vme-22

Pros and Cons of Supplements. (2021, September 2). Food Darzee.
https://fooddarzee.com/blog/pros-and-cons-of-supplements

Rafter W Ranch. (2023, April 2). The Top 4 Benefits of Pasture-raised Chicken. Rafter W Ranch | Colorado Grass Fed Beef, Lamb, Poultry, Produce. https://rafterwranch.net/top-4-benefits-pasture-raised-chicken/

Rhodes, J. (2022, September 11). Using Chickens for Garden Pest Control & Disease in Orchards. Abundant Permaculture.
https://abundantpermaculture.com/using-chickens-for-garden-pest-control/

Roeder, M. (n.d.). 21-Day Guide to Hatching Eggs. Purinamills.com.
https://www.purinamills.com/chicken-feed/education/detail/hatching-eggs-at-home-a-21-day-guide-for-baby-chicks

Selecting the Right Species of Poultry To Get for a Small or Backyard Poultry Flock. (n.d.). Extension.org. https://poultry.extension.org/articles/getting-started-with-small-and-backyard-poultry/selecting-birds-to-get-for-a-small-or-backyard-poultry-flock/

Should You Get a Chicken for Your Home? (n.d.). Green America.
https://greenamerica.org/green-living/many-benefits-backyard-chickens

Small-scale Poultry Production. (n.d.). Fao.org.
https://www.fao.org/3/y5169e/y5169e05.htm

Smith, T. W. (n.d.). Care and Incubation of Hatching Eggs.
Thepoultrysite.com. https://www.thepoultrysite.com/articles/care-and-incubation-of-hatching-eggs

The Best Way to Hatch Chicken Eggs. (2020, September 6). Dine a Chook.
https://www.dineachook.com.au/blog/incubating-chicken-eggs-pros-and-cons/

The Happy Chicken Coop. (2021, March 11). 9 Healthy Treats Your Chickens Will Love. The Happy Chicken Coop.
https://www.thehappychickencoop.com/9-healthy-treats-your-chickens-will-love/

The Hidden Lives of Ducks and Geese. (2010, June 22). PETA. https://www.peta.org/issues/animals-used-for-food/factory-farming/ducks-geese/hidden-lives-ducks-geese/

THL. (2021, January 19). Actory-Farmed Chickens: The Cruelty of Chicken Farms. Thehumaneleague.org. https://thehumaneleague.org/article/factory-farmed-chickens

Turkey Welfare. (n.d.). Org.uk. https://www.ciwf.org.uk/farm-animals/turkeys/turkey-welfare/

Vanmetre, D. (2008). Infectious Diseases of the Gastrointestinal Tract. In Rebhun's Diseases of Dairy Cattle (pp. 200–294). Elsevier.

Virbac. (2019, April 25). How To Choose Good Feed for Your Poultry. Virbac.com. https://in.virbac.com/poultry/health-care/nutrition/how-to-choose-good-feed-for-your-poultry

What Are the Potential Risks Associated With Using Livestock Feed Supplements? (n.d.). SciSpace - Question. https://typeset.io/questions/what-are-the-potential-risks-associated-with-using-livestock-1m48uzjs2m

What is Small Animal Foraging? (1 C.E., January 1). Kaytee.com; Kaytee: Pet Supplies | Kaytee Products. https://www.kaytee.com/learn-care/small-animals/what-is-foraging

Why Nutrition Is So Important for Your Hens.(n.d.). ForFarmers UK.

Wild Turkey identification. (n.d.). Allaboutbirds.org. https://www.allaboutbirds.org/guide/Wild_Turkey/id

Willis, K., & Ludlow, R. T. (2016, March 26).11 Misconceptions About Chickens, Eggs, and So On. Dummies. https://www.dummies.com/article/home-auto-hobbies/hobby-farming/chickens/11-misconceptions-about-chickens-eggs-and-so-on-144654/

Worksheet Freelancer. (2019, March 8). Quail Facts, Worksheets, Habitat, Diet, Characteristics & Breeding for Kids.KidsKonnect. https://kidskonnect.com/animals/quail/

(2021). Unfccc.int. https://unfccc.int/sites/default/files/resource/SB2021_01.pdf

(N.d.). Homesteadingtoday.com. https://www.homesteadingtoday.com/threads/lgd-behavior-problems-how-to-resolve.386665/

(N.d.). Tamu.Edu. https://sanangelo.tamu.edu/files/2020/06/LGD-Puppy-2020-Final.pdf

(N.d.). Wur.Nl. https://edepot.wur.nl/283765

(N.d.-a). A-z-animals.com. https://a-z-animals.com/blog/10-incredible-donkey-facts/

(N.d.-b). Pethelpful.com. https://pethelpful.com/farm-pets/Twelve-Fascinating-Things-You-Never-Knew-about-Donkeys

Ali, Y. (2021, September 16). Livestock Guardian Breeds: Get to Know These Working Group Members. American Kennel Club. https://www.akc.org/expert-advice/dog-breeds/get-to-know-the-livestock-guardian-dog-breeds/

Animal predatory behavior. (n.d.). Psychology Wiki; Fandom, Inc. https://psychology.fandom.com/wiki/Animal_predatory_behavior

Barnes, A. (2021, March 23). Creating an enriching life for llamas. The Open Sanctuary Project; The Open Sanctuary Project, Inc. https://opensanctuary.org/creating-an-enriching-life-for-llamas/

Barnes, A., & Hess, T. (2018, April 12). Hello camelid companion! The new llama arrival guide. The Open Sanctuary Project; The Open Sanctuary Project, Inc. https://opensanctuary.org/the-new-llama-arrival-guide/

Barth, B. (2017, September 14). How to Choose a Livestock Guard Dog. Modern Farmer. https://modernfarmer.com/2017/09/choose-livestock-guard-dog/

Bennett, S. (2022, July 12). How to train A donkey: A simple guide. Farm & Animals. https://farmandanimals.com/how-to-train-a-donkey/

Boi, L. (n.d.). Three lessons from training llamas. Utah.edu. from https://accelerate.uofuhealth.utah.edu/improvement/three-lessons-from-training-llamas

Bryan, M. (2021, September 21). Donkey facts. Facts.net. https://facts.net/donkey-facts/

Bukowski, J. A., & Aiello, S. (2023, November 14). Routine Health Care of Dogs. Merck Veterinary Manual. https://www.merckvetmanual.com/dog-owners/routine-care-and-breeding-of-dogs/routine-health-care-of-dogs

Caring for Guardian Donkeys Farmers are increasingly turning to non-lethal techniques for predation management. Donkeys have become a popular protector of sheep that can perform very well under certain conditions. Following are some guidelines on management and caring for guardian donkeys to maximize the animal's capacity in regards to flock protection. (n.d.). Ontariosheep.org. https://www.ontariosheep.org/uploads/userfiles/files/-%20Caring%20for%20Guard%20Donkeys-.pdf

Department of Jobs, Precincts and Regions. (2023, November 3). Guard dogs. Agriculture Victoria. https://agriculture.vic.gov.au/livestock-and-animals/animal-welfare-victoria/dogs/guard-dogs

Differences between llamas & alpacas. (2022, March 23). Animal safari. https://animalsafari.com/whats-the-difference-between-a-llama-and-an-alpaca/

DipCbst, A. F. C. (2023, May 17). 11 Tips for Training Livestock Guardian Dogs. PetHelpful. https://pethelpful.com/dogs/Tips-for-Training-Livestock-Guardian-Dogs

Dohner, J. (2014, April 24). Selecting a guard llama. Mother Earth News - The Original Guide To Living Wisely; Mother Earth News. https://www.motherearthnews.com/homesteading-and-livestock/selecting-a-guard-llama-zbcz1404/

Dohner, J. (2014, February 25). More questions to ask yourself before selecting a livestock guard dog. Mother Earth News - The Original Guide To Living Wisely; Mother Earth News. https://www.motherearthnews.com/homesteading-and-livestock/selecting-a-livestock-guard-dog-zbcz1402/

Dohner, J. (2023, March 29). Should you get A guard donkey? Mother Earth News - The Original Guide To Living Wisely; Mother Earth News. https://www.motherearthnews.com/homesteading-and-livestock/guard-donkey-zbcz1310/

Dohner, J. (2023, March 30). Guardian llamas: Pros and cons. Mother Earth News - The Original Guide To Living Wisely; Mother Earth News. https://www.motherearthnews.com/homesteading-and-livestock/guardian-llamas-zbcz1309/

Dohner, J., & Giraud, C. (2018, December 2). Preserving the essential traits and behaviors of livestock guardians do. Jan-Dohner. https://www.jandohner.com/single-post/2018/12/02/preserving-the-essential-traits-and-behaviors-of-livestock-guardian-dogs

Donkey Listener. (2019, July 15). Training donkeys using gentle methods from the whole donkey approach. The Donkey Listener. https://donkeylistener.com/training-donkeys/

Donkey Listener. (2022, May 23). Training a rescue donkey {case study: Gucci}. The Donkey Listener. https://donkeylistener.com/training-a-rescue-donkey/

Exotic Animal Laws by State. (2023). Findlaw.com. https://www.findlaw.com/injury/torts-and-personal-injuries/exotic-animal-laws-by-state.html

Farm safety - handling animals. (n.d.). Gov.au. https://www.betterhealth.vic.gov.au/health/healthyliving/farm-safety-handling-animals

Farmbrite. (2023, January 10). How to Choose the Best Livestock Guardian Dog. Farmbrite. https://www.farmbrite.com/post/how-to-choose-the-best-livestock-guardian-dog

Flint, N. (2022, August 12). The 10 Best Livestock Guardian Dog Breeds, Large and Small. Pet Control HQ. https://petcontrolhq.com/blogs/news/best-livestock-guardian-dog-breeds

Franklin, W.L., N.K. Drufke, and K. J. Powell. 2012. Guard llamas: their use and effectiveness in North America for protecting sheep, goats, cattle, and poultry against canid predators. Pp. 21-36 in: Raggi S., L.A., Rojas S., I., Parraguez G., V.H. and Sepúlveda H., N. (eds.). Resúmenes VI Congreso Mundial Camélidos. Arica, Chile.

Griffler, M. (2019, July 4). How to be safely around A donkey. The Open Sanctuary Project; The Open Sanctuary Project, Inc. https://opensanctuary.org/how-to-be-safely-around-a-donkey/

Griffler, M. (2019, June 14). How donkeys get along with other species. The Open Sanctuary Project; The Open Sanctuary Project, Inc. https://opensanctuary.org/how-donkeys-get-along-with-other-species/

Guard donkey. (2013, May 14). Jacobs Heritage Farm. https://jacobsheritagefarm.com/heritage-livestock/minature-guard-donkey/

Guardian animals for livestock protection and wild dog exclusion. (n.d.). https://pestsmart.org.au/toolkit-resource/guardian-animals-for-livestock-protection-and-wild-dog-exclusion/

Guidelines for using donkeys as guard animals with sheep. (n.d.). Ontario.Ca. https://www.ontario.ca/page/guidelines-using-donkeys-guard-animals-sheep

Guidelines for using donkeys as guard animals with sheep. (n.d.-a). Ontario.Ca. https://www.ontario.ca/page/guidelines-using-donkeys-guard-animals-sheep

Guidelines for using donkeys as guard animals with sheep. (n.d.-b). Ontario.Ca. https://www.ontario.ca/page/guidelines-using-donkeys-guard-animals-sheep

Health and care. (n.d.). Psu.edu. https://extension.psu.edu/animals-and-livestock/llamas-and-alpacas/health-and-care

Heimbuch, J. (2016, June 14). 10 surprising facts about donkeys. Treehugger. https://www.treehugger.com/facts-will-change-way-you-think-about-donkeys-4869321

Introducing predator to prey. (2012, June 28). Horse Canada. https://horse-canada.com/magazine/behaviour/introducing-predator-to-prey/

Kansas Living Magazine. (2016, February 22). Guard donkeys. Kansaslivingmagazine.com. https://kansaslivingmagazine.com/articles/2016/02/22/guard-donkeys

Layers, A. (2013, June 20). Will donkeys keep predators away like foxes and dogs? BackYard Chickens - Learn How to Raise Chickens. https://www.backyardchickens.com/threads/will-donkeys-keep-predators-away-like-foxes-and-dogs.795604/page-2

LeBlanc, T. (2014, June 3). Modern farmer's guide to guard donkeys. Modern Farmer. https://modernfarmer.com/2014/06/modern-farmers-guide-guard-donkeys/

Lee, A. (2020, November 3). 13 reasons why your ranch needs a guard donkey. Helpful Horse Hints. https://www.helpfulhorsehints.com/reasons-to-get-a-guard-donkey/

Lee, A. (2020, October 29). Guard llama or guard donkey: Making the right decision for your farm. Farmhouse Guide; April Lee. https://farmhouseguide.com/guard-llama-vs-guard-donkey/

Lee, A. (2021, December 27). 9 ways donkeys show aggression (and how to stay safe around them). Helpful Horse Hints. https://www.helpfulhorsehints.com/ways-donkeys-show-aggression-and-how-to-stay-safe-around-them/

Liebenberg, L. (n.d.). Self-Rewarding Behaviours in LGD. Blogspot.com. https://predator-friendly-ranching.blogspot.com/2021/05/self-rewarding-behaviours-in-lgd.html

Livestock Guardian Animals. (2023, July 10). Landholders for Dingoes. https://landholdersfordingoes.org/livestock-guardian-animals/

Livestock guardian animals. (n.d.). Wild dog facts. Gov.au. https://www.daf.qld.gov.au/__data/assets/pdf_file/0005/76982/IPA-Wild-Dog-Fact-Sheet-Livestock-Guardian-Dogs.pdf

Livestock guardians. (n.d.). Alpaca Magic. https://www.alpacamagic.com.au/livestock-guardians/

Livestock ownership requirements for small landholders. (n.d.). Gov.au. https://www.agric.wa.gov.au/livestock-biosecurity/livestock-ownership-requirements-small-landholders

Llama. (n.d.). Cosley Zoo. https://cosleyzoo.org/llama/

Llamas and Alpacas. (2018). Govt.Nz. https://www.mpi.govt.nz/dmsdocument/46039-Code-of-Welfare-Layer-llamas-and-alpacas

Mies, C. (2018, April 20). Can dogs live with donkeys? Wagwalking.com; Wag! https://wagwalking.com/sense/can-dogs-live-with-donkey

Multispecies grazing. Country Folks; Lee Newspapers. https://countryfolks.com/multispecies-grazing/

Newspapers, L. (2018, December 11). Animals guarding animals: donkeys and dogs. Country Folks; Lee Newspapers. https://countryfolks.com/animals-guarding-animals-donkeys-and-dogs/

Newspapers, L. (2018, December 11). Animals guarding animals: donkeys and dogs. Country Folks; Lee Newspapers. https://countryfolks.com/animals-guarding-animals-donkeys-and-dogs/

Olson, E. (n.d.). Dogs in Ancient Egypt. DigitalCommons@USU. https://digitalcommons.usu.edu/fsrs2020/66/

Peterson, A. N., Soto, A. P., & McHenry, M. J. (2021). Pursuit and evasion strategies in the predator-prey interactions of fishes. Integrative and Comparative Biology, 61(2), 668–680. https://doi.org/10.1093/icb/icab116

Predation control of livestock. (2014, October 27). Center for Agriculture, Food, and the Environment. https://ag.umass.edu/crops-dairy-livestock-equine/fact-sheets/predation-control-of-livestock

Protection Dogs Worldwide. (2022, September 14). History of Guard Dogs | Protection Dogs Worldwide. https://www.protectiondogs.co.uk/history-of-guard-dogs/

Pugh, B. (n.d.). Chapter 13 Predator Control. Okstate.edu. https://extension.okstate.edu/programs/meat-goat-production/site-files/docs/chapter-13-predator-control.pdf

Purpose, benefits and considerations. (n.d.). Ontario.Ca https://www.ontario.ca/document/livestock-guardian-dogs/purpose-benefits-and-considerations

Quigg, M. (2022, April 5). Llama training tips. Franklinveterinaryclinic.net; Franklin Veterinary Clinic. https://franklinveterinaryclinic.net/llama-training-tips/

Raising llamas & kids. (n.d.). James Skeen. https://www.jamesskeen.com/raising-llamas-and-kids

Shena, T. (2022, January 24). Don't miss the cues with livestock guardian dog behavior. Farm and Dairy. https://www.farmanddairy.com/top-stories/how-to-troubleshoot-livestock-guardian-dog-behavior/700067.html

Sipes, R. (2022a, February 25). Introducing a new donkey to the herd! The Sassy Ass. https://thesassyass.com/blogs/news/introducing-a-new-donkey-to-the-herd

Sipes, R. (2022b, June 27). The basics of donkey training. The Sassy Ass. https://thesassyass.com/blogs/news/the-basics-of-donkey-training

subjecttopressure. (2018, January 27). Correction. Guard Dog Blog. https://guarddogblog.wordpress.com/2018/01/26/correction/

Trollinger, B. (2022, December 12). Beginner's Guide to Livestock Guardian Animals. EcoFarming Daily. https://www.ecofarmingdaily.com/raise-healthy-livestock/beginners-guide-to-livestock-guardian-animals/

Understanding donkey behaviour. (n.d.-a). The Donkey Sanctuary. https://www.thedonkeysanctuary.org.uk/all-about-donkeys/behaviour/understanding-donkey-behaviour

Understanding donkey behaviour. (n.d.-b). The Donkey Sanctuary. https://www.thedonkeysanctuary.org.uk/all-about-donkeys/behaviour/understanding-donkey-behaviour

Understanding the instincts of livestock guardian dogs. (2023, August 12). Off Leash Blog. https://blog.tryfi.com/livestock-guardian-dogs/

Usda Aphis. (n.d.). Usda.gov. https://www.aphis.usda.gov/aphis/ourfocus/wildlifedamage/operational-activities/sa_livestock/ct_protecting_livestock_predators

User, S. (2020, December 21). The livestock guardian dog: The best friend of livestock in extensive systems. Fawec.Org. https://www.fawec.org/en/what-do-we-do/inspiring-pilot-farms/363-le-chien-de-protection-de-troupeaux-le-meilleur-ami-de-l-elevage-pastoral

Using llamas as guardians: Benefits and considerations. (2023, May 15). The Thrifty Homesteader. https://thriftyhomesteader.com/llamas-as-guardians/

Verana, C. (2023, April 4). 15 donkey facts about the misunderstood equines. TRVST. https://www.trvst.world/biodiversity/donkey-facts/

Vistein, G. (2016, July 9). Donkeys as Guardians of your livestock. Farming with Carnivores Network. https://farmingwithcarnivoresnetwork.com/donkeys-guardians-livestock/

Weaver, S. (2016, March 31). Choosing a livestock guardian. Grit - Rural American Know-How. https://www.grit.com/animals/livestock/livestock-guardians-ze0z1603zcbru/

Weaver, S. (2019, April 26). Livestock guardian Donkeys. Grit - Rural American Know-How. https://www.grit.com/animals/livestock-guardian-donkeys-ze0z1904znad/

Wildlife Specialist. (n.d.). How LGD reduces predation. Tamu.edu. https://sanangelo.tamu.edu/files/2013/08/Livestock-Guardian-Dogs1.pdf

Wyzard, B. (2020a, September 9). Livestock Guardian Dogs and Food: What to Feed, When, and Problems to Avoid – For Love of Livestock. For Love of Livestock. https://www.forloveoflivestock.com/blog/livestock-guardian-dogs-and-food

Wyzard, B. (2020b, September 10). Training Livestock Guardian Dogs: The Ultimate Guide – For Love of Livestock. For Love of Livestock. https://www.forloveoflivestock.com/blog/training-livestock-guardian-dogs-the-ultimate-guide

Yokhna, D. (2009, February 18). Protect your flock with guard donkeys. Hobby Farms. https://www.hobbyfarms.com/protect-your-flock-with-guard-donkeys-2/

Fuentes de imágenes

[1] https://www.pexels.com/photo/chicken-standing-on-the-cage-9821451/

[2] https://commons.wikimedia.org/wiki/File:Scheuerer_H%C3%BChnerhof.jpg

[3] https://www.pexels.com/photo/a-chick-and-eggs-on-a-nest-6897497/

[4] https://www.pexels.com/photo/girl-playing-with-chicken-on-pink-studio-background-5263998/

[5] https://www.pexels.com/photo/wooden-hen-house-with-straw-baskets-on-shelves-4577546/

[6] *Egan Snow, CC BY-SA 2.0 <https://creativecommons.org/licenses/by-sa/2.0>, via Wikimedia Commons:* https://commons.wikimedia.org/wiki/File:Chicken_tractor_in_use.jpg

[7] https://www.pexels.com/photo/four-assorted-color-roosters-1769279/

[8] https://unsplash.com/photos/brown-hen-on-brown-wooden-fence-ej5XXS8_2B8

[9] https://unsplash.com/photos/person-holding-brown-and-black-bird-6G0HWlLvP4Y

[10] https://unsplash.com/photos/white-and-pink-rabbit-plush-toy-on-yellow-plastic-basin-XOGg38VulZs

[11] *Michael Coghlan from Adelaide, Australia, CC BY-SA 2.0 <https://creativecommons.org/licenses/by-sa/2.0>, vía Wikimedia Commons:* https://commons.wikimedia.org/wiki/File:Pecking_Order_(5963393064).jpg

[12] https://www.pexels.com/photo/white-chicken-on-brown-soil-4911723/

[13] https://www.pexels.com/photo/coyote-lying-on-grass-10226903/

[14] https://www.pexels.com/photo/brown-and-white-fox-on-green-grass-3739926/

[15] https://www.pexels.com/photo/closeup-photo-of-tan-rat-1010267/

[16] https://www.pexels.com/photo/close-up-photo-of-raccoons-14050298/

[17] https://www.pexels.com/photo/animal-animal-photography-big-big-cat-209032/

[18] https://pixabay.com/illustrations/arrows-direction-way-sketch-false-6268063/

[19] *Phương Huy, CC BY-SA 4.0 <https://creativecommons.org/licenses/by-sa/4.0>, via Wikimedia Commons: https://commons.wikimedia.org/wiki/File:G%C3%A0_%C4%90%C3%B4ng T%E1%BA%A3o_%E1%BB%9F_B%C3%ACnh_Long,_ng7th8n2022_(1).jpg*

[20] *https://commons.wikimedia.org/wiki/File:Tab41_H%C3%BChner_(Gefl%C3%BCgel-Album,_Jean_Bungartz,_1885).jpg*

[21] *Thomon, CC BY-SA 4.0 <https://creativecommons.org/licenses/by-sa/4.0>, via Wikimedia Commons: https://commons.wikimedia.org/wiki/File:Coq_la_fl%C3%A8che_noir.jpg*

[22] *Tim Daniels, CC BY-SA 4.0 <https://creativecommons.org/licenses/by-sa/4.0>, via Wikimedia Commons: https://commons.wikimedia.org/wiki/File:Old_English_Pheasant_Fowl.jpg*

[23] *https://commons.wikimedia.org/wiki/File:Tab19_H%C3%BChner_(Gefl%C3%BCgel-Album,_Jean_Bungartz,_1885).jpg*

[24] *Diandra Dills, CC BY-SA 3.0 <https://creativecommons.org/licenses/by-sa/3.0>, vía Wikimedia Commons: https://commons.wikimedia.org/wiki/File:Gold_Onagadori.jpg*

[25] *https://commons.wikimedia.org/wiki/File:Dumpies_belonging_to_J._Fairlie,_Esq,_Wingfield_1853.jpg*

[26] *Stephen James McWilliam, CC BY 4.0 <https://creativecommons.org/licenses/by/4.0>, vía Wikimedia Commons: https://commons.wikimedia.org/wiki/File:Magpie_Duck,_drake_(cropped).jpg*

[27] *Kororaa, CC BY-SA 3.0 <https://creativecommons.org/licenses/by-sa/3.0>, vía Wikimedia Commons: https://commons.wikimedia.org/wiki/File:Cotton_Patch_Goose.jpg*

[28] *Dorkinglad, CC BY-SA 4.0 <https://creativecommons.org/licenses/by-sa/4.0>, via Wikimedia Commons: https://commons.wikimedia.org/wiki/File:Saxony_ducks.jpg*

[29] *inkknife_2000 (7.5 million views +), CC BY-SA 2.0 <https://creativecommons.org/licenses/by-sa/2.0>, via Wikimedia Commons: https://commons.wikimedia.org/wiki/File:Tree_Farm,_Turkey_12-8-12_(8297236231).jpg*

[30] *Internet Archive Book Images, CC0, vía Wikimedia Commons. https://commons.wikimedia.org/wiki/File:Image_from_page_82_of_%22Natural_history%22_(18 97)_(20734677882).jpg*

[31] *mar_qs, CC0, vía Wikimedia Commons: https://commons.wikimedia.org/wiki/File:Rottweiler_-52773841920.jpg*

[32] *Lauris Rubenis, CC BY 2.0<https://creativecommons.org/licenses/by/2.0>, vía Wikimedia Commons. https://commons.wikimedia.org/wiki/File:Fox_eating_mole.jpg*

[33] *Bernard Landgraf, CC BY-SA 3.0<http://creativecommons.org/licenses/by-sa/3.0/>, vía Wikimedia Commons: https://commons.wikimedia.org/wiki/File:Uncia_uncia.jpg*

[34] *https://unsplash.com/photos/herd-of-cattle-on-grass-field-during-daytime-0vVQWN_D26c*

[35] *https://unsplash.com/photos/black-and-white-car-dashboard-p79nyt2CUj4?utm_content=creditShareLink&utm_medium=referral&utm_source=unsplash*

[36] *https://unsplash.com/photos/adult-white-dog-sitting-beside-sheep-during-winter-XTNyfggdKTo*

[37] *HeartSpoon, CC BY-SA 4.0<https://creativecommons.org/licenses/by-sa/4.0>, vía Wikimedia*

Commons: https://commons.wikimedia.org/wiki/File:Great_Pyrenees_Mountain_Dog_2.png

[38] *Zeynel Cebeci, CC BY-SA 4.0<https://creativecommons.org/licenses/by-sa/4.0>, vía Wikimedia Commons: https://commons.wikimedia.org/wiki/File:Anatolian_Shepherd_Dog_01.jpg*

[39] *Nikki68, CC BY 2.5<https://creativecommons.org/licenses/by/2.5>, vía Wikimedia Commons: https://commons.wikimedia.org/wiki/File:Komondor_delvin.jpg*

[40] *Canario, CC BY-SA 4.0<https://creativecommons.org/licenses/by-sa/4.0>, vía Wikimedia Commons: https://commons.wikimedia.org/wiki/File:CaucasianOwcha1.jpg*

[41] *Canario, CC BY-SA 4.0<https://creativecommons.org/licenses/by-sa/4.0>, vía Wikimedia Commons: https://commons.wikimedia.org/wiki/File:Maremma_Sheepdog_male.jpg*

[42] *https://commons.wikimedia.org/wiki/File:Kuvasz_named_Kan.jpg*

[43] *Jerry Kirkhart de Los Osos, California, CC BY 2.0<https://creativecommons.org/licenses/by/2.0>, vía Wikimedia Commons: https://commons.wikimedia.org/wiki/File:Akbash_Dog_in_CA.jpg*

[44] *Pleple2000, CC BY-SA 3.0<http://creativecommons.org/licenses/by-sa/3.0/>, vía Wikimedia Commons: https://commons.wikimedia.org/wiki/File:Tosa_inu_786.jpg*

[45] *Alexandr Frolov, CC BY-SA 4.0<https://creativecommons.org/licenses/by-sa/4.0>, vía Wikimedia Commons: https://commons.wikimedia.org/wiki/File:Tibetan_Mastiff_%D0%A2%D0%B8%D0%B1%D0%B5%D1%82%D1%81%D0%BA%D0%B8%D0%B9_%D0%9C%D0%B0%D1%81%D1%82%D0%B8%D1%84_02.jpg*

[46] *https://commons.wikimedia.org/wiki/File:German_Shepherd_puppy_eating_out_of_a_human_hand.jpg*

[47] *https://unsplash.com/photos/woman-hugging-a-dog-FtuJIuBbUhI*

[48] *Ralf Roletschek, GFDL 1.2<http://www.gnu.org/licenses/old-licenses/fdl-1.2.html>, vía Wikimedia Commons. https://commons.wikimedia.org/wiki/File:18-08-25-%C3%85land_RRK6596a.jpg*

[49] *https://unsplash.com/photos/brown-and-white-llama-on-green-grass-field-during-daytime-sXDVbYSjcaY*

[50] *NasserHalaweh, CC BY-SA 4.0<https://creativecommons.org/licenses/by-sa/4.0>, vía Wikimedia Commons. https://commons.wikimedia.org/wiki/File:Equidae_Equus_africanus_asinus.jpg*

[51] *https://unsplash.com/photos/woman-in-black-and-white-striped-long-sleeve-shirt-kissing-brown-horse-during-daytime-wg8hYS_1alw*

*9 7 8 1 6 3 8 1 8 4 6 3 8 *